教育部人文社会科学重点研究基地
山西大学“科学技术哲学研究中心”基金
山西省优势重点学科基金
资　助

山西大学
认知哲学丛书
魏屹东　主编

意识的哲学分析

安　晖/著

科 学 出 版 社
北　京

图书在版编目(CIP)数据

意识的哲学分析 / 安晖著.—北京：科学出版社，2016

（认知哲学丛书/魏屹东主编）

ISBN 978-7-03-048794-0

Ⅰ. ①意… Ⅱ. ①安… Ⅲ. ①意识-研究 Ⅳ. ①B842.7

中国版本图书馆 CIP 数据核字（2016）第131837号

丛书策划：侯俊琳 牛 玲

责任编辑：侯俊琳 田慧莹 刘巧巧 / 责任校对：赵桂芬

责任印制：吴兆东 / 封面设计：无极书装

联系电话：010-64035853

电子邮箱：houjunlin@mail. sciencep.com

科学出版社出版

北京东黄城根北街 16 号

邮政编码：100717

http://www.sciencep.com

北京厚诚则铭印刷科技有限公司印刷

科学出版社发行 各地新华书店经销

*

2016 年 7 月第 一 版 开本：720 × 1000 1/16

2025 年 2 月第五次印刷 印张：13 1/2

字数：253 000

定价：68.00 元

（如有印装质量问题，我社负责调换）

丛书序

21 世纪以来，在世界范围内兴起了一个新的哲学研究领域——认知哲学（philosophy of cognition）。认知哲学立足于哲学反思认知现象，既不是认知科学，也不是认知科学哲学、心理学哲学、心灵哲学、语言哲学和人工智能哲学的简单加合，而是在梳理、分析和整合各种以认知为研究对象的学科的基础上，立足于哲学（如语境实在论）反思、审视和探究认知的各种哲学问题的研究领域。认知哲学不是直接与认知现象发生联系，而是通过以认知现象为研究对象的各个学科与之发生联系。也就是说，它以认知概念为研究对象，如同科学哲学是以科学为对象而不是以自然为对象，因此它是一种“元研究”。

在这种意义上，认知哲学既要吸收各个相关学科的理论成果，又要有自己独特的研究域；既要分析与整合，又要解构与建构。它是一门旨在对认知这种极其复杂的心理与智能现象进行多学科、多视角、多维度整合研究的新兴研究领域。认知哲学的审视范围包括认知科学（认知心理学、计算机科学、脑科学）、人工智能、心灵哲学、认知逻辑、认知语言学、认知现象学、认知神经心理学、进化心理学、认知动力学、认知生态学等涉及认知现象的各个学科中的哲学问题，它涵盖和融合了自然科学和人文科学的不同分支学科。

认知哲学之所以是一个整合性的元哲学研究领域，主要基于以下理由：

第一，认知现象的复杂性，决定了认知哲学研究的整合性。认知现象既是复杂的心理与精神现象，同时也是复杂的社会与文化现象。这种复杂性特点必然要求认知科学是一门交叉性和综合性的学科。认知科学一般由三个核心分支学科（认知心理学、计算机科学、脑科学）和三个外围学科（哲学、人类学、语言学）构成。这些学科不仅构成了认知科学的内容，也形成了研究认知现象的不同进路。系统科学和动力学介入对认知现象的研究，如认知的动力论、感知的控制论和认知的复杂性研究，极大地推动了认知科学的发展。同时，不同学科之间也相互交融，形成新的探索认知现象的学科，如心理学与进化生物学交叉产生的进化心理学，认知科学与生态学结合形成的认知生态学，神经科学与认知心理学结合产生的认知神经心理学，认知科学与语言学交叉形成的认知语义学、认知语用学和认知词典学。这些新学科的产生增加了探讨认知现象的新进路，也说明对认知现象本质的揭示需要多学科的整合。

第二，认知现象的根源性，决定了认知哲学研究的历史性。认知哲学之所以能够产生，是因为认知现象不仅是心理学和脑科学研究的领域，也历来是哲学家们关注的焦点。这里我粗略地勾勒出一些哲学家的认知思想——奥卡姆（Ockham）的心理语言、莱布尼茨（G.W. Leibniz）的心理共鸣、笛卡儿（R. Descartes）的心智表征、休谟（D. Hume）的联想原则（相似、接近和因果关系）、康德（I. Kant）的概念发展、弗雷格（F. Frege）的思想与语言同构假定、塞尔（J. R. Searle）的中文屋假设、普特南（Hilary W. Putnam）的缸中之脑假设等。这些认知思想涉及信念形成、概念获得、心理表征、意向性、感受性、心身问题，这些问题与认知科学的基本问题（如智能的本质、计算表征的实质、智能机的意识化、常识知识问题等）密切相关，为认知科学基本问题的解决奠定了深厚的思想基础。可以肯定，这些认知思想是我们探讨认知现象的本质时不可或缺的思想宝库。

第三，认知科学的科学性和人文性，决定了认知哲学研究的融合性。认知科学本身很像哲学，事实上，认知科学的交叉性与综合性已经引发了科学哲学的“认知转向”，这在一定程度上从认知层次促进了自然科学与人文科学、科学主义与人文主义的融合。我认为，在认知层面，科学和人文是统一的，因为科学知识和人文知识都是人类认知的结果，认知就像树的躯干，科学和人文就像树的分枝。例如，对认知的运作机制及规律、表征方式、认知连贯性和推理模型的研究，势必涉及逻辑分析、语境分析、语言分析、认知历史分析、文化分析、心理分析、行为分析，这些方法的运用对于我们研究心灵与世界的关系将大有益处。

第四，认知现象研究的多学科交叉，决定了认知哲学研究的综合性。虽然认知过程的研究主要是认知心理学的认知发展研究、脑科学的认知生理机制研究、人工智能的计算机模拟，但是科学哲学的科学表征研究、科学知识社会学的“在线”式认知研究、心灵哲学的意识本质、意向性和心脑同一性的研究，也同样值得关注。因为认知心理学侧重心理过程，脑科学侧重生理过程，人工智能侧重机器模拟，而科学哲学侧重理性分析，科学知识社会学侧重社会建构，心灵哲学侧重形而上学思辨。这些不同学科的交叉将有助于认知现象的整体本质的揭示。

第五，认知现象形成的语境基底性，决定了认知哲学研究的元特性以及采取语境实在论立场的必然性。拉考夫（G. Lakoff）和约翰逊（M. Johnson）认为，心灵本质上是具身的，思维大多是无意识的，抽象概念大多是隐喻的。我认为，心理表征大多是非语言的（图像），认知前提大多是假设的，认知操作大多是建模的，认知推理大多是基于模型的，认知理解大多是语境化的。在人的世界中，一切都是语境化的。因此，立足语境实在论研究认知本身的意义、分类、预设、结构、隐喻、假设、模型及其内在关系等问题，就是一种必然选择，事实上，语境实在论在心理学、语言学和生态学中的广泛运用业已形成一种趋势。

需要指出的是，与“认知哲学”极其相似也极易混淆的是“认知的哲学”（cognitive philosophy）。在我看来，“认知的哲学”是关于认知科学领域所有论题的哲学探究，包括意识、行动者和伦理，最近关于思想记忆的论题开始出现，旨在帮助人们通过认知科学之透镜去思考他们的心理状态和他们的存在。在这个意义上，“认知的哲学”其实就是“认知科学哲学”，与“认知哲学”相似但还不相同。我们可以将“cognitive philosophy”译为“认知的哲学”，将“philosophy of cognition”译为“认知哲学”，以便将二者区别开来，就如同“scientific philosophy”（科学的哲学）和“philosophy of science”（科学哲学）有区别一样。“认知的哲学”是以认知（科学）的立场研究哲学，“认知哲学”是以哲学的立场研究认知，二者立场不同，对象不同，但不排除存在交叉和重叠。

如果说认知是人们如何思维，那么认知哲学就是研究人们思维过程中产生的各种哲学问题，具体包括以下十个基本问题。

（1）什么是认知，其预设是什么？认知的本原是什么？认知的分类有哪些？认知的认识论和方法论是什么？认知的统一基底是什么？有无无生命的认知？

（2）认知科学产生之前，哲学家是如何看待认知现象和思维的？他们的看法是合理的吗？认知科学的基本理论与当代心灵哲学范式是冲突的还是融合的？能否建立一个囊括不同学科的、统一的认知理论？

（3）认知是纯粹心理表征还是心智与外部世界相互作用的结果？无身的认知能否实现？或者说，离身的认知是否可能？

（4）认知表征是如何形成的？其本质是什么？有没有无表征的认知？

（5）意识是如何产生的？其本质和形成机制是什么？它是实在的还是非实

在的？有没有无意识的表征？

（6）人工智能机器是否能够像人一样思维？判断的标准是什么？如何在计算理论层次、脑的知识表征层次和计算机层次上联合实现？

（7）认知概念（如思维、注意、记忆、意象）的形成的机制和本质是什么？其哲学预设是什么？它们之间是否存在相互作用？心-身之间、心-脑之间、心-物之间、心-语之间、心-世之间是否存在相互作用？它们相互作用的机制是什么？

（8）语言的形成与认知能力的发展是什么关系？有没有无语言的认知？

（9）知识获得与智能发展是什么关系？知识是否能够促进智能的发展？

（10）人机交互的界面是什么？人机交互实现的机制是什么？仿生脑能否实现？

当然，在认知发展中无疑会有新的问题出现，因此认知哲学的研究域是开放的。

在认知哲学的框架下，本丛书将以上问题具体化为以下论题。

（1）最佳说明的认知推理模式。最佳说明的认知推理研究是科学解释学的一个重要内容，是关于非证明性推理中的一个重要类型，在法学、哲学、社会学、心理学、化学和天文学中都能找到这样的论证。除了在科学中有广泛应用外，最佳说明的认知推理也普遍存在于日常生活中，它已成为信念形成的一种基本方法。探讨这种推理的具体内涵与意义，对人们的观念形成以及理论方面的创新是非常有裨益的。

（2）人工智能的语境范式。在语境论视野下，将表征和计算作为人工智能研究的共同基础，用概念分析方法将表征和计算在人工智能中的含义与其在心灵哲学、认知心理学中的含义相区别，并在人工智能的符号主义、联结主义及行为主义这三个范式的具体语境中厘清这两个核心概念的具体含义及特征，从而使人工智能哲学与心灵哲学区别开来，并基于此建立人工智能的语境范式来说明智能的认知机制。

（3）后期维特根斯坦（L. Wittgenstein）的认知语境论。维特根斯坦作为20世纪的大哲学家，其认知思想非常丰富，且前后期有所不同。对前期维特根斯坦的研究大多侧重于其逻辑原子论，而对其后期的研究则侧重于语言哲学、现象学、美学的分析。从语言哲学、认知科学和科学知识社会学三方面来探讨后期维特根斯坦的认知语境思想，无疑是认知哲学研究的一个重要内容。

（4）智能机的自语境化认知。用语境论研究认知是回答以什么样的形式、基点或核心去重构认知哲学未来走向的一个重大问题。通过构建一个智能机自语境化模型，对心智、思维、行为等认知现象进行说明，表明将智能机自语境化认知作为出发点与落脚点，就是以人的自语境化认知过程为模板，用智能机来验证这种演化过程的一种研究策略。这种行为对行为的验证弥补了以往“操作模拟心灵”的缺陷，为解决物理属性与意识概念的不搭界问题提供了新思路。

（5）意识问题的哲学分析。意识是当今认知科学中的热点问题，也是心灵哲学中的难点问题。以当前意识研究的科学成果为基础，从意识的本质、意识的认知理论及意识研究的方法论三个方面出发，以语境分析方法为核心探讨意识认知现象中的哲学问题，提出了意识认知构架的语境模型，从而说明意识发生的语境发生根源。

（6）思想实验的认知机制。思想实验是科学创新的一个重要方法。什么是思想实验？它们怎样运作？在认知中起什么作用？这些问题需要从哲学上辨明。从理论上理清思想实验在哲学史、科学史与认知科学中的发展，有利于辨明什么是思想实验，什么不是思想实验，以及它们所蕴含的哲学意义和认知机制，从而凸显思想实验在不同领域中的作用。同时，借助思想实验的典型案例和认知科学家对这些思想实验的评论，构建基于思想实验的认知推理模型，这有利于在跨学科的层面上探讨认知语言学、脑科学、认知心理学、人工智能、心灵哲学中思想实验的认知机制。

（7）心智的非机械论。作为认知哲学研究的显学，计算表征主义的确将人类心智的探索带入一个新的境界。然而在机械论观念的束缚下，其“去语境化”和“还原主义”倾向无法得到遏制，因而屡遭质疑。因此，人们自然要追问：什么是更为恰当的心智研究方式？面对如此棘手的问题，从世界观、方法论和核心观念的维度，从“心智、语言和世界”整体认知层面，凸显新旧两种研究进路的分歧和对立，并在非机械论框架中寻求一个整合心智和意义的突破点，无疑具有重大意义。

（8）丹尼特（D. Dennett）的认知自然主义。作为著名的认知哲学家，丹尼特基于自然主义立场对心智和认知问题进行的研究，在认知乃至整个哲学领域都具有重大意义。从心智现象自然化的角度对丹尼特的认知哲学思想进行剖析，弄清丹尼特对意向现象进行自然主义阐释的方法和过程，说明自由意志的自然化是意识自然化和认知能力自然化的关键环节。

（9）意识的现象性质。意识在当代物理世界中的地位是当代认知哲学和心灵哲学中的核心问题。而意识的现象性质又是这一问题的核心，成为当代心灵哲学中物理主义与反物理主义争论的焦点。在这场争论中，物理主义很难坚持纯粹的物理主义一元论，因为物理学只谈论结构关系而不问内在本质。当这两个方面都和现象性质联系在一起时，物理主义和二元论都看到了希望，但作为微观经验的本质如何能构成宏观经验，这又成了双方共同面临的难题。因此，考察现象性质如何导致了这样一系列问题的产生，并分析了意识问题可能的解决方案与出路，就具有重要意义了。

（10）认知动力主义的哲学问题。认知动力主义被认为是认知科学中区别于认知主义和联结主义的、有前途的一个研究范式。追踪认知动力主义的发展动向，通过比较，探讨它对于认知主义和联结主义的批判和超越，进而对表征与非表征问题、认知动力主义的环境与认知边界问题、认知动力主义与心灵因果性问题进行探讨，凸显了动力主义所涉及的复杂性哲学问题，这对于进一步弄清认知的动力机制是一种启示。

本丛书后续的论题还将对思维、记忆、表象、认知范畴、认知表征、认知情感、认知情景等开展研究。相信本丛书能够对认知哲学的发展做出应有的贡献。

魏屹东

2015 年 10 月 13 日

前言

认知科学的发展为当代的意识研究提供了坚实的实证证据，意识现象开始从纯粹的思辨领域走向了实验室的操作台，当代的认知神经科学家甚至可以随意地操纵我们对于某个事物的有意识的知觉。通过聚焦于对同一个事物的“看得见”与“看不见”的对比性的知觉现象，认知心理学家、认知神经科学家开始探索在从无意识到有意识的转变过程中，大脑内部究竟发生了什么、是何种脑机制促使了意识现象的发生。

科学家们已经在日拱一卒地打开大脑的黑箱。但是一个非常有意思、同时极具争议的问题却出现了：意识状态等同于大脑的物理状态吗？破解脑机制是否就能解释意识？尽管科学已经揭示了磁性、光合作用、生物有机体的各项机能的秘密：我们可以通过建立温室模拟植物在自然条件下所进行的光合作用，植物照样生长得很好；我们可以用心脏起搏器替代功能衰退的心脏，可以移植肝、肾、皮肤等，我们仍然可以很好地维持生命。这种功能主义的多重实现、或者说计算等价性理论并没有任何理论或实践上的障碍。

但是一旦遭遇意识问题，将意识归于脑的做法却遭到了猛烈的抨击。将意识视为脑结构以及脑机制动力学中物理过程的一种特殊类型、属性或者状态的观点被视为部分论谬论。为什么对于身体其他部分的机制我们可以坦然地接受计算等价性的理念，唯独对于意识不行？根本的原因在于持这种看法的科学家、哲学家认为它忽视了意识的本性——这种对意识本性的无知在于它略过了意识的私密性，“任何关于意识的特定例子似乎都有一个有特权的或专有的观察者，他了解这一现象的方式与别人完全不同，不管别人拥有什么仪器，他都比其他任何人知道得更清楚。”①意识的这种私密性被视为一种专有通道，每个人只通达自己的意识，彼此之间并不互通。这样一来，意识，作为私人可观察的现象而非公共可观察的现象，成为科学无法研究的对象。

从一定程度上讲，科学进步的历程就是概念被不断细分、不断明晰的过程。当意识因为私密性而被贴上神秘而不可破解的标签时，是否也是因为当前的意识理论存在太多概念上的混淆，而并非是我们共享的物理世界的概念不足以描述意识？巴尔斯提出的意识与无意识的对比研究为在实验室中操作有意识的知觉事件提供了理论基础；新兴的磁功能成像、脑成像技术为跟踪认知者对某个物体的无意识状态到意识状态的脑部活动的变化提供了技术支撑。更重要的是，关于意识的概念及相关机制也在不断地被细化，有意识的通道、不及物意识、及物意识、清醒、自我意识，注意、选择性注意等。越来越多的意识理论开始运用信息来解释意识，关于意识的感受性、主体性、意识的功能等原有理论也开始在新的理论框架下获得新的解释。尽管一些哲学家仍然认为科学并不能解开意识之谜，认为它们属于不同的范畴，但是这并不妨碍我们去了解科学实验中的意识现象，并进一步去发现科学实验中的意识属性与哲学思辨中形而上的意识观之间可能碰撞出的火花！

本书将语境论引入意识问题的研究中，把语境思想贯穿到意识的本体论分析、认识论分析和方法论分析之中。首先从当代心灵哲学对意识的本体论分析着手，厘清这些本体论立场在心－身问题上所面对的理论困境或悖论，并对其代表人物意识观点的本体论进行了评价，然后论证意识的语境分析对于心－身问题的解决以及对于当前认知现象中新的本体论划分标准所具有的重要意义。其次运用语境分析方法分析意识的感受质问题、意识的同一性问题、意识的功能问题以及意识的认知模型等哲学问题，力求构建一个融贯的、一致的意识的认识论。再次是对意识的语境分析方法与其他意识的研究方法进行比较研究，论证语境分析方法对于意识本质的探究更具有优越性。最后，在此基础上，提出基于语境的认知构建，分析语境认知构建的工作机制和作用，展望未来意识

① [澳]贝内特，[英]哈克．神经科学的哲学基础[M]. 张立等译．浙江大学出版社 2008：251.

研究的发展趋势。

最后，本书还有许多不足之处。本书虽然表达了意识的语境化思维的内涵，但是在具体操作上还略显粗糙；提出的基于语境的认知构架仍有进一步完善的空间，肯定还存在一些未预想到的方面，对于该模型在实际中的应用也有进一步澄清的必要。这些不足之处作者将会在未来的研究工作中尽可能地进行修正和完善。

安　晖

2016年3月

目 录

导 论

意识是科学界尚未解决的重大问题之一，20世纪的很长一段时间里曾经被科学研究所抛弃，但目前已经成为心理学、认知神经科学中发展非常迅速的一个领域，相关的研究成果吸引了越来越多的关注。心理学界试图揭开意识的心理发生机制，神经科学试图找到与意识相关的神经关联物。即使是看似与哲学最不相关的人工智能研究，当你问及人工智能研究者，他们觉得哪一门学科与其联系最紧密时，得到的最多的答案却是哲学。心理学、神经科学、人工智能等提出的解析人类智力能力的问题恰恰是困扰了哲学家千年的难题。哲学正是要挖掘不同的认知研究范式所蕴含的基本假设，以及分析该假设与其认知构架之间的逻辑可能性。事实上，不同的本体论预设会产生关于意识的不同的观点。然而二元论也好、物质主义一元论也好，都无法解释意识与物质的大脑之间的交互作用，或者两者之间如何通达的问题。

一、当代意识研究中的问题域

意识问题一直都是哲学中的一个难题。意识的本质如何界定、意识具有什么特征、用什么方法来研究意识等问题始终与形而上的本体论追问交织在一起。

在20世纪上半期，意识问题曾因主观感受的不可观察性被列为科学研究的禁区。但是随着20世纪50年代认知革命的兴起，新的研究方法注入，传统的研究格局被改变了，新的意识领域的问题域正在生成，意识问题已经成为当前认知科学、认知哲学中的重要问题。

在传统哲学中，意识的本质问题是追问意识是属于物质还是属于精神的一元论，笛卡儿（René Descartes）开创的二元论将意识和物质并列为两种不同的质，认为意识的精神世界是独立于物质世界而存在的。20世纪初期，行为主义摒弃对意识的研究，认为意识即使是存在，也只是一种对行为不具有任何因果关系的副现象。

在认知科学飞速发展的当代，意识的本质问题被转换为意识的“难问题”。对意识问题进行“简单问题”和“难问题”的区分是澳大利亚的哲学家大卫·查尔莫斯（D. Chalmers）提出的，他认为意识的简单问题就是那些被标准的认知科学方法所接受的问题、那些可能被解决的问题。例如，通过理解所参与的计算机制或神经机制来解决的问题，它们包括对于刺激的辨别，注意的集中、对心理状态的评估和报告、有意图的控制行为或是在觉醒和睡眠之间的差异。这些问题都可以通过科学方法解决，而真正的难题是体验问题，为什么认知功能会伴随体验，即真正的难题是大脑中的物理过程是如何引发主观体验的问题。对于这一难题，有的哲学家认为它是无解的。例如，麦克吉恩（C. McGinn）就认为由于生物属性对于人类概念能力的限制，我们将永远不会获得这些概念。也有的哲学家认为根本就不存在难题，即否定难题的存在。帕特丽夏·丘奇兰德（P. M. Churchland）就认为，难题是一个被误解的问题，是一个无法带有欺骗性质的问题，首先我们无法预测哪些是难问题，哪些是简单问题，而且可感受性这个概念也不具备足够完善的定义。还有些学者认为，目前我们还没有用于理解意识如何源于物质的概念，所以我们需要创造一些新的概念，我们必须重新审视建构自然世界观念的基石，使之能够适用于对意识的理解。托马斯·内格尔（T. Nagel）指出，对于意识的理想解释，必须要使意识现象能够符合生物系统特征，同时又能解释意识的本质，即发现一种通约且完善的视角，运用它能够使我们理解主体经验和神经生理之间的内在联系。塞尔（J. R. Searle）就意识的难问题，提出了生物自然主义主张，认为意识现象是生理自然历史的一部分，就如同消化、普通细胞核分裂、生殖细胞繁殖分裂或者酶的分泌一样。查尔莫斯提出了“自然主义二元论”观点。他认为，按照自然法则，意识经验源于物理现象，但它本身却不是物理现象。查尔莫斯指出，一种合理的意识理论，必须能够结合一些原则将物理现象与现象的意识领域联系起来，而这些原则本身并不能限定于物理定律，我们的任务就是要找到一套系统规则，能够确保某种给定的物理结构可以伴随产生某种特定的经验。“难问题”事实上就是心－身之间的鸿沟问题，只要没有脱离心－身之间的区分，就无法避免心身的交互问题。

感受质问题，即存在的感觉是什么，一直以来也是意识研究中的核心问题。洛克（J. Locke）的质感对调、内格尔的“作为一只蝙蝠是什么感觉”、戴维森（D. Davidson）的“沼泽人”、杰克逊的“黑白玛丽”、布洛克（N. Block）的“中国脑”都是用以证明感受质存在的思想实验。承认感受质存在的哲学家认为，感受质指称经验的质的特性。塞尔认为，感受质表明每一种意识经验，都有与之对应的某种质的感受，如品尝啤酒的经验不同于听音乐的经验，闻玫瑰花香的经验不同于看风景的经验。布洛克认为，感受质包括各种感知的方式，如疼痛的感觉也是一种感受质，更确切地说，感受质是一种心理状态。查尔莫斯认为，感受的质就是现象的质，解释这些现象的质的问题就是解释意识的问题。因此，查尔莫斯是将感受质问题直接等同于意识问题，他进一步认为不但各种感觉经验具有质的内容，思考也是具有质的内容的经验。但是，也有相当一部分学者反对感受质这个概念，丹尼尔·丹尼特（D.C.Dennett）就明确指出，感受质是哲学上的一种胡思乱想，感受是非质感的。丹尼特认为，那些认可感受质的人只是被“僵尸知觉”所吸引了，承认意识的感受质是出于人的本能的、被称为“直接体验”的直觉。这种直觉虽然人人都能感受到，但是却是不可信任的。丹尼特进一步指出，感受质是一种习得物，是在一定的历史文化背景中产生的，其本质会不断地发生改变，因此不能作为意识的本质特性。贝内特

（M. R. Bennett）和哈克（P. M. S. Hacker）也认为，感受质并不是意识的本质特征，不能根据存在对于具有某种经验的感受来确定意识经验。因为，首先并不始终存在感受具有意识经验的某种方式，其次每一种独特经验都是某种态度属性的主体，这些经验也并不是总是通过提到某个具有这些经验的人感受如何来进行区分的。事实上，如果一味地强调感知质的主观性，具有什么感受，这样的观点是无法形成一个可操作性的研究纲领的，因为每个人的感受不同，仅仅从感受出发，又会衍生出他心的问题。因此，从感受质的整个产生、演变的历史来考察感受质，或许就能够解决感受质这个难题。

当代认知科学的发展，除了为已有的、与意识相关的传统问题提供新的思路之外，还为意识研究开启了新的研究路径，生成了新的问题域。

就新的研究方法来看，主要有功能主义的研究方法、神经科学的研究方法及现象学研究方法。功能主义坚持的是心灵的计算理论，认为大脑是一台数字计算机，而思维就是一个计算机程序，只要我们破解了这个计算程序，我们就可以对思维进行复制，也就是说，我们可以制造出一个有意识的机器人。功能主义将意识经验视为外部世界的内在表征，试图通过建构表征的心理模型来解释意识的内容。明斯基（M. Minsky）和丹尼特都看重表征模块的重要性。例如，明斯基认为，智能产生于分立的不同模块是执行各自的简单任务。丹尼特认为，意识并不产生以笛卡儿剧场及笛卡儿剧场中的观众或中央意志。相反，意识产生于多重渠道，各种特化回路在这些渠道中以一种并行的、群魔混战的方式，试图做它们各自的事情，产生出多重草稿。这些草稿在快速的继替过程中相继联合。功能主义对于意识的物质承载体不做要求，认为只要我们能破解意识的计算程序，哪怕是其他物种我们也能将意识复制到其身上。这受到了重视生物结构，从生物结构去研究意识的学者的批驳。例如，布洛克斯（R. Brooks）就指出，我们发现即使在那些非常简单的智能中，抽取一个外显的世界表征或世界模型只会碍事，最好还是让真实世界自己来当自己的模型。事实上，功能主义的意识研究方法不能为意识提供一种恰当的解释，尤其是无法解释意识与无意识之间的区分，为什么有些心理模型可以被意识到而其他的大多数心理过程、心理模型都不能被意识到？功能主义无法为意识的主观性提供解释，反而得出了大多数的认知过程是无意识的这个结论，如人类的内隐记忆、内隐学习、自动化加工的能力。因此，按照功能主义，神经系统的所有调节并非总是表现为符号表征和意象表征这些有意识的层面，思维大部分反而是无意识的。

神经科学研究方法是随着认知神经科学发展而来的。它的主要研究内容是寻找与意识相关的神经关联物，即在大脑中对意识进行空间定位。在神经科学中，对意识的研究主要运用的是还原论方法。神经科学家克里克（F. Crick）主张的是一种本体还原论和解释还原论，他认为，复杂系统可以用其组成部分的活动及它们之间的相互作用来解释。对于一个具有多种层次的系统来说，这一过程也许必须重复多次，即某一特殊部分的活动也许必须用其组成部分的特征以及它们之间的相互作用来解释。例如，我们需要通过神经细胞之间的许多相互作用来解释脑，需要通过组成神经细胞的离子、分子来解释该神经细胞的活动。神经科学家丘奇兰德则主张另一种还原论方法：消除还原论。她主张心理解释中的理由、动机、相信、意愿等心理层次不可被还原为神经科学的结构，其原因是这些心理层次纯粹是虚构的，介于行为和神经科学理论之间的心理解释层次是虚假的，有必要被消除掉。贝内特和哈克对这两种还原论都提出了质疑，认为神经科学可以解释拥有和行使人的能力的可能性的神经条件，可以对非理性行为做出有益的解释，可以解释各种形式的能力缺陷。但是用神经科学来解释合理的行动的可还原性是一种错误的观念，人在本体上不能被还原为其神经系统，人的行为的心理规律不能被还原为神经规律。事实上，各种形式的还原论是关于存在属性的逻辑和解释的逻辑结构的形而上论题，只能通过哲学进行分析，不能被科学证实证伪。

就意识领域产生的新的问题域来看，涉及意识的认知模型问题、意识的同一性问题、意识的功能问题等。就意识的认知模型而言，丹尼特提出了多重草稿模型。该模型认为，大脑中各种各样的知觉操作过程是一种平行的、多轨道的细化和诠释过程。进入神经系统的信息处在连续的编辑修改状态，就类似于不断修改中的草稿，在时间的任何一个点上，在大脑的各个地方的编辑过程的各个阶段，都有叙事残片的多重草稿。但是许多哲学家却认为，丹尼特的多重草稿模型否认了意识的存在，将意识解释没了。巴尔斯（B. J. Barrs）在大量的认知心理学证据基础之上，提出了意识的语境认知模型，该模型用不同层次的语境及其合作和竞争来阐述意识经验的产生、发展和消失，并将语境分析贯穿到全局工作空间假设的所有认知模式中，试图用语境整合目标、自主控制、注意、自我和有意识的自我控制等看似各不相干的意识经验，从而使语境认知模型具有了普适性。Newman、Dehaene、Kerszberg 等神经科学家则试图借助全局工作空间、语境等概念寻找与意识对应的神经元结构，并提出了全局神经元工作空间理论。

就意识的同一性问题而言，它探讨的是关于自我的理论，即是否存在某种持续存在的意识主体。持肯定答案的是自我理论，持否定答案的则是知觉束理论。Ramachandran 是知觉束论者，他的填充实验认为自我是某种大脑的特定加工过程，大脑中没有一个整合的自我存在。达马西奥（A. Damasio）从自我意识是如何产生的角度来解释自我。他认为，自我并不是任何独立的实体，而是一个暂时的实体，为了每一个与大脑互动的客体而不断更新，它是在我们讲述我们的人生经历时才产生的那个你。这种观点与丹尼特的类似，只有我们在自我叙述时，才会对我们的思想、观点进行反思，这时才会产生意识问题。巴尔斯的全局工作空间理论认为，自我并不是一种错觉，而是一个处在高级水平的主导语境层。自我的持续性在全局工作空间中是真实存在的。但是布莱克摩尔（S. Blackmore）提出，巴尔斯的理论其实是一种生理上的持续性，它仍然没有解释这种生理上的持续性是如何转换为感觉体验中的持续的自我。盖伦·斯佐森（G. Strawson）提出了自我的珍珠理论，该理论认为每一个特定的时刻都有一个自我存在，自我一个挨着一个，就像线上的珍珠。有的学者指出，珍珠理论没有解释为什么我们能够拥有强烈的长期的持续感，也没有解释为什么线上的珍珠就是主观体验。

就意识的功能问题而言，意识是否具有功能，在学界是存在争议的。进化心理学将人类的心智视为一系列特化的模块，这些模块被进化出来解决某类特殊问题，这很类似于瑞士军刀，那么意识是这把军刀中的一把刀刃吗？它与其他模块是如何互动的。意识的进化问题已经引起了学界的注意。尼卡斯·亨弗瑞（N.Humphrey）就是从意识的进化来解释意识的功能的，他认为意识的功能在于它的社会性，意识是一种想象内眼——一种新的被进化出来的感觉器官的产物，当这个内眼被进化出来时，意识就产生了。它的视野不在外部世界，而是指向大脑本身。巴尔斯提出意识是一种高级功能性的生物调节装置，一种内在于生物体的门径，它通往各个无意识的专门处理器，并对生物处理器进行整体性的调节。

二、研究内容和框架结构

语境论是当代科技哲学中的核心观点。语境分析已经成了当代语言分析哲学中最主要的分析工具。尽管语境被一些研究意识问题的心理学家、神经科学家提及，如巴尔斯的全局工作空间理论、Dehaene 的全局神经元工作空间假说、维果斯基（Lev Vygotsky）的社会文化历史理论及当代行为科学的研究，但运用语境专门研究意识问题的论述还没有。他们都或多或少地提到过语境在意识形成过程中的作用，但是并没有对语境与认知机制之间的关系进行充分论证。本书立足于意识的哲学问题研究，试图运用语境论将意识的哲学问题融贯起来：①运用语境来解释意识的本体论问题，主要是对意识的本质进行探究，语境论认为意识既不是独立于物质的存在，也不是物理过程的功能属性或涌现特征，而是认知系统的内在组分；②运用语境解释意识的认知论问题，包括意识的认知原理、意识的认知属性、意识的认知主体及意识的认知功能；③分析不同的意识研究方法所具有的哲学意义，对它们是否能够解开意识之谜进行逻辑论证；④运用语境构建意识的认知构架，分析语境对于意识产生机制的理论及实践意义。

本书主要内容有六个部分。首先是导论，主要阐述当代意识科学的问题域，以及本书的思路和框架。

第一章是意识的结构本体论：本章涉及当前各种坚持物质一元论的心灵解构理论和坚持二元论立场的意识理论的概述，重点论述塞尔的自然主义意识思想和丹尼特的机能主义的意识思想，然后运用语境分析方法对意识“难问题”进行分析。首先通过语境分析方法分析意识产生、发展和消失的整个动态的形成机制，然后再运用语境分析方法解释意识的功能和本质问题，这既是本书的重点，也是难点问题。语境研究与传统研究的不同之处在于，不把意识作为物质之外的实体，或者是附属于物质的性质，而是将意识与语境及其他的生物机制都作为复杂系统的参数来看待，认为意识是进入其他功能模块的门径，这样物质世界与意识经验通达的路径就找到了。但是语境分析是从意识的生成机制角度来分析意识的，意识生成机制的分析在多大程度上能揭示意识的本质，还需要进行哲学的分析论证。

第二章是意识的语境认识论：第一节是意识的认知结构。探究社会文化历史语境、实时的环境对意识的作用。用语境来阐述意识经验的产生、发展和消失过程，并将语境分析贯穿到意识理论的所有认知模式中，用语境整合目标、自主控制、注意、自我和有意识的自我控制等各种意识现象，并最终建立一个统一的语境认知模型。第二节对感受质的语境分析。感受质被许多心灵哲学家认为是意识最基本的特征，但是物理主义者通过事物的本质没有发生改变，但是对事物的感受质却会发生改变的对比分析，认为感受是不可信赖的，应当在哲学中抛弃这些概念。本节运用语境对感受质进行分析，揭示了感受质的整个演变过程，即原来的意识内容随着冗余性增加转换成了无意识的语境。从而论证感受质的确是真实存在的，但是最终会变成语境的一部分。这也补充了巴尔斯运用语境分析对意识进行认知心理学研究中所缺少的对自我理论所做的哲学反思。第三节对意识同一性问题的语境分析。意识的同一性问题旨在解释不同的感觉是如何联合为一个统一的经验世界的。语境分析认为语境等级是一种无意识的表征等级，它是随着意识内容中的不确定性的减少而形成的固定的信息处理模块。人类的认知能力正是在意识内容与无意识的语境之间的反馈和转换过程中向前推进的。而意识的同一性正是来源于这种意识内容和无意识语境之间多重反馈循环组成的动态流。但是这里存在的疑难问题是在语境等级中是否存在一个经验主体？如果存在，那是什么？是谁在体验意识经验？这还需要哲学解释。第四节对意识功能的语境分析。包括意识是否具有功能，意识的社会性功能及生物学功能的分析，重点是分析语境在意识生成机制中的功能。

第三章是意识研究的方法论：本部分包括现象学的第一人称方法、功能主义还原论的第三人称方法、神经科学还原论的第三人称方法及语境分析方法。论述的重点是这些意识研究方法的优缺点比较。第一人称方法倚重主观的意识经验本身，但是对意识问题缺乏具有可操作性的研究纲领，而且无法解释物理世界的因果封闭性原则。第三人称方法倚重大脑中客观的信息加工过程，或者大脑中各个生理层面的化学变化，但是始终无法合理地解释大脑中的物质变化过程是如何产生主观的意识体验这个问题。语境分析方法不但为意识形成机制提供了很好的解释，而且具有客观的可操作性，认知心理学、认知神经科学都证实了语境的存在及其连接的方式。

第四章是意识的认知构架：论述认知主义认知构架、联结主义认知构架及意识认知构架的语境建构。认知主义和联结主义的认知构架没有为意识提供适当的解释，而语境分析为意识的生成机制提供了一个较好的框架，为建构意识认知构架提供了可能性。在此基础之上，本书通过挖掘语境与智力系统的能力机制之间的关联关系，提出了认知构架的语境建构，论证了语境作为认知构架核心要素的理由，以及以语境建构认知构架的可能性；分析语境认知构架作为一种神经系统内嵌的信息处理能力和机制，所遵循的认知规则及在意识的认知过程中所具有的作用；厘清语境等级作为一种表征体系，它所蕴含的哲学基本假设与认知主义的“符号”、联结主义的“联结”的不同之处，以及它是否与认知复杂系统的耦合机制存在必然的矛盾。

最后是本书的结语部分，综述了本书的写作内容、写作脉络、研究结果，以及没能深入研究的部分。以语境的视角审视意识，探究语境化意识研究的意义和价值，从而展望意识研究的发展趋势。

第一章

意识的结构本体论

“在与心灵有关的科学中，意识引起了最让人着迷而又始终无法解释的问题。意识经验是我们再熟悉不过的，但同时却又是最难以解释的。”①意识的本体论所要思考的问题其实就是意识是什么，或什么存在？意识是第一意义的存在吗？它与外部世界如何相互联系？意识的本体论追问尤其与心身问题有着密不可分的关系，本章开篇也沿着物质和精神的关系来探究意识的本质。首先，简要地介绍关于意识本质的几种传统的观点，主要是近代以来，尤其是笛卡儿以来的二元论、强调精神的一元论，以及目前随着现代物理学、计算机科学、神经生物学、人工智能等学科的发展，风头强劲的、对20世纪产生巨大影响的各种版本的唯物主义。其次，介绍并分析当代两位著名的哲学家塞尔和丹尼特对意识本质提出的观点，塞尔提出的意识存在的生物学路径和丹尼特对意识研究保持的功能主义论调都是极具特色和代表性的。最后，在对当代认知科学的哲学思想再加以深挖后，会发现塞尔孜孜以求的能够彻底摒弃“物质”“精神”划分的新方法并非生物路径，而是“数字”与“结构”的新的本体论划分标准。本章最后指出，结构是当代认知科学发展的新的本体论预设，它不但有实证科

① Chalmers D J. Facing up to the problem of consciousness [J]. Journal of Consciousness Studies，1995，2(3)：200.

学的充分证据加以证明，而且还能够消解二元划分带来的诸多问题。

第一节　关于意识本质的主要观点

什么是意识？我们可以回忆我们在拔牙时的经历，使用了局部麻醉和没有使用局部麻醉有什么区别？它们的明显区别就是在麻醉药失效后，会产生有意识的疼痛感。梦通常也被认为是一系列的意识经验，虽然和正常的意识相比，它缺乏连贯性，但是它同样会带给人一种强烈的主观感受。在这两个例子中，意识是当我们处在完全麻醉的状态中或者处在没有梦的睡眠状态中所失去的东西。如果我们试图用所有意识现象中都会涉及的心理因素去定义意识，那么就可能包括获取外部世界信息、做决策、问题解决等一系列过程。如果我们试图用物理语言直接定义意识，那么就可能涉及大脑中各个神经生物层面上的物理化学变化。任何一种对意识下客观定义的做法似乎都漏掉了意识最基本的一个组成部分，即人在意识状态中的主观感受。美国哲学家内格尔曾提出了一个著名的问题，即“作为一只蝙蝠是什么感觉？”。蝙蝠是通过回身定位来确定行动路线的，它们能够发出音频很高的声音，然后通过回音判断物体的位置。而内格尔的问题是——通过回声定位感知物体的蝙蝠，它们的主观感受是怎样的。对于蝙蝠来说，回身定位是自然而然生成的，它们意识到的不是声音，而是物体，就像视觉让人意识到的不是光线，而是物体一样。但是蝙蝠是如何感知物体的呢？它们是不是也按光线的明暗、颜色的差异等属性来感知？或者它们只是把物体看作是发出不同声音的材质？它们能不能像我们一样感受到形状？即使科学告诉我们许多有关蝙蝠大脑的客观知识，但是仍然无法告诉我们蝙蝠的主观感受是怎样的。①

意识与心智的主观方面相关联。用内格尔的话说，意识就是“感觉怎样”。意识还被称为现象层面的内心体验或觉知，以此强调意识的主观感受性。于是，最大的问题就凸显出来了，即主观的意识是如何与客观事件相匹配的？尤其是

① Nage T. What it is like to be a bat[J].The Philosophical Review，1974，83(4)：345-450.

它如何与头脑中的物理化学的化学运作过程相匹配？对于这个问题，有三个传统的解决方案：二元论、唯心主义和唯物主义。

一、二元的心身交互理论

意识经验的主观感受在本质上是否与大脑的活动有所区别呢？如果世界上存在主观因素，那么它们是如何与充满时间和空间的客观物理实体相互作用呢？这些主观因素会受到哪些未知的原则支配、控制呢？这样的疑问其实就是一种二元论的思维模式。

从历史发展来看，近代心灵哲学是由17世纪法国哲学家、数学家笛卡儿开创的。人类历史进入16世纪以来，现代科学开始蓬勃发展，欧洲的天文学和物理学都有了令人振奋的新发展，科学研究让人获得了越来越多关于物理世界的真理、定律。笛卡儿的主要目的在于对知识论的研究，即知识的来源、知识的构造、知识的特征等哲学问题。其中就包括了物理世界与已获得的知识的关系问题。通过“方法论怀疑”，笛卡儿提出了他的论证：即使一切事物都是虚幻的、不可知的，但是我们正在进行怀疑却是一件确定的事情。任何人有可能对于自己正在怀疑这件事情提出怀疑吗？进一步来说，任何人有可能对于自己正在进行怀疑这件事情出错吗？答案是否定的。因为当任何人正在进行任何心智活动时，不可能自己否定自己正在进行的心智活动，甚至“自己否定自己正在进行心智活动”本身还是一项有意识的心智活动。所以，即使可以怀疑，甚至否定一切事物的存在，怀疑或否定自己的心智活动却是不可能发生的。于是就可以产生一个推断：无论物理世界是否存在，心智活动是确确实实存在的。于是，在笛卡儿的哲学思考里，“我思故我在”——关于我自己的意识的实存，我是不可能出错的；同时关于我自己的意识的内容，我也不可能出错。例如，我感到疼痛、感到愉悦，从此，有意识的心智开始走上了独立于外在的物理事物的立场，我的本质之所在，是因为我是一个有意识的、正在思考的存在者，而不是其他。

当然，在上述论证过程中，笛卡儿对物理世界做出的怀疑论假定，并不表明笛卡儿本人怀疑物理世界的客观性，这仅仅是一种论证的策略。事实上，笛卡儿本人从不怀疑物理世界中的现象的存在，还对物理世界提出了一些异于前人、甚至是革新性的想法，建立了现代物理学的基础。例如，他认为颜色、声音和气味等，都不是物体本身的属性，而只是物质颗粒作用于我们的感觉器官后所产生的印象；所有的物理现象都是由物质互相碰撞而引起的，所以物理世界中除了运动中的物质之外别无他物。因此，笛卡儿一方面秉承物理世界的客观性，另一方面又坚持有意识的心智是一种独立的非物质层面，从而开创了哲学上的二元论学说。

笛卡儿认为，存在两个独立且能够相互互动的实体（substances）或事体（entities），即心灵实体和物理实体。两者的独立主要表现在，它们在本质和属性上是完全不同的。就本质而言，物理实体的本质在于物体在物理空间中的延展性，即大小、形状和运动等属性。心灵实体的本质在于意识，在心智世界中的观念、情绪、愉悦和痛苦等意识元素不具备物理世界所具有的空间延展性。就属性而言，首先，物理实体是不能被直接感知的，它只能通过心灵内容的实存与特征被推论出来，也就是说，我们感知到的是我们关于某个物理实体的意识或观念，通过意识的呈现，我们才推论了物理实体的实存。其次，物理实体是由物理学规律支配、决定的，适用物理因果封闭原则，而心灵实体却拥有自由的灵魂、自由的意志。再次，物理实体从原则上讲，可以被无限地区分为更小的实体，因此，从这个意义上，物理实体又是可以被毁灭的。心灵实体是不可分的，且不能被毁灭，每一个心灵都是一个不灭的灵魂。虽然笛卡儿的物理世界和心灵世界如此不同，但是他同时也认为二者间有交互作用，物质的原因能产生心灵方面的后果，比如，物质的针头会让你的心灵意识到疼痛。相反，心灵的原因也能产生物质方面的后果，比如，当你意识到你腿麻时，你会甩甩你的腿。笛卡儿认为物理世界与心灵世界发生交互作用的地方位于大脑中央的松果体，它是大脑中唯一横跨左右半脑，且没有被分成左右两部分的结构体。笛卡儿的这一观点，虽然随着现代科学技术的发展，看起来有些好笑，但至少为物质和心灵两个世界是如何交互的这个严肃的哲学问题提供了一种朴素的答案。这的确是任何版本的二元论都必须回答的问题，也成了许多哲学家攻击二元论的一个主要靶标。

笛卡儿的理论是一种实体二元论，这与属性二元论（property dualism）或双面理论（dual aspect theory）形成了明显对比。该理论认为并没有两种实体，只有两种属性。即事物是物质的，但是可以从物理属性和心灵属性来加以描述，且一种描述不能被还原为另一种描述。例如，当你处于疼痛之中时，这一事实可以从心理层面来描述——感到疼痛，或者从物理层面来描述——你的神经系统中哪类神经元在放电。这一理论既避免了实体二元论对于存在一个与物理世界相分离的心灵实体的假设，也反对神经生物学唯物主义的还原论方法。

学界认为对实体二元论而言，一个必须回答却又难以克服的问题是，由于心灵和身体是由两种不同质的东西组成的，那么它们之间是如何发生交互作用的？本书认为这个问题并不仅仅是二元论需要解决的问题。其实唯物主义的一元论也都必须解释心灵与物质之间的关系问题，即使是现代科学技术的发展使得神经生物学能够定位于意识相关的神经元，物理主义者仍然需要面对这些神经元是如何产生意识的这个问题，从与意识相关的神经结构到意识经验的生成之间仍然还存在一个空隙需要被解释。

本书认为二元论的困境在于二元论在推理过程中存在自相矛盾，使心物关系成为无法解决的难题。如上所述，从二元论中可以分离出两个原则，其一为心物差异原则，即我们内心有意识的喜怒哀乐、七情六欲确实与我们外在的表情与动作等物理现象是两种不同的事物。其二为心物因果交互作用原则，即物理现象会导致心理现象的产生，被石头绊倒了会感到疼痛；而心理现象也会导致物理现象的产生，心里想着要喝牛奶，于是去超市买牛奶。如果仅仅是这两个原则，二元论本身还是可以自圆其说的，但是物理科学的发展使得二元论还必须承认第三个原则——物理因果封闭原则，即如果造成某个事件的原因是属于物理世界的，则这个事件本身也应当属于物理世界；反之，如果某个事件所造成的结果是属于物理世界的，则这个事件本身也应当是属于物理世界的。因此，在同一条因果链上，只要一个现象是物理的，则这条因果链上所有的现象都是物理的。相对的，在同一条因果链上，只要有一个现象不是物理的，则这条因果链上所有的现象都不是物理的。这种因果关系的封闭性排除了非物理的原因和非物理的结果。

这三个原则分开来看，都是合理的，但是同时接受就会产生矛盾。如果我们同时接受心物因果交互作用原则和物理因果封闭原则，就只能有两个选择：①承认心灵世界是物质的，而不是非物质的，即心灵世界是物理世界的一部分；②承认物理世界是心理的，而不是非心理的。但是无论是哪一种选择，又都会违反心物差异原则。因此，我们不可能同时接受这三个原则。[①]

为了二元论推论的严密性，我们是否应该放弃其中的某个原则吗？心物因果交互作用原则是二元论与副现象论之间的根本差异，放弃了这个原则，二元论就不再是二元论，而是沦为唯物主义中的副现象论了。放弃物理因果封闭原则，就等于我们允许了在物理世界的因果关系中会出现非物理的原因或非物理的结果，从而导致我们再没有任何依据来排除鬼神、灵异等非物理原因的解释力。这会摧毁自然科学的累累硕果。那么放弃心物差异原则吗？但是心灵世界与物理世界的差异如此之多，我们完全无法漠视。其一，心灵世界具备私密性，物理世界不具备私密性。所谓私密性是指每个人对于他自己的内心世界具有特许访问的地位，只有自己才有直接的通道来知道自己的内心世界、自己所处意向状态的内容、自己所处的感质的那种感受。每个人透过内省的方式，可以直接掌握自己的内心世界，但是对于别人的内心世界，我们只可能通过他人的外显行为进行自我类比推论间接地获取相关资讯。相对而言，物理世界是公开的，开放给所有认知主体的，并不局限与某个认知主体，而且任何对于物理世界所掌握的资讯都是可以被传递的、可以被公开检测的。其二，心灵世界是透明的，物理世界是不透明的。所谓透明是指有意识的心灵世界满足以下两个推论。a：当我正处在某种有意识的心灵状态时，我必定能够知道我正处于此心灵状态。b：当我相信我正处于某种有意识的心灵状态时，我必定正处于

① 彭孟尧. 人心难测——心与认知的哲学问题 [M]. 北京：生活·读书·新知三联书店，2006：24-26.

此心灵状态。[①] 但是这两个推论并不适用于物理世界。a′：当我正处在某种物理状态中时，我知道我正处在该物理状态。b′：当我相信我正处于某种物理状态中时，我就正处于该物理状态。很显然这两个推论都是错误的，某人患有肿瘤时，在未做任何检查前，他肯定不能知道他患有肿瘤。某人相信自己会成功，他未必就能成功。其三，心灵世界具有意向性，物理世界不具有意向性。意向性是指心灵状态通常会有一个指向的内容或对象。不可能出现一个没有任何内容或指向的意向状态。例如，我们不可能一方面相信，另一方面却没有相信的任何事情；一方面做出判断，另一方面却没有判断的任何对象。物理世界就不具备这样的意向性。事物就是事物本身，它不会表征其他事情，或指向另一件事情。巧克力代表浪漫，并不是巧克力本身指向了浪漫，而是使用者的内心想法指向了浪漫，并借用巧克力来表示。其四，质性的感受是心灵世界的本质，但这不是物理世界的本质。对感质而言，它所呈现给主体的那种质性感受就是它的本质，感质不存在“表象”或“实在”之区别。例如，当我们摸到绵滑的丝绸时，那种丝滑的感觉就是我们在触摸时的质性特征。但是对于物理世界，却存在表象与实在的区分。我们能观察到的只是事物所呈现的现象，并不能直接观察到存在于表象之后的实在。最后，心灵世界具有主体性，物理世界不具有主体性。所谓主体性是指，一旦有个意识现象出现，则必定有主体拥有那个意识现象。意识现象的存在与它的拥有者之间具有必然的联系，且无法转移到别人身上。改变了意识现象的拥有者，就等于消灭了原先意识现象的存在，从而产生了新的意识现象。物理世界的存在并不一定要求有拥有者，而且物理世界的事物的拥有者的改变，也不会改变、影响该事物本身的本质。[②]

因此，这三个原则各自的合理性，以及连接起来导致的矛盾使得二元论难以自持，无法解释。二元论的观点被英国哲学家赖尔（G. Ryle）戏称为“有关

---

① 有人可能认为当我自欺欺人地相信自己处于某种有意识的心灵状态时，b 就不成立。但在此情况下，实际的情况是该人是不相信自己处在该种心灵状态下。所以，在自欺欺人的情况下，是对 b 推论的反论证，即当我不相信我处在某种有意识的心灵状态时，我必定不处在在该心灵状态下，这反而证明 b 是成立的。

② 彭孟尧．人心难测——心与认知的哲学问题 [M]. 北京：生活・读书・新知三联书店，2006：29-41.

机器中的幽灵的学说”（the dogma of the ghost in the machine）。丹尼特也曾一针见血地指出“接受二元论就等于放弃”①。因此，现在实体二元论已经被大多数学者所摒弃了。

二、一元的心灵解构理论

一元论包含唯心主义和唯物主义两种截然不同的观点，一元的唯心主义观点基本上已经被科学界所摒弃，但是为了保持论述的完整性，下面先简要阐述唯心主义的意识观点，再详细论述唯物主义的心灵解构理论。

唯心主义的传统源远流长，可以追溯到古希腊文明发源时期。但是本书认为意识研究领域的唯心主义观点可能直接来源于笛卡儿二元论中导出的怀疑论思想，以及对知觉的表征分析理论。根据笛卡儿的观点，我所能够确定的知识，只是我的心灵活动的内容，我的所知、所感、所想，我们并不能直接知觉到物理世界中的那些对象与事态，那么我是否按照该事物的所是知觉到它们呢？我对该事物的知识是可靠的吗？我们的知觉呈现出来的表征内容是否能精确地表征被表征者呢？因此，知觉的表征理论将事物划分为本质意义上的“被表征者”与经知觉加工呈现出来的表象意义上的“表征内容”，这二者之间的区分在唯心主义那里被进一步扩大了。

如果我们的意识总是属于心智世界，我们又是如何知道心智之外的物质世界呢？ 18世纪英国的经验主义者乔治·贝克莱（G. Berkeley）就采用了一个极端的解决方式，用有意识的感觉代替了物质。也就是说，我们的经验还是我们感受到的，但是在这些经验之外并没有引发经验的物质实体。世界还是我们所理解的世界，但是除了主观经验，并没有任何其他的存在了。树木、房屋等物质世界的物体与我们的主观感受、主观印象没有什么差别。贝克莱说，“存在就是被感知”“观念的存在就在于被感知”“事物的存在就是被感知”②，这里的“观念”或“事物”都是指感知的对象。由于观念只能被感知，即它们是在心中被

---

① Dennett D. Consciousness Explained[M].Boston：Little Brown &Co，1991：37.

② 乔治·贝克莱．人类知识原理 [M]. 关文运译．北京：商务印书馆，1962：18.

构成的，所以它们不可能是心外的存在，而只能是心中的存在。但这个在心中的存在完全依赖于它们的被感知状态，也就是说，在贝克莱这里，没有被意识到、却存在的东西是不存在的。这样一来，外部的物质世界被取消了，我们关于“外部世界”的知识也不存在了，心智和物质交互作用的问题也就不存在了，我们需要了解的只是我们把握自己主观印象的能力。

从 18 世纪到 20 世纪早期，几乎所有的知名哲学家都是唯心主义者，包括德国哲学家黑格尔（G. Hegel）、叔本华 (A. Schooenhauer)、胡塞尔 (E. Husserl)，以及法国哲学家伯格森 (H. Bergson)，英国的哲学家约翰・密尔（J. S. Mill）、罗素（B. Russell）、艾耶尔（A. J. Ayer）。尽管他们对于如何建构心智世界的结构时有不同观点，但是他们都认为物质世界的东西不过是一种感觉意识，或者是长久的感觉的可能。物理世界是由我们的心智构建起的虚构世界。我们的心智还能把感知感觉到的感觉数据整合为一个有逻辑的结构。

唯心主义尤其强调了意识的重要性。唯心主义者并不是要为意识状态寻求一席存在之地，而是要用意识去建构存在，他们要解释的是物理世界中的物体是否是存在的一部分，而不是意识是否是存在的一部分。通过怀疑物质世界的存在消除了物质与精神分裂的状态，但是他们很难解释为什么物质的客体具有一些持久不变的特质，且这些特质与我们的意识状态无关，或者说科学是何以可能的。所以，20 世纪中期以来，持唯心主义一元论立场的哲学家几乎没有了。

唯物主义认为只存在物质，并且认为能够支配和能量之间的交互作用的法则可以也能够解释意识之谜。自 20 世纪以来，对意识研究的唯物主义立场在心理学、人工智能及神经生物学等学科中都有体现，并因此形成了一些关于意识的成熟理论。

20 世纪，心理学家和哲学家首先开始思考唯心主义提出的有关主观的心智领域的观点是否具有公共性的问题，即有关心智的事件既然都是私人的，属于每一个个体，那么其他人又如何了解呢？心理学中的行为主义者认为科学的心理学不能以主观状态的内省为基础，应该以对行为的实验研究为基础，事实上完全不需要意识这样的概念，科学心理学的主要理论目标在于预见和控制行为，通过刺激－行为反应的研究模式使得心理学成为一门纯粹客观的自然科学，而完全无须理解大脑内部发生了什么，完全排斥对意识的研究。行为主义学派的先驱华生（J.B.Watson）甚至宣称："在人兽之间并不存在任何的分界线。"①随后的代表人物斯金纳（B.F.Skinner）设计了一个特殊的实验装置，即"操作条件反射装置"，又被称为"斯金纳箱"，通过这个装置来研究老鼠的条件反射行为。当老鼠压下箱中的杠杆时，食物就会从一个孔里送进去作为奖赏。刚开始，老鼠压下杠杆的行为是随机发生的，但是奖赏会强化它在随后继续压杠杆。斯金纳发现，一旦老鼠得到强化，它就会不停地压杠杆，即使没有食物奖赏也是如此，因为它已经形成"操作性条件反射"。行为主义者认为人和动物一样，都是根据刺激物做出行为反应的。这种观点在哲学上被称为"方法论行为主义"，因为它主要在于提出了一种与以前的内省主义不同的心理学研究方法。塞尔认为，方法论行为主义"不是关于心灵实存或非实存的实质性断言。方法论行为主义者对于二元论提出的实质性反驳并不在于指责二元论假定了不实存的事体，而在于指出二元论是无关紧要的。科学断言一定得是可以被客观检测的东西，而人类心灵的唯一可以被客观检测的断言就是关于人类行为的断言""心灵只不过是身体的行为而已。没有任何东西凌驾于或超越于那构成心灵的身体的行为"②。需要特别说明的是，如果说唯心主义取消了物质世界的存在，是在做减法，那么唯物主义并不是在做减法，它并不是要取消意识经验。唯物主义并不否认在我们的主观体验中我们有什么样的感觉存在，而是将这些有意识的感觉或等同于物理状态的行为，或等同于物理状态体现的功能，或等同于物理状态的神经生物反应。

与方法行为主义相区分的，还有一个逻辑行为主义。该理论以缺乏意义和逻辑性为由来排斥个人的主观经验，认为心灵状态或心理属性不过是大家都能观察到的，从事某种行为的倾向性。维特根斯坦（L. Wittgenstein）在他的著名的"私人语言论证"中"认为公众的验证对语言的意义非常重要，只能为一个

① Sternberg R J. 认知心理学 . 第三版 [M]. 杨炳钧等译 . 北京：中国轻工业出版社，2006：7.

② 约翰•塞尔 . 心灵导论 [M]. 徐英瑾译 . 上海：上海人民出版社，2008：44-45.

人所验证的言语是没有意义的。推理心灵状态不能仅仅只是涉及个人的内心事件，如果是这样，我们就不可能真正知道相互在讨论什么。这就好像我们每一个人都有一个别人看不到里面装什么的盒子，而我们却开始讨论盒子里的‘甲壳虫’。我们用‘甲壳虫’所指的东西很有可能是不同的，甚至‘甲壳虫’值得可能是没东西的意思。假如主观的讨论涉及客观的事物，我们首先就得先确认主观领域是和能够被公众观察到的行为相联系的”①。

主观意识不能通过内省获得，只能通过公众的观察获得，行为主义的这一结论显得如此荒谬，行为并不是我们的心灵、我们意识经验的本身，它只是心灵、意识存在的一个证据。这显然是将论题的证据与论题本身混为一谈了。现今，行为主义基本上已经被功能主义所取代了。

功能主义者把研究的关注点从行为转向内部的大脑。但是功能主义者并不在主观感受的层面上去理解心智状态，他们也不去深入地研究构成心智状态的物质基础，而是在生理机制的基础上进行抽象并推测出心智结构，就好像机器运行的流程图那样。功能主义接受了行为主义有关心灵状态是主观的思想，但他们扬弃了行为主义关于心灵状态必须有外部可观察的行为的观点，认为心灵状态可以是内在的，而且是客观世界因果关系中的中间环节，它由感觉刺激引起，然后通过不同心灵状态的互动反过来又对行为产生影响。功能主义认为心灵状态或心灵属性是特定的物质所产生的功能。因此，心灵状态通过功能性的解释被纳入了客观世界的因果关系之中，即“外部刺激－心灵状态－外部行为”之间的因果关系。“譬如，一台钟可以通过齿轮、机轮等东西而被制造出来，可以通过一个装满沙子的沙漏被制造出来，也可以通过石英振荡器被制造出来——它可以通过任何一种物质材料而被制造出来，但用来界定钟表本身的那个本质特征却依然是：钟表乃是可以用来向我们报时的一种物理机械……而心灵状态，正类似于钟表。心灵状态不是通过其物理结构而被界定的，也不是通过笛卡儿式的心灵本质而被界定的，而是通过它们的因果关系而被界定的。”②

① 大卫・珀皮诺，霍华德・塞利娜．视读意识学 [M]. 王黎译．合肥：安徽文艺出版社，2009：41.
② 约翰・塞尔．心灵导论 [M]. 徐英瑾译．上海：上海人民出版社，2008：56.

心灵状态是处在输入刺激与外部行为之间的因果链条中的中间环节，是物理载体的一项功能。

于是，功能主义者需要面对的一个问题就是，心灵状态是如何引起外部行为的？心灵状态的内在机制是什么？它如何运行？必须要补充的一点就是，在功能主义思潮兴起之际，正是计算机科学蓬勃发展的时期，计算机领域的分析方法、概念被运用到心智的研究领域，促使了人工智能科学的发展。在哲学、认知心理学、语言学、计算机科学与人工智能等研究领域的交叉汇通之上，功能主义为我们提供了一个解释心智运行机制的较为完整的版本。功能主义者将心智与大脑同计算机进行比较。计算机可以被明显地区分为“硬件”和“软件”。硬件是机器的物理构造，包括晶体管、硅片、无线电真空管、钢铁的齿轮、塑料的键盘等。不同的计算机可能有具体的不同的材料。软件是机器得以运行的程序，如微软 word、Netscape 或 Telnet。一个相同的软件可以在不同材料做成的机器上运行。因为软件的基本原理是其抽象的逻辑结构，如微软的 word 可以在 IBM 计算机上运行，也可以在苹果计算机上运行，虽然这两者的物理构造不同，但是 word 程序设计者只要保证其 word 的程序结构能同时被 IBM 计算机和苹果计算机识别就可以了，即在键盘上输入相同字符的情况下，计算机产生相同的内部反应，继而引发显示器或打印机做出正确的反应就可以了。在整个过程中，IBM 计算机和苹果计算机的内部反应的不同并不重要，重要的是它们都能够按照程序的逻辑结构运行就可以了。功能主义者认为大脑就是一个数字化的计算机，而心灵就是一个数字化的计算机程序或一个程序序列，大脑相当于硬件，而心灵相当于软件。这种通过计算模拟人类心灵的做法，引发了更深层次的追问，如果心灵状态，如疼痛真的是一种程序、一种机制，它就可以在不同的物质载体中运作，那么机器人有意识吗？它能感到疼痛吗？功能主义的研究成就了认知科学中的认知主义研究范式，这种关注心灵状态的抽象的、离散的表征机制奠定了认知科学的基础，开创了专门以心智研究为内容的科学。虽然在 20 世纪末期，它被联结主义修正，被具身、动力认知理论批判，但是它的历史意义是不容否定的。

意识研究的唯物主义路径还表现在神经生理学中。在20世纪早期，神经生理学家就描绘出了人体内的神经网络，并且分析了神经元活动的生理电机制。自此，有关神经细胞的化学知识被大量揭示出来。尤其是细胞之间互相影响的神经递质的知识。克里克在其著名的《惊人的假说》中这样写道，“你的快乐和忧伤，你的记忆和抱负，你的人格同一感和自由意志，实际上都只不过是一组神经细胞及相关分子的大量聚集的活动”①。当代的神经生理学认为，心灵状态、事件和过程实际上是神经状态、事件和过程，心灵属性实际上等同于神经属性。神经生理学家试图通过神经元、突触、神经递质，以及它们之间发生的物理、化学反应来解释意识的发生，这种方法被哲学家称为还原论方法。目前，神经生理学家采用的还原论方法被区分为两种：一种是本体论还原方法，它是在承认存在心灵属性、心理状态的前提下，将人还原为神经系统；另一种是消除还原论，该理论认为心理术语是一个虚构的层次，它完全否认意识的存在，否认心理世界的存在，认为“高兴”“痛苦”“思考”“判断”等意识经验不过是不得已而被错误使用的心理语言，这种错误的理论终将被完整的神经科学所取代。

除了二元论、唯心主义、唯物主义的立场之外，意识问题还有两种理论：属性二元论和副现象论。属性二元论认为有意识的心智并不是由不同于物质实体的其他材质组成的，而是由一个统一的实体组成的，而这一实体具有两种不同的属性。例如，我们有物质方面的属性，如身高、体重、某种蛋白酶，同时我们还有意识方面的属性，如我们能感觉到疼痛或感到沮丧、愉悦等。副现象论认为，有意识的心智是大脑的“副现象”“伴生品”，而且也没有能力去影响大脑。大脑的运作完全是由之前的物理原因引发的。即使大脑没有产生任何的意识经验，大脑也是照常运作的。即使大脑产生了意识经验，但意识经验并不会给物理世界的运作产生任何影响。也就是说，大脑能影响心智，但是心智不能影响大脑。属性二元论既是在反对现代的认知主义理论将人描述为没有感觉、没有思维的自动机器的观点，又是在吸收现代认知主义理论中的多层次描述观

① 弗朗西斯·克里克．惊人的假说——灵魂的科学探索 [M]. 汪云九，齐翔林，吴新年等译．长沙：湖南科学技术出版社，2002：8.

点的基础上形成的。副现象论是属性二元论者试图在不违背物理世界的因果封闭性原理下，采用的一种较简单的身心同步观点。因此，属性二元论、副现象论在本源问题上是承认物质的本源地位的。

但是无论是将有意识的感觉或等同于物理状态的行为，或等同于物理状态体现的功能，或等同于物理状态的神经生物反应，似乎都忽视了“作为……是什么感觉”的问题，忽视了那些让我们感到生命存在的感受，如幸福、痛苦、幸福、悲伤、期待、徘徊等。唯物主义立场必须要回答的就是查尔莫斯所总结的“难问题”——大脑中的物理过程如何引发主观体验的问题。

第二节　塞尔的“生物学自然主义”意识理论

一、塞尔对意识的界定

塞尔是美国加利福尼亚大学伯克莱分校心灵哲学领域的教授。他是当代心灵哲学的领军人物，他在对当代一些著名科学家和哲学家关于意识的观点进行系统的批判性的评价后，提出了意识是一种生物现象的重要观点，塞尔自己将其称为“生物学的自然主义”(biological naturalism)，并将其阐述为以下四个论题。

其一，意识状态（包括其主观的、第一人称特征的本体论特征）是处在实在世界中的实在现象。我们不可能通过表明意识只是一种幻象而对意识做出一种消除式的还原。我们也不能将意识还原为其生物学基础，因为这样的一种第三人称的还原会遗漏掉意识的第一人称本体论特征。

其二，意识状态完全是由大脑中的较低层次的神经生物学进程所引起的。因此，意识在因果方面是能够被还原为神经生物学进程的。在独立于神经生物学基础的情况下，它们绝对是没有属于自己的生命的。从因果角度看，它们并非是在神经生物学进程“之外”而存在的东西。

其三，意识状态是作为脑系统的特征而实现于脑中的，因此它们是在一个比神经元与触突更高的层次上实存的。单个的神经元并不具有意识，但是由诸多神经元所构成的大脑系统的各个部分却是有意识的。

其四，因为意识状态是实在世界的实在特征，所以它们是以因果方式来发挥功能的。举例来说，我的有意识的口渴感受导致我去喝水。①

塞尔认为我们“要获得对于意识的一种令人满意的说明，最大的哲学障碍在于我们总是会接受一组陈旧的范畴，以及与其同时存在的，从我们的宗教和哲学传统那里继承下来的一组预先假定”②。塞尔所说的传统是指笛卡儿的二元论与唯物论，所说的预先假定包括“心智与物理之间的区别”“还原”“因果关系与事件”“同一性”等概念。如前所述，二元论与唯物论都必须面对身心关系问题，所谓“身心关系问题”就是指有意识的心智与物理世界的事体之间具有什么样的因果关系？尤其是，它们之间是如何具有因果关系的？它具体包括两个问题：一个是物理的事物如何能够在非物理的有意识的灵魂中产生效果，如针扎到我们的手，我们会感觉到疼痛；另一个是有意识的心智是如何能够影响物理世界呢，如我想抬起我的胳膊，结果我的胳膊真的被抬起来了。事实上，这些继承下来的预先假定的概念就是在二元论或唯物论的本体预设之下为了解决“身心关系问题”而衍生出来的。而意识问题与传统的“身心关系问题”直接相关，对“身心关系问题”的解答直接关系到我们对意识的理解。

二、塞尔对传统范畴的批判

塞尔认为，“意识是一种自然的生物现象。它和消化、生长或光合作用一样，也是我们的生物性生命的组成部分之一。我们之所以会对意识以及其他心智现象的自然的生物性特征视而不见，是因为我们的哲学传统将‘心智的’和‘物理的’分成了两个相互排斥的范畴。解决这个问题的出路，是拒斥二元论和唯物论，并接受如下观点，即意识既是一种定性的、主观的‘心智’现象，同时又是这个‘物理’世界的一个自然的组成部分。之所以说意识状态是定性的，是因为对任何意识状态而言，例如对于感觉到疼或者为经济状况而担忧而言，

① 约翰·塞尔．心灵导论 [M]. 徐英瑾译．上海：上海人民出版社，2008：101-102.
② 约翰·塞尔．意识的奥秘 [M]. 刘叶涛译．南京：南京大学出版社，2009：1.

都存在着某种从性质上看感觉像是处于这种状态当中的东西；说它们是主观的，意思是说，只有当它们被某个人或者另外某种‘主体’经验到时，它们才是存在的。意识是一种自然的生物现象，它不能被确切地归入传统心智与物理范畴的任何一个中。它由大脑当中低层次的微观过程引起，是大脑在更高的宏观层次上的一种特征。要接受这种生物学的自然主义，我们首先就必须放弃上述传统范畴”①。

1. 塞尔认为我们必须放弃的传统范畴是“心智与物理之间的区别”

根据这个区别，心智与物理是分别属于两个彼此排斥的本体论范畴的。“若某某是心智性质的话，那么它就不可能在同一个方面是物理性质的。而如果某某是物理性质的话，那么它就不可能在同一个方面是心智性质的。任何具有心灵资质的心智事物都排斥了任何具有物理资质的物理事物。”在塞尔看来，这是二元论带来了最糟糕的结论之一。心与物整套术语系统的设置，为有意识的心智与无意识的物理事件制造出了一种绝对的对立关系。心智状态与物理状态之间的常识意义上的朴素的差别，被错误地假定为一种深刻的形而上学区分。为了说明生物学意义上的意识事实上能够完美地镶嵌进物理世界之中，成为物理世界的一部分，塞尔将心智与物理事件的传统特征进行了重新分析、整合。心智事件的传统特征为：主观性的、定性的、意向性的、并非定位于空间中的、并非在空间中延展的、不能通过物理过程来加以理解的、不能以因果方面施加到物理物之上的等七个特征。与之相对应的，物理事件的传统特征为：客观性的、定量的、非意向性的、定位于空间中的、在空间中延展的、能够通过微观物理学来加以因果解释的、作为一个因果封闭的系统而发挥因果作用等七个特征。

要说明心智事件与物理事件不是对立的，关键是必须要有一个统一的理论来解释心智事件中的定性的、主观的与意向性的现象（其实，所谓的定性的、主观性的现象也就是意识现象），使其适应物理事件的自身的特征。当然，随着

① 约翰·塞尔．心灵导论 [M]. 徐英瑾译．上海：上海人民出版社，2008：97.

物理科学的发展，物理事件的形式和特征也在不断地发生变化。例如，关于物理事物的延展性这一特征，在笛卡儿时代也许还是适用的，但是近代物理发现的电子就不符合这一特征，因此延展性特征可以去掉。塞尔总结出三个对于任何物理的合理概念来说都是不可或缺的形式特征：第一，实在的物理现象必须定位于时空中；第二，实在的物理现象可以通过微观物理学来得到解释；第三，任何发挥因果功用的东西，都是实在的物理现象。根据这样的物理概念，塞尔认为心智事件的传统特征中的前三个特征（即主观性的、定性的、意向性的）其实能够完全的融贯于物理事件传统特征的后三个特征中的（即定位于空间中的、能够通过微观物理学来加以因果解释的、作为一个因果封闭的系统而发挥因果作用）。心智的这三个特征在特定的时间段里定位于大脑之中，占据我们大脑的空间，且可以通过较低层次的神经生物进程加以因果解释，并能够以因果方式发挥作用，处于我们身体反应、行为的因果链条之中。换言之，意识与意向性都是物理性质的。

至于心智事件其余的四个特征，塞尔认为它们都是由谬误而导致的产物，它们都不能成为一个心智事件的条件，同时它们也不能从心智的前三个特征中推导出来。而物理事件的前三个传统特征，事实上也并不是成为物理世界的一部分而必须具备的必要条件。塞尔似乎认为主观与客观并没有严格的形而上学上的区分，质与量之间的区分很可能是个假命题。因为虽然我们不能对疼痛的程度与意识的清醒程度做出测量，但是这并不妨碍我们知觉和认知系统进行研究，而这种研究正是把定性的、主观的意识与意向性视为自然科学研究领域的一部分，即把它们视为物质世界的一部分。塞尔把“心智与物理之间的区别”视为意识的本质研究中的最重要的一个区别，只有修正了传统的特征，我们才能把心智事件识别为物理事件，避免二元论。[①] 塞尔的将心智事件融贯到物理事件的这个方法本身是具有唯物主义趋向的，因为他实际上是通过物理特征来解释心智特征，而不是相反，这与唯物主义的研究路径是相同的，即大脑中的物质过程是如何产生意识状态的。

① 约翰·塞尔．心灵导论 [M]. 徐英瑾译．上海：上海人民出版社，2008：103-106.

2. 塞尔批判的传统假定是“还原”

还原与可还原性概念是随着意识的神经生物学研究而备受瞩目的一个术语，克拉克在其《惊人的假说》一书中，推断意识只不过是大量神经细胞分子的聚集活动。意识被还原为脑神经细胞及相关的分子之间的相互作用。塞尔认为还原是一个歧义的、容易产生误导的概念，当我们将A还原为B时，我们很容易想当然地推断出A就是B。目前，神经科学中有两种还原论，一种是消除还原论，它通过表明被还原的现象只不过是一种幻觉，或者是一种虚构的事实来消除该被还原的现象。美国著名的哲学家史蒂文·斯蒂奇（S. Stitch）、保罗（Paul）和丘奇兰德就持这种观点，他们认为相信、意愿、痛苦、快乐、爱、恨、高兴、怀疑、生气等心理层面的实体都是虚假的，有必要被消除掉。另一种被称为经典还原论，它通过表明被还原的现象是如何实现于外部世界之中来进行还原。这种还原论承诺用组成部分的特征和活动对某类特定实体的特征和活动进行彻底的解释，这种还原论的程序就是从描述更低层次实体的活动的不同规律中得出特定层次的规律，因此可以被称为导出还原。

塞尔认为要理清含混的多重意义的还原概念，首先，需要在因果还原与本体论还原之间作出区分。因果还原是指当A的行为完全可以通过B的行为得到因果解释，且除了B所具有的原因条件之外，A并不具有其他的原因条件，此时A现象在因果方面就可以被还原为B现象。例如，固体的物质在因果关系上可以被解释为分子行为，因为固体物质的不可侵入性、支撑其他物体的特征是由于分子的原因行为导致的，且除了分子的原因行为，没有其他额外的原因行为。本体还原是指当A现象就是B现象时，A现象在本体论方面就被还原为B现象。上述因果还原的例子也可以作为本体还原的例子，现代物理学的研究表明，物质对象就是分子的聚集。又如，日落在本体论上是地球绕太阳公转而产生的一种现象。其次，在科学研究中，经常出现的一种情况是我们可以在因果还原的基础上进行本体论还原。但是这种跨越式的还原有一个前提条件，即没有遗漏被还原现象的重要特征，或者与被还原现象的重要特征矛盾。固体物质与分子的聚集、日落与地球绕太阳公转它们两者之间是匹配的，被还原对象与还原对象彼此的重要特征没有遗漏或矛盾，被平稳的桥接起来。但是对于意识却无法进行这种跨越式的还原，在对意识进行因果还原时，即通过神经行为进行解释的同时，并不能做出意识进行本体论还原，即认为意识不过就是神经行为，因为本体论还原会遗漏意识最关键的特征，即第一人称的主观特征。如果我们通过第三人称的客观方式来重新界定意识的话，我们仍然需要一个名称来界定这个第一人称，当我觉得疼，那么我是有疼的主观感受的，意识是存在的，不能被消除。

坚持对意识进行本体论还原的另外一个理由是关于表象与实在的区分，即认为意识经验是一种表象，并不是实在的。意识这个概念的要点就是去认同神经行为的表面特征。但这个理由是站不住脚的。正是现象的这个表面特征比微观结构更有意思，或者说是意义的所在。正因为如此，我们并不只是客观的认为音乐是声波在空气中的振动、图画是颜料在画布上的集合、小说是词语的集合，我们更多的是通过主观感受来欣赏音乐的节奏、体会图画的线条、想象小说的情节，我们第一人称的主观感受才能赋予事物以意义，“一山、一水、一世界”这样的意蕴隐含的是主观意识经验的强大。

总之，塞尔认为，对于意识不可以做消除式的还原，也不可以做本体论还原，只可以进行因果还原。

3. 关于心灵的因果关系问题

心灵因果关系是心灵哲学中的一个重要问题，与二元论直接相关。它的难点也涉及前面论述的（第一章第一节第一部分）无法互相融贯的心物差异原则、心物因果交互作用和物理因果封闭原则三者间的矛盾。如果有意识的心智是实在的非物理状态，它们就难以对物理世界产生影响，但是如果我们承认它们对物理世界的影响，我们似乎又会得到一个“过剩原因决定”（causal overdetermination）的结局。心智层面的意识作为原因力到底是如何在物理世界中运作的呢？它究竟是如何与大脑神经元的物理化学反应相匹配的呢？塞尔是通过摒弃心物差异原则，同时修正传统的因果关系形式来解答这个问题的。第一步，塞尔认为，意识作为大脑的生物结构的一个特征，并不是两个彼此独立的现象，即并非是作为原因的无意识的神经激活和作为结果的有意识的形成。只有一个大脑系统，在它的生物物理描述层次上是神经元正在激活或抑制，在它的整个系统描述层次上，我们可以说系统本身是具有意识的，意识是贯穿于整个系统而实存的东西。事实上，并没有两个彼此分离的领域。

第二步，塞尔检讨了传统假设是“因果关系与事件”。传统观点认为因果关系总是一种在时间上前后相继的、空间中彼此离散的事件之间的关系。作为原因的事件总是先于另一个作为结果的事件的。塞尔认为这个假设与第一个关于“心智与物理之间的区别”联合起来就会直接导致二元论的立场。既然作为原因的大脑中的物理化学进程能够引起作为结果的心智运行，形成某种心智状态，而且心智与物理之间有如此诸多根本的形式与特征差异，因此就可以推断心智事件与物理事件就是两种不同的实体。事实上，塞尔指出并非所有的因果关系都是因在前、果在后、彼此离散的关系，在很多因果关系的事例中，因与果可以是同时发生的。自然界中的许多力量是在持续的发挥作用。例如，房间中的家具，它们都在持续不断地对房间的地板向下施加压力，压力的因果解释当然是重力引起的。与此同时，地板对房间的家具也有一个向上的支撑力，而支撑力的因果解释又是固态物质的分子行为。正是这两种原因力量，使房间保持了稳定的现状。还有很多同时性的因果关系的实例是属于“较低层次上的微观现象导致了较高层次上的宏观特征”。意识现象就是这类自上而下的同时的因果关系。对于作为物理事件的身体运动，正确的理解方式应当是神经元的激活既导致了整个大脑系统生成了行动中的意向，同时又引起了神经生物学方面的变化，最终，生成的行动中的意向和引起的生物学变化共同引起并实现了身体的物理运动。①

4. 塞尔批判了关于“同一性”的概念

所谓同一性是指每一个事物总是与其自身而不是别的任何事物相同一。同

① 约翰·塞尔. 心灵导论 [M]. 徐英瑾译. 上海：上海人民出版社，2008：172-190.

一性的范型有两种：其一为对象同一性，如暮星这个对象是与晨星这个对象相同一的；其二为复合物的同一性，如水与两个氢原子核一个氧原子组成的分子结构体相同一。在意识领域引入同一性概念源于意识的唯物主义立场。如前所述，唯物主义并不是要做减法，它不否认意识经验的存在，而是认为意识经验与相关的大脑状态并无区别。例如，如果你处于疼痛状态中，你也就是处于某一特定的大脑状态中；反之，如果你处在某一特定的大脑状态中，你也就会有某种感觉。也就是说，唯物主义借用同一性概念表明一个意识状态与脑的状态相同一。

那么意识经验与哪一种大脑状态相对等、相同一呢？在具体的路径选择上，意识同一性的范型主要被分为两种类型。其一为意识经验与大脑的结构属性相同一，这是前面提到的功能主义倾向的唯物主义者所持的观点，他们把意识经验的心智运行过程看成是物理生物结构的功能属性或结构属性，而不是物理生物结构本身。这种结构属性就类似于计算机的软件。正如不同配件和架构的计算机能够运行相同的软件一样，不同生理机能的生物也可以拥有相同的意识经验。心灵之于大脑，就像软件之于硬件。心灵只是一种计算机程序，此外就再没有什么别的了。正如美国的科幻电影《阿凡达》那样，外太空的生物虽然和我们人类具有不同的生理构成，但是他们和我们拥有相同的结构属性，所以他们和我们一样都拥有意识，意识甚至可以像软件那样从一个人的大脑中卸载，并安装到另外一个人大脑中，功能主义进一步的推论结果就是只要我们了解了意识的结构属性，破解了这种软件，我们完全可以制造出一台拥有意识经验的计算机。只要这台计算机的程序设计能够让它拥有意识结构，我们就能够让它拥有和我们在经历某种感受时的心理状态一样的内部状态，同时也可以让它拥有和情绪、期待、渴望、痛苦、生气、恐惧等相关的内部状态。

那么，即使我们按照正确的方法制造出一台理想的机器，这台机器就真的能够拥有“感觉怎么样？”的内部意识吗？英国的数学家和现代计算机的发明者阿莱·图灵（A. Turing）设计了一个用来判断计算机是否拥有意识的“图灵测试”。它的测试内容是这样的：试想你正在通过远程设备，如电话、电报、电子邮件等与另外一个你看不见的主体在进行交流，你也不知道对方是人还是机器，你的任务就是向对方提问题，通过对方做出的回答，由你来判断对方是人还是机器。如果对方是机器，且它的回答骗过了你，让你认为它是人，那么该机器就通过了“图灵测试”。图灵认为任何能够通过测试的都应该认为其拥有和我们人类一样的意识。塞尔针对这种结构属性同一性的“图灵测试”提出了著名的“中文屋”予以驳斥。

塞尔假设，有一个人坐在一间被锁住的屋子里，屋外的人会不时地把一张张写有某些字符的纸从门洞里递进来。纸条上的字符其实是中国汉字，但是屋里的人并不懂汉字，屋里唯一的工具是一大本工作手册，手册上面写有个各种规则，在这些规则的帮助下，屋里的人就知道如果当写有某些字符的纸被递进来，他就得查阅工作手册，以便把另一张与之对应的、作为答案的、同样写着未知字符的纸再递出去。从屋里的人来看，他并不理解中文，那些字符对他是没有任何意义的，他不过是机械的按照工作手册上的规则行事。塞尔论证道，屋里的人的所作所为与一个被程序设定的计算机的运行是完全一样的，它们都是按照系统的指令，对输入信息反映出正确的输出信息。屋里的人肯定也可以通过“图灵测试”，对于屋外一个能读懂纸上中文汉字的人来说，他肯定想当然的认为屋里的人是懂中文的。这种想当然的认为显然是错误的。“图灵测试”并不能确定某物是否具有意识。这种结构属性的同一性的错误就在于把意识的表象与真正的意识混为一谈。

塞尔指出计算机完全是根据对符号的操控来运行的，计算只是一套纯语法的运算，影响程序执行的那些符号唯一具有的特征是形式的或语法的特征。它的形式结构是否能产生我们有意识的语义特征是无法判断的。与之对比的，我们的心灵却不只是对形式符号的操控，心灵是有内容的，而且我们完全可以判断我们的意识感受。例如，当我们用英语进行思考时，经过我们心灵的那些英语单词就不仅仅是未经解释的形式符号了，我们确切地知道它们有什么意思，对我们来说，这些单词是有意义的，具有语义特征的。因此，塞尔的结论是，心灵不可能只是一种计算机程序，因为计算机程序所使用的形式符号本身，并不足以保证实际心灵中所发生的语义内容的存在。①

意识同一性的第二种范型将意识经验与大脑的神经生物学状态相同一，即意识经验是与特定的生理构造相匹配的，如引起我们肌肉紧张的是我们人类特有的神经突触之间的传递。塞尔认为将一个意识状态等同于一个用神经生物学的方式来加以描述的神经生物学过程，并不是争论的关键点，因为很明显，意识的确就是一个大脑进程。重要的是大脑过程作为一种可供观察和客观的现象，是如何引起内在的、定性的感觉状态的？对此，塞尔提供的解答是“将同一个事件同时视为一个拥有神经生物学特征与拥有现象学特征的事件”②，即同一个事件既是一个神经元激发的次序，同时又具有感受性质。注意，塞尔反对脑科学中将意识等同于神经生物学过程的做法，他认为即使我们“拥有一个足够大的关于神经生物学的概念，以使得每一个疼痛过程记号都是一个大脑中的神经生物学过程记号——不过这并不意味着第一人称性质的疼痛感受与第三人称的神经生物学过程是一回事情”③。“大脑和其他任何器官一样，也是一种器官；它是一种有机的机器。意识是有大脑中低层次的神经过程引起的，其本身是大脑的一个特征。”④但是塞尔进一步指出，意识不但有神经生物学特征，同时还具有现象学特征，这种现象学特征不能被还原，或被消除，“它是一种在特定神经活动中突现的特征。一个系统的突现性质，是指一种有该系统中元素的行为因果地加以解释的性质；但是，它并不是任何单个元素的性质，不能只被解释成这个元素的性质的总和。水的液体性质就是一个很好的例子：H_2O 分子的行为可以解释水所具有的液体性质，但是单个分子并不是液体的”⑤。事实上，当我们将事件界定为能同时包容现象学特征和神经生物学特征时，我们可以通过重新定义的方式来获得同一性，例如，当我们知道水是由 H_2O 分子构成的，我们就将 H_2O 纳入了水的定义之中。通过重新定义，也可以将神经生物学进程被纳入到感受性质中，以感觉的原因这种方式来界定感觉，如“坐骨神经痛”。

① 约翰·塞尔 . 意识的奥秘 [M]. 刘叶涛译 . 南京：南京大学出版社，2009：5-6.
② 约翰·塞尔 . 心灵导论 [M]. 徐英瑾译 . 上海：上海人民出版社，2008：111.
③ 约翰·塞尔 . 心灵导论 [M]. 徐英瑾译 . 上海：上海人民出版社，2008：111.
④ 约翰·塞尔 . 意识的奥秘 [M]. 刘叶涛译 . 南京：南京大学出版社，2009：12.
⑤ 约翰·塞尔 . 意识的奥秘 [M]. 刘叶涛译 . 南京：南京大学出版社，2009：13.

本书认为塞尔对神经生物学的这种同一性解读仍然存在着两个问题。其一，内在的、定性的感觉状态是拥有者的一种私有状态，具有私密性，我的疼痛、感受有特定的定性感觉，它可以被我获得，由我特许访问，但却无法以相同的方式被其他人获取、访问。那么这些私有的、主观的、定性的现象怎么能够由一种普遍性的神经生物过程引起呢？我的大脑中的突触进行的神经放电行为和你的大脑中的突触进行的神经放电行为是一样的，但是我们的意识状态却不是相同的，这怎么解释呢？这说明神经生物学构成只是意识的一个基础条件，却并非其充要条件。其实塞尔也意识到了这个论证缺陷，他也认为“每一种类型的意识状态都有一种特殊的定性感觉，怎么样让这些主观的感觉符合我们对于有客观实在构成的世界的总体看法，我们还没有达成一致的意见”[①]。

其二，用突现性来解释意识的特征，是目前较为流行的观点。但是突现性是与功能主义的结构属性是否有本质上的区分，却很少有人论及。突现性是系统理论中的一个概念，它是系统的各个子集产生的一个整体性特征，它不属于系统中的任何一个子集，但是却是由子集间的交互作用而产生的，那么这种突现性与系统本身的结构功能是否是一回事呢？系统的结构性功能也并不属于系统的各个子集，也是由组成系统的各个子集相互作用而产生的。例如，功能主义在解释钟表时，它也认为钟表能够报时的特征是由组成钟表的各个齿轮相互作用而产生的，它也并不属于各个齿轮的特征。突现性与结构功能都是系统层面的特征，它都不是系统的组成部分的特征，从这个意义上讲，它们是相同的。如果塞尔反对功能主义，那么他对突现性的解释与结构功能有什么样的差异，塞尔并没有提及。但是本书认为，这是目前流行的具身认知、动力认知理论在反对功能主义、心智的计算理论时必须予以回答的问题。

三、对塞尔意识理论的本体论分析

塞尔认为他所阐述的关于意识的观点是一种既非唯物主义亦非二元论的路

① 约翰·塞尔. 意识的奥秘 [M]. 刘叶涛译. 南京：南京大学出版社，2009：5.

线。塞尔指出："当唯物主义认为宇宙纯粹是由那些实存于力场之中并时常被组织成系统的物理微粒所构成时，这是对的。但当唯物主义说没有什么在本体论层面上不可还原的心灵现象的时候，唯物主义就陷入了谬误的泥潭。""当二元论说存在着不可还原的心灵现象时，这是对的。但当它说心灵现象是分离与我们所生活与其中的物理世界的东西，它们是在它们的物理基质之外的东西时，也同样陷入了谬误的泥潭。"[①]塞尔吸收了它们正确的成分，去除了它们中错误的成分，将意识界定为：意识只是大脑的一个过程，它是日常物理世界的一部分，而不是在其之外的其他什么东西。同时意识只是在因果方面可以被还原掉，但它的本体论方面是不可被还原的。尽管塞尔明确地表示反对属性二元论，并将属性二元论视为笛卡儿实体二元论的一个弱化的版本，但本书认为，塞尔的观点是一种属性二元论的观点。塞尔认为属性二元论的困境在于无法解释心灵属性和物理属性之间的关系，物理事件到底是如何可能引起心灵属性的，以及心灵属性作为一个原因是如何发挥作用的。[②]但是我们从塞尔对意识的定义就可以看出，塞尔承认意识具有生物的物理属性及不可还原的心灵属性，对于这两种属性的关联及意识的因果关系，塞尔通过自然的生物过程予以回答，即神经元在激发的同时，会在系统整体层面上产生意识，然后意识与生物学上的反应共同导致了行为的发生，从而避免了属性二元论通常会出现的副现象论调。

从二元论、唯物主义面临的困境而言，塞尔的这个结论是完美的，而且他还免于像其他属性二元论者那样，陷入副现象的怪论。但现在问题的关键是这个界定是否是我们要"打破沙锅问到底"的那个"底"，它是否是对意识问题进行哲学追问的底线？

美国著名的认知神经科学家达玛西奥在研究意识时感慨地说："还有什么比知道如何知道更困难的事情吗？正因为我们有意识，才使我们能够，甚至不可避免地要对意识提出疑问，还有什么比认识到这一点更让人惊异和迷乱的呢？"知名的认知哲学家丹尼特也说："意识几乎是唯一幸存下来的不解之谜。"曾几

① 约翰·塞尔．心灵导论 [M]．徐英瑾译．上海：上海人民出版社，2008：112.
② 约翰·塞尔．意识的奥秘 [M]．刘叶涛译．南京：南京大学出版社，2009：40.

何时，宇宙的起源、人类的本质、时空的本质都是不解之谜。但是现在，虽然我们仍然对这些问题没有一个确定的答案，但是至少我们知道该如何去思考这些问题，运用什么样的方法。但是对于意识问题我们却不知道如何去思考，我们对意识的理解仍处于混乱无序的状态。澳大利亚的哲学家查尔莫斯把许多意识的问题划分为“简单问题”和“难问题”。简单问题是能够被标准的认知科学方法予以解决的问题，例如，对于刺激的辨别、注意的集中程度、有意图的控制行为、觉醒与睡眠之间的差异等。它们是我们知道如何解决的问题。难问题是内心的体验问题，即在特定的心理状态下是一种什么样的感觉，也就是，“即使当我们已经解释了临近体验的素有认知和行为功能的表现，包括知觉辨识、归类、内在评估、口头报告、仍然存在一个没有得到解答的问题：为什么这些功能的表现会伴随着体验？”[①] 一个动作变成了一种感觉，大脑的物理现象与与之对应的意识事实之间究竟发生了什么？大脑中的物理过程是如何引发意识经验的呢？

对于这个难问题，塞尔没有回答，甚至是直接跳过了这个问题，不痛不痒地回答说，意识就类似于消化、分泌等，是一个自然的生物过程。但是一个明显的差异性事实是，我们对我们机体的消化、分泌过程是没有意识的，但是对我们的感觉却是有意识的。这样的回答等于把对意识追问的底线向后拉了。本来我们需要理解的问题是大脑中的物理过程到与之对应的意识事实之间的鸿沟是如何被连接的，但塞尔似乎认为意识是一种无需解释的自然的生物进化现象。当然，对意识难问题的追问是否会陷入类似于人类曾经对永动机的追逐，是否这种追问是一种无法实现的虚幻，只有留待科学的进一步发展。

第三节　丹尼特的意识理论

丹尼特是美国塔夫茨大学认知研究中心的主任，是当代最有影响力的哲学家之一，他在心灵、认知哲学方面颇有建树，写下了大量的专著和论文，对于

① Chalmers D J.The Conscious Mind：In Search of a Fundamental Theory[M]. New York：Oxford University Press, 1996：63.

丹尼特意识理论中所蕴含的本体论思想学界还存在许多争议。

一、丹尼特的意识研究方法及其意识理论

关于对意识的研究方法，丹尼特似乎更偏向于行为主义的传统，并完全采用了第三人称的客观主义标准。在《意识的解释》一书中，丹尼特写道，“现象学家采用的标准视角是笛卡儿的第一人称视角，在这一视角里，我以独白（我让你可以听到这种独白）的形式来描述我在我的有意识经验中所发现的东西，指望我们会达成一致。但是，我已试图指出，由此形成的这第一人复数视角的亲密合作只是错误的危险孵化器。事实上，在心理学历史中，正是因为人们不断认识到上述方法论的问题，这才导致内省主义的衰落和行为主义的兴起。行为主义者非常小心地避免推测在我的、你的、他的、她的、它的心智中发生了什么。实际上，他们倡导第三人称视角，在这一视角中，只有‘从外部’收集到的事实才可算作数据”[①]。也就是说，行为主义观点的核心认为，由于我们只能直接看到他人的行为、听到他人的语言，而无法直接觉察、感知、了解到他们的心智，所以任何内心的意识感受、心智过程，并不能作为科学的数据，因为它们无法恰当地为客观方法所证实。丹尼特赞成行为主义这种客观的证实方法，但是他反对行为主义认为意识经验不能被科学研究的论调，他认为，“即使心智事件不属于科学的数据，这也并不意味着，我们不能科学地研究它们。黑洞和基因也不属于科学的数据，但我们已发展出很好的科学理论来说明它们。这里的挑战则在于，用科学方法许可的数据去建构一个关于心智事件的理论”[②]。

对意识众多的研究方法中，有一个基本的分类是关于客观的第三人称方法和第一人称方法的区别。第一人称的方法其实就是内省的方法，即威廉·詹姆斯（W. James）所说的，当你向你的头脑中看时，你发现的意识状态，或者内格尔所说的“作为……是什么感觉？”（what is it like to be a...）。对意识的第一人称研究方法注重意识的感受性质、主观经验，认为这种主观的感受性质才是意

① 丹尼尔·丹尼特．意识的解释 [M]. 苏德超，李涤非，陈虎平译．北京：北京理工大学出版社，2008：79.
② 丹尼尔·丹尼特．意识的解释 [M]. 苏德超，李涤非，陈虎平译．北京：北京理工大学出版社，2008：80.

识的本质。"世界、生命和我们自己的某些特征，是不能从一个最大化的客观立场基础上获得充分理解的，不管这个立场可以把我们的理解从我们最初的地方推向多远。许多东西都与特定视角或特定的视角种类有着本质的联系，试图用与这些视角脱离的客观术语对世界做出一个完整的描述，这会导致各种错误的还原或者粗暴地否定某些可能实在的现象是存在的。"①

丹尼特显然不赞成这样的方法，他尖锐地辩称第一人称研究方法在它还有明白第三人称研究方法的实际内容之前，就去争论它能够说明什么、不能说明什么是还草率的做法。丹尼特认为意识理论必须从第三人称角度来构建，必须要有一个纯粹的、中立的、前理论的方法来描述数据，毕竟所有的科学都是从这个角度去建构的。丹尼特将他的方法称为"异现象学的方法"：首先我们应对什么实体具有意识保持一个中立的态度，然后从客观的自然科学及其所坚持的第三人称视角出发，走向一种现象学的描述方法，以确保该方法原则上可以处理最私密的、最不可言传的主观经验，而同时又不放弃科学在方法论上的审慎。

丹尼特试图捍卫的意识假说是："人的意识本身就是巨大的弥母综合体（或更准确地说，是大脑里的弥母－效应的综合体），我们最好把它理解为一台'冯·诺依曼'虚拟机器的运作，这台机器安装在大脑的并行构架中，而这个构架以前并不是为此类活动而设计的。这台虚拟的计算机的力量，极大地增强了其运行所依靠的有机硬件的基础效能，但同时它的许多最为古怪的特征，特别是它的局限，可能被解释为杂牌机的副产品，后者使我们有可能奇怪而有效地再次利用一个现存器官，服务于新的目的。"② 丹尼特坦言很幸运我们现在拥有了一个来自计算机科学的层次，我们所需要描述和解释的意识层次，就类似于计算机描述的其中一个"软件层次"，我们对意识问题的解析其实就是要解释人的意识是如何从大脑这个虚拟计算机的运作中产生的。将意识理解为一种软件，在本体论上它显然是唯物主义的功能主义版本。

"弥母"这一术语是由理查德·道金斯（R.Dawkins）在其《自私的基因》

① Nagel T.The View from Nowhere[M]. Oxford：Oxford University Press，1986：7.
② 丹尼尔·丹尼特．意识的解释 [M]. 苏德超，李涤非，陈虎平译．北京：北京理工大学出版社，2008：239.

（*The Selfish Gene*，1976年）一书中发明的，旨在在文化上塑造一个与生物学上的基因概念相类似的文化单位。生物进化是在基因的基础上进行的，而文化的演化就是在弥母的基础上进行的。"弥母是一个文化传承的单位，或是一个模仿的单位……弥母的例子包括：曲调、观念、口头禅、服装、时尚、制作器皿或者建造拱门的方法。正如基因在基因库里繁殖自己，通过精子或者卵子，从一个身体跳向另一个身体，弥母而在弥母库里繁殖自身，通过一个在广义上可称为模仿的过程，从一个大脑跳到另一个大脑。"①

丹尼特完全赞同道金斯对弥母这个概念的运用，以弥母为复制子的文化演化与以基因为复制子的生物学演化或遗传演化一样，都是一个精确地服从自然选择法则的现象。弥母的首要法则是复制，而且仅仅是复制，也就是说，它的复制力不必然具有某个特殊的目的，因此，弥母的复制力与它对我们适应能力的贡献②并不存在必然的联系。弥母有好的也有坏的，好的弥母，如自杀的弥母、偷盗的弥母，坏的弥母，如忠诚的弥母、善良的弥母等。丹尼特认为心智的供应是有限的，每个心智容纳弥母的能力也是有限的，因此弥母之间有着相当程度的竞争，它们都尽力进入尽可能多的心智。但是在竞争的过程中，谁胜谁负并不是随机的、偶然的。如果我们想要存活下来，我们必须形成选择可以帮助我们的弥母的习惯。弥母系统当然不可能不出错，但是只要不是无可救药的错误就仍然能够运行。因此，丹尼特推测人类的探索过程充满了乐趣，通过自我刺激会形成一些习惯与倾向，后者又从根本上改变了我们大脑的内部交流结构，成为所有人都可以获取的文化的弥母。丹尼特其实也是一个自然演化论者，他也认为意识是自然选择、进化的结果。但是与塞尔的演化发展论不同的是，丹尼特认为演化的主体是弥母，意识是以弥母为载体而演化生成的，意识是由弥母的优化组合而形成的。但是塞尔认为意识本身就是演化的主体，与身体的各项机能是一样的，并不需要任何载体。与基因需要存在于某个器官、机构中一样，丹尼特也需要为弥母找到一个结构体，于是他借用了计算机这样的

① Dawkins R.The Selfish Gene[M]. Oxford，New York：Oxford University Press，1989：206.

② 弥母对我们的适应能力的贡献是指弥母的复制、组合会导致我们对外界的理解、学习能力的增强，这就类似于基因的优化组合会提高我们机体的能力一样．

描述层次来表征弥母的功能构架，因而弥母产生的意识也就被隐喻为软件设计了。

在丹尼特看来，对意识的研究最关键的是要找到一个如何研究它的方法，如果我们从一开始就预先设定意识是主观的、第一人称的，那么只会使局面更加混乱，理不出头绪，主观的东西我们要如何去断定它呢？丹尼特甚至将这种方法称为“第一人称科学幻想”。科学总是从客观的标准来建立的，所以它可以被检验、被证实、被证伪。意识如果一开始就被预设为什么东西，具有什么特征，那么它就失去了科学性。因为某个事物一旦被认定或者有了先入为主，这种主观的东西是无法被证伪的。因此丹尼特希望从客观的角度介入意识，甚至采用把我们都设想为“活死人”的做法就是旨在保持对意识的中立态度。但是如何对意识保持中立呢？我们不可能真的像“活死人”那样把意识从我们的大脑中去除。丹尼特显然也是一个演化论者，同时他的演化思想充分贯穿着一种二分法的理想，既然生物体的演化是通过基因来进行的，那么文化的演化也必然有其载体，人不但是一个生物的个体，也是一个文化的个体。于是丹尼特找到了道金斯的“弥母”这样一个中立的术语。弥母就像是文化内在的基本粒子，或者说是文化的基因，它会被传承（相当于基因的遗传）、重组（相当于基因的优化组合）、突变（相当于基因的恶性突变）。因此，弥母的结合会给人的大脑带来根本性的改变，形成新的功能架构，而丹尼特认为意识就是弥母效应的综合体。与此同时，弥母与意识的关系正好又对应了当代计算机与软件之间的关系，所以丹尼特在《意识的解释》一书中，总是说他“很幸运”，当他需要中立的术语、适当的隐喻时，总是能找到。我想他可能并不是真的客气，而是通过这个方法表达了他对意识问题的态度。一开始他并不是一个塞尔所谓的“强人工智能主义者”，他只是希望为意识找到一个能使其成为科学的研究方法，然后在这样的科学研究方法之下，丹尼特发现计算机隐喻吻合了他对意识的想法。

塞尔指出，“‘基因’与‘弥母’之间的这种类比是错误的。因为生物上的进化是通过无理性的、盲目的自然力量进行的；而思想和理论通过‘模仿’进行的传播，一般都是直指目标的有意识过程。这种类比忽略了达尔文物种起源理论的要点，而试图把两种不同类型的过程混在一起。达尔文最伟大的成就就是表明：目标、规划、目的论和意向性在起源中的出现，以及人和动物物种的发展，完全是一种幻觉。这种出现可以通过不包含任何这种目标的进化过程来解释。但思想通过模仿进行的传播，则要求有人的意识和意向性的全部工具。思想必须要被理解和解释。而且它们还必须被理解或判定为可取的或不可取的，以便可以被看作被模仿或被拒斥的候选者。模仿一般都要求模仿者付出有意识的努力。整个过程一般来说都要使用具有可变性和微妙性的语言。总之，思想通过模仿进行的传递和基因通过再生进行的传递是根本不同的，因此基因和弥母的类比从一开始就是误导的"①。

虽然本书不同意塞尔认为丹尼特的理论否定了意识经验的存在，但是上述塞尔的批判却可以说击中了丹尼特意识理论的软肋。丹尼特虽然也提到弥母之间的合作、竞争，但是他没有解释为什么好的弥母最终能战胜坏的弥母，他只是说如果我们想要存活下来，我们必须形成选择可以帮助我们的弥母的习惯。那么当我们在做出选择的时候，必然会付出塞尔所说的"有意识的努力"，因此在一开始时，我们就可能已经具有了意识、意向性。丹尼特认为，"在底层，在基因的生物命令和弥母的命令之间持续存在一种紧张关系，但我们会傻里傻气地同我们的基因站在一边……当我们奋力在吞噬我们的弥母暴风雨中站稳脚跟时，那'我们'据以判断弥母价值的永恒理想是什么？我们应当注意，规范概念的弥母，如应当、真、美，是我们心智里最资深的公民，而且，在构成我们的弥母中，它们起到了中坚作用。我们作为我们而存在，我们作为思想者而存在，而不是只作为有机体而存在，这不能不依赖这些弥母"②。如果说使用"傻里傻气"这个术语尚且可以使丹尼特继续保持中立，那么"我们作为思想在而存在"则使丹尼特丧失了最初的客观性，当我们选择所谓最资深的弥母时，我们还能豁免于使用意识吗？

那么选择所带来的意识运用，是否会使丹尼特的意识研究方法被釜底抽薪

① 约翰·塞尔．意识的奥秘 [M]. 刘叶涛译．南京：南京大学出版社，2009：69-70.

② 丹尼尔·丹尼特．意识的解释 [M]. 苏德超，李涤非，陈虎平译．北京：北京理工大学出版社，2008：236-237.

呢？本书认为也不尽然，错误出在丹尼特过分地解读了弥母对适应性的贡献，尽管丹尼特在一开始就提醒说，弥母的复制力与弥母对适应性的贡献并不具有必然的关系，但是他还是忍不住要去假想为什么弥母生成的东西总是对我们人类有益处。事实上，只要丹尼特贯彻他的文化的自然主义演化观，是完全可以免遭塞尔这样的诘难的。弥母和基因一样，都是在自然选择。在无数次的复制、重组、变异过程中，好弥母和好基因一样，它的存活并不是人的有意识的选择，而是一个自然沉积的过程。思想必须被理解，文化必须通过付出有意识的努力才能被模仿的观点本身就是以意识的主观感受为前提的。为什么好的东西构成了弥母的中坚力量？是因为它们成为已成事实后，我们才来分析它们对我们的好处，才被我们界定为好的东西。就像我们本来已经有了手，我们才来分析它的重大意义。

二、塞尔与丹尼特意识理论之争

塞尔认为丹尼特的意识理论坚持的是一种强人工智能的版本，是否认意识经验的存在的。为了清除地阐述丹尼特的意识理论，塞尔列举了一个小实验：拿出你的右手，然后用它拧你左前臂上的皮肤。那么会发生什么事情呢？塞尔认为会有以下三件不同类型的事情发生。第一件事情，我们的皮肤接收到了一种刺激输入。神经生物学家认为这是由于你的拇指和食指的压力在你皮肤上的感觉接收器上建立了一个神经元放电的序列。这个放电序列进入脊柱，然后沿脊柱上行，进入丘脑和大脑其他基础区域。随后，信号到达体觉皮层及其他皮层区域。第二件事情，当你拧完自己皮肤的几百毫秒之后，你的前臂皮肤出现了一种让你觉得不太愉快的疼痛感。第三件事情，你获得了一种之前不曾有过的行为倾向，即你能够明显感觉前臂皮肤有种拧捏感。塞尔认为，在这个三件事情中，最重要的是第二件事情：疼痛。这种特殊的感觉，你不需要任何专业知识都能够感觉到，它是第一人称的。这种感觉的存在方式是本体论上的，而不是认识论上的，你当然知道你是否疼痛，难道你对自己的疼痛还会出错吗？

输入的信号引起了疼痛，而疼痛反过来又引起了你具有一种行为倾向。塞尔认定哲学和自然科学当中所讲的意识问题，就是要去解释这种特定的、内在的、定性的主观感受，而且这种主观感受必须是从本体论上进行解释的数据。神经通道是对这种数据的不完全解释，行为倾向不是意识经验的组成部分，但它们是由意识经验引起的。

塞尔认为丹尼特的意识理论否认了上述第二种实体，否认了像感受性质、主观经验、第一人称的现象，否认了主观数据的存在，如疼痛的感觉。丹尼特的理论旨在说明感受性质这样的东西只是因为我们就实际发生了什么事情做出了错误的判断。塞尔指出，按照丹尼特的观点，实际发生的事情是：我们有了刺激的输入、有了做出行为的倾向，丹尼特称其为反应倾向。"在这中间存在着'有区别的状态'（discriminative states），它们使得我们对皮肤上的不同压力做出不同的反应，并使我们区分红和绿等，但是，我们具有的那种用来区分压力的状态，恰好类似于用来检测压力的机器的状态。这台机器没有经验到任何特殊的感觉；事实上，它根本就不具有任何内在的感觉，因为根本就不存在像'内在感觉'这样的东西。这些全部都是第三人称现象：刺激输入、有区别的状态、反应倾向。而把所有这些关联到一起的特征是：我们的大脑是一种计算机，意识是一种特定的软件，是我们大脑中的一种虚拟计算机。"[①]因此，塞尔得出的结论是：丹尼特的主要观点是要否认内部心智状态的存在，并提供另外一种他所谓的"意识"的说明。

本书认为塞尔与丹尼特争议的焦点是意识的本质特征，以及意识研究的方法问题，意识是否存在只是在此基础上而推导的结果而已。所以对于丹尼特的意识理论来说，仅仅看他的结论，仅仅看他对感受质的分析推断，对自我实在的分析断定，很容易就将丹尼特的理论贴上否认意识存在的标签。对塞尔而言，丹尼特居然可以否认意识的主观感受性这一意识的根本属性，那么他当然是否认意识存在的。但是对于丹尼特来说，在一开始就将主观的、第一人称的特征设定为意识的根本属性，这只会导致意识问题无法被研究下去，我们如何对主

① 约翰·塞尔．意识的奥秘 [M]. 刘叶涛译．南京：南京大学出版社，2009：64-65.

观的东西制定出一套科学的研究规划呢？因此，正如塞尔所言，丹尼特的确是想要对意识提供另外一套说明。他还列举了一个很直接的例子来说明他对意识的论证方式：假设有一个疯子，他认为不存在动物这种东西。人们于是把他带到动物园去，以便让他明白他自己是错的。但是这个疯子看到动物园的动物却说："我当然知道这里有这些东西，狮子、鸵鸟、老虎，但是你为什么觉得这些叫做动物的东西就是动物呢？其实，它们都是披着毛皮或者羽毛或者鳞片的机器。"这个疯子或许是疯狂的，但是对于动物的终极本性，这个疯子或许刚好具有一种革命性的观念。和这个"疯子"一样，丹尼特也认为传统观点对于意识的解释可能并不是意识的终极本性，实际上可能并不存在我们通常意义上所说的意识，意识应当是别的什么东西。所以从这个例子来看，丹尼特并不是要否认意识的存在。在丹尼特看来，意识是存在的，但意识的本质不是我们惯常理解的东西，而是别的东西。

丹尼特的研究一开始就是反直觉的。他认为对于意识问题，我们所有人都具有一些牢靠的、久经考验的直觉，但是这些直觉事实上是错误的！丹尼特在勾画了他对意识的研究方法后，紧接着就开始批判被他称之为"现象学公园"中的一切居住在我们意识经验中的东西。根据传统观点，我们的现象可以被区分为三类：第一类是我们对外部世界的经验，即我们对外部世界的觉知，例如，景象、声音、气味、光滑与粗糙的感觉、冷热的感觉、肢体位置的感觉等。第二类是我们对内部世界的经验，即我们有意识的心智运行的过程，例如，幻想的形象、白日做梦与自言自语的内部景象及声音、回忆、突然的直觉等。第三类是我们对情绪与感受的经验，包括身体的疼痛、痒、饥渴感，喜、怒、恨、骄傲、焦虑、嘲讽、悲伤、敬畏等情绪感受。①

首先，丹尼特分析的是我们对外部世界的经验。我们的外部感觉包括味觉、嗅觉、听觉和视觉。丹尼特逐个对其进行了分析，列举了大量的例子，并对其做了客观的科学解释。概括地说，这些知觉的产生是由于我们的知觉感受器接收到了该领域的刺激，并将其编码为一套调制的信号序列，这些序列会向内进

① 丹尼尔·丹尼特．意识的解释 [M]．苏德超，李涤非，陈虎平译．北京：北京理工大学出版社，2008：50-51.

行，到达大脑黑箱的中心，并在大脑黑箱中被重新组合、全盘重构，最终翻译成原有的刺激物。例如，我们对声音形成的听觉，与录音棚中对声音进行的录制就是一个原理。耳朵接收声音与机器录制声音，它们最初接收的并不是我们听到的声音，而是一种已经被转换的调制信号。在声音录制中，通过傅里叶变换，可以得到一条波形线，这条线可以被刻入磁盘、或利用磁性复制到磁带上，或利用光学效果复制到底片的声道上。然后，通过单波形线驱动电磁铁带来的前后振动，就可以使声音高保真的重放。同理，一旦耳朵正确地接收了信号，一组经过编码的电化学脉冲序列就会从耳朵出发，向内沿着神经元的轴突上行进入到大脑黑箱之中，并最终在此被翻译为主体所听到的声音。

其次，丹尼特分析了我们对内在世界的经验。就我们内在生活的原材料这个问题而言，丹尼特认为我们有仍然有理由承认英国经验论者洛克、贝克莱和休谟（D.Hume）他们的观点：在某种方法上，内在世界的确依赖感官来源。同时，丹尼特更强调了视觉是我们知觉认识的主要来源，并认为意识的主要设备是视觉设备，这是意识的标志性特征之一。那么我们如何用这些原材料来制造我们的内心体验呢？丹尼特驳斥了他所谓的笛卡儿剧场，提出了他自己的“多重草稿”理论。笛卡儿剧场（Cartesian theatre）这个术语本身是丹尼特创造的，用以隐喻意识发生的地方。传统观点认为，人类似乎有一个通用的机构——“自我”存在于我们大脑中的某个地方。这个地方就是我们的想法、图像、感觉产生的地方，即意识生成的地方。[①] 丹尼特指出这个观点的要害在于在我们的大脑中勾勒了一个类似思维屏幕或舞台的心理结构，而“自我”正在观察上面呈现的一幅幅图片。丹尼特为了证明大脑中的这种“心灵剧场”和观众是不存在的，提出了“多重草稿”隐喻。“多重草稿”模型认为，各种各样的知觉（其实就是各种各样的思想或心智活动）的发生，其原因是平行的、多轨道的、对感觉输入的诠释与细化过程。进入神经系统的信息处在连续的编辑修改过程中，在编辑过程中，各种各样的增添、结合、校正和重写都会出现，且次序各不相同。这

① Baars B J, Ramsoy T Z, Laureys S. Brain, conscious experience and the observing self [J]. Trends Neurosci, 2003, (26): 671-675.

一编辑过程同时在大脑的许多地方进行，但是它们的发动并不标志着它们的内容的意识的发动。这些分布于各处的编辑内容，随着时间的推移，会产生某种类似于叙事流的东西。丹尼特认为这种叙事流必然会受制于分布在大脑各处的许多过程的连续编辑，而且可以无限地延展到未来，因此具有多重性；从时间上看，大脑的各个地方的各个编辑阶段，都有叙事残片的多重“草稿”。但没有哪个地方是为了将处理结果储存在意识中而必须经过的，事实上很多处理结果是否能够最终出现于意识中，要依赖于其他地方的一些“草稿”（信息），这完全是非线性序列。

最后，丹尼特分析了现象学的第三个部分：感受质。感受质指称经验的质的特性。它认为每一种经验都有其独特的质的特性。塞尔解释说，“对于每一种意识经验，都有对它的某种质的感受。……（例如）品尝啤酒的经验完全不同于听贝多芬的第九交响曲的经验，而这两者在质的特性方面与闻玫瑰花香或看日落又有不同。这些例子表明了意识经验的不同的质的特性”①。查尔莫斯甚至认为对感受质的理解是解开意识问题的关键，“如果某种心理状态是有意识的，它就具有某种质的感受。这些质的感受也被称为现象的质，或简称为感受质。解释这些现象的质的问题就是解释意识的问题”②。丹尼特认为感受质源于人类心智中最强烈的、最清楚的直觉，但是自觉是不可靠的，感受质也是一个虚假的概念。以颜色为例，现代科学已经把颜色清除出物理世界，它已经被各种波长的无色电磁肤色代取。这些辐射打在各个物体表面，被物体表面以不同的方式反射或吸收。颜色看起来好像在那里，但它实际上并不在那里。丹尼特承认感受的确有着无可否认的重要意义，即它帮助我们确信意识是重要的。但是感受却并不是人内在的某种特质或性质，而是人的各种倾向的综合体，包括一切天生的和学到的联结，以及由某种特殊的方式触发的反应的倾向。丹尼特试图用“反应倾向”来解释我们在“感受质”中所拥有的感受内容。疼痛为什么是“这种疼”？它为什么不可以是在心智耳朵里的响亮铃声呢？为什么别人对我们微

① J R Searle. Consciousness[J]. Annual Rrview，2000，(23)：560.

② Chalmers D J.The Conscious Mind：In Search of a Fundamental Theory[M]. New York：Oxford University Press，1996：4.

笑，我们会觉得舒服呢？丹尼特认为这种感受是我们在先天与后天、基因与环境交互过程中形成的反应倾向。丹尼特更看重的是在不同主体的不同反应之后，事物的本来面貌是什么。丹尼特列举了乔纳森·贝内特（J.Bennett）提供的另一种感觉模态。羟基硫代尿素这种物质，有四分之一的人尝起来是苦的，四分之三的人却尝不出味道。是否能尝出苦味，取决于基因。假设通过基因的改造去除了前四分之一的人的觉得苦的基因，那么羟基硫代尿素就会被认为是一种无味物质，而假设改变后四分之三的人的基因使之与前四分之一相同，它就会被认为是一种苦味的物质。这种物质始终不会变化，它的化学成分在过去和现在都是一样的，改变的是人的口味、味觉的反应倾向。

既然现象的主观感受不是意识的本质，那什么才是意识呢？丹尼特认为："不存在单一的、特定的意识流。……相反，存在的是多重渠道，各种特化回路（speclialist circuits）在这些渠道中以一种并行的、群魔混战的方式，试图去做它们各自的事情。它们一边混战、一边造成许多草稿。大多数这样的'叙事'草稿片断，只在电流活动的调制中扮演暂时角色，但在快速的继替过程中，通过大脑中的虚拟机器的活动，有些片断有上升为更高级的功能角色。这台机器的串行性，不是一种'硬连线的'设计特征，而是这些特化回路相继联结的结果。"[①] 丹尼特宣称："任何有这种虚拟机器作为自己控制系统的人或物，都有最充分意义上的意识，而且它之所以有意识，就是因为它有这样的虚拟机器。"[②] 因此，丹尼特理解的意识是由在多重草稿模型之上由特化回路形成的心智构架产生的。这种理解与丹尼特的意识研究方法是一致的，意识是众多弥母构成的综合体。

三、丹尼特意识理论的本体论分析

事实上，自丹尼特的《意识的解释》出版以来，无论是丹尼特的支持者还

① 丹尼尔·丹尼特．意识的解释 [M]. 苏德超，李涤非，陈虎平译．北京：北京理工大学出版社，2008：291-292.
② 丹尼尔·丹尼特．意识的解释 [M]. 苏德超，李涤非，陈虎平译．北京：北京理工大学出版社，2008：324.

是批评者就其意识理论的本体论还没有取得共识，丹尼特通常被解释为功能主义者，或消除主义者，认为他完全否认意识，或认为他并没有为意识提供任何理论等。[①]丹尼特的意识理论难以理解，也源于这种多样性，甚至是不一致性。丹尼特的意识理论并不能完整地套用心灵哲学中任何一种标准的本体论观点，如二元论、行为主义、功能主义、消除主义、工具主义等。但是，丹尼特的意识理论也并没有完全脱离这些标准本体论中的某些观点。在他的理论中，我们可以明显地看出功能主义、消除主义的痕迹。丹尼特本人也明确地表示他并不赞成现有的任何版本的本体论，“我认为现有的标准的哲学术语比无用更糟糕……我希望能够转变心灵哲学的观点，因此使用这些标准术语于我的研究是有害的”[②]。而且他还拒绝阐述其意识理论的本体论特征，对于那些催促他就其理论提供一个更清晰和充分的形而上解释的人，他回答说“当你们对那些看起来不那么神秘的事物，如微笑、机会、重心和声音等能够做出清晰的解释时，我才觉得有必要回答这个问题。至于现在，还不是回答的时候”[③]。丹尼特更多的是通过阐述性例子和类比来对概念及其相关概念进行哲学分析，评论相反的实例，而避免直接论述意识问题，这种做法似乎是为了迎合读者的需要。这也难怪拉姆贝格（B.Ramberg）将丹尼特视为一个实用主义者。[④]那么，丹尼特的意识理论应该做怎样的本体论解读呢？

首先，丹尼特的理论是功能主义的版本吗？将丹尼特的意识理论纳入功能主义范畴是最为普遍的一种观点[⑤]。其实，丹尼特本人在描述人类有意识的心智时的确使用了许多功能主义的术语。在《意识的解释》一书中，丹尼特说：“现在要提出的观点是：有意识的人类心智在一定的程度上是窜行的虚拟机器，这

① Akins K. Lost the plot? reconstructing Dennett’s multiple drafts theory of consciousness[J]. Mind and Lasnguage，1996，11(1)：1-43.

② Dennett D. The message is：There is no medium[J]. Philosophy and Phenimenological Research，1993，54(4)：919.

③ Dennett D. Back from the drawing board[A] // Dahbom B. Dennett and His Critics[C]. Cambridge：Blackwell，1993：212.

④ Ramberg B. Dennett’s pragmatism[J]. Revue Internationale de Philosophie，1999，53(207)：61-86.

⑤ 相关的论述参见 Mangan B. Dennett，consciousness，and the sorrows of functionliam[J]. Consciousness and Cognition，1993，(291)：1-17；Tye M. Ten Problems of Consciousness[M]. Cambridge：MIT Press，1995；约翰·塞尔．意识的奥秘 [M]. 刘叶涛译．南京：南京大学出版社，2009.

台机器是在演化已经提供给我们的并行硬件上（无效率的）实现的”[①]。他甚至直接宣称：“事实上本书将捍卫功能主义的其中一个版本。”[②]但是，安东尼（Michael V. Antony）却指出有两个理由可以推断丹尼特并非功能主义者。第一，丹尼特将功能主义视为笛卡儿唯物主义的一个例子，但是丹尼特本人却是极力反对笛卡儿剧场和笛卡儿唯物主义的。第二个理由是关于丹尼特对于意识的时间定点和时间尺度问题所做的论断。功能主义是通过记号同一性来实现的。功能主义状态通过输入、输出，以及与其他功能状态的因果关系获得个体化的表征。对一个系统而言，假设它处于某个功能状态F，那么必定会存在一个物理状态P，这个记号来表征F的功能定义中明确规定的输入、输出和相同的因果关系模式（所谓相同的因果关系模式是指F与其他的功能状态存在因果关系，而P也会与其他的物理状态存在因果关系，如果P是表征F的，那么它们各自的因果关系必然具有相同的模式）。只有此时，我们才能说P实现了F。因此，我们可以推断功能状态会继承它们的实现者——物理状态的时间特征，即记号P与记号F是同一的。如果P实现了F，那么P和F的时间定点必定是一致的，而且衡量这个时间定点的时间尺度也应当是一致的。迈克尔指出，丹尼特多次提到，并不存在意识发生的确定的、精确的时间点，也就是说，经验的时间界限是模糊的，经验的起始点和终止点并不能被明确地标示出来。那么作为功能状态的意识经验的物理状态该如何确定呢？

进而，丹尼特认为用以衡量神经生物事件的时间尺度并不适用于意识事件的衡量。迈克尔认为从功能主义的记号同一性特征来看，丹尼特的这一论断可以推导出两个推论：其一为丹尼特对待意识并不是功能主义者，因为他反对神经生物学的记号同一性；其二为丹尼特是功能主义者，但是他认为意识并不能直接或间接地由神经生物学实现。先假定第二个推论是成立的，丹尼特本人也坚持认为经验产生的时间定点状态是不确定的，比起作为实现者的神经生物学状态，或者被神经生物状态直接或间接实现的其他类型的功能状态，经验产

① 丹尼尔·丹尼特.意识的解释[M].苏德超，李涤非、陈虎平译.北京：北京理工大学出版社，2008：249.
② 丹尼尔·丹尼特.意识的解释[M].苏德超，李涤非、陈虎平译.北京：北京理工大学出版社，2008：35.

生的时间界限是一种粗线条、粗纹理的状态。但是功能主义却要求实现状态与其他已存状态，以及同一层级的输入、输出具有因果关系。就现在的研究实现层级来看，有神经生物学层级和计算层级，即前者被丹尼特否定了，那么后者呢？丹尼特是否将使计算层级作为意识状态的实现者呢？事实上，计算层级和过程显然没有对有意识和无意识进行区分，它的研究包括了认知的整个过程。迈克尔指出丹尼特在他的论述中也明确地提到了这一点，丹尼特本人也没将意识状态与计算状态视为同一。那么这就产生了一个矛盾，在上述两种状态之外，我们并不知道还存在什么相关的因果状态，因此丹尼特声称自己是功能主义者，那他如何解释实现意识经验的物理状态层级呢？如果他提供不了这个层级，那么他所坚持的功能主义的基础就不成立。所以迈克尔认为我们只能回到第一个推论中去，即丹尼特并不是功能主义者。①

本书认为迈克尔的论证是公允的。事实上，丹尼特在《时间与观察者：意识产生于何时、何地》②一文中详细阐述了意识状态与计算状态的不同一性。计算状态其实不是实现者，而是一个被实现者的角色，它是功能状态的一种类型。计算是对心智的一种合理解释，却不是对意识的合理解释。

如果丹尼特不是功能主义者，那么他是消除主义者吗？消除主义是在批判民众心理学的基础上发展起来的一种神经生物学还原论。其代表人物丘奇兰德认为，介于行为和神经科学理论之间的解释的心理层次不能被还原为神经科学的结构，因此心理解释层次中涉及的“实体”，如理由、动机、详细、意愿等意识现象不属于科学的分类。丘奇兰德解释说这是因为这些实体是纯粹的虚构，有必要被消除掉。“取消式物理主义（本书称之为消除主义）即这一命题：我们关于心理现象的常识观念所构成的是一个完全虚假的理论，它存在着根本的缺陷，因此无论是它的基本原理还是它的本体论都将被完备的神经科学所取代，而不是被神经科学平稳地还原。我们的相互理解乃至我们的内省都可以在成熟

① Antony M V. Toward an ontological Interpretation of Dennett' s theory of onsciousness[J].Philosophia，2002，29（1）：343-369.

② Dennett D，Kinsbourne M. Time and the observer：The where and when of consciousness in the brain[J]. Behavioral and Brain Sciences，1994，15(2)：183-201.

的神经科学的概念框架内重新构建，我们可以期待神经科学有大得多的威力，而且在一般意义的物理科学范围内事实上更加完整。”[①]因此，认知活动最终只是大脑神经系统的活动，在了解人类认知、意识的过程中，我们需要的不是心理学，而是脑神经科学。这种方法论的理论在于：只有充分了解了神经元、突触、神经元系统的物理性、化学性、电位性和它们的发展过程、相互的连接、抑制等控制方式，我们就能解开意识之谜、认知之谜。其实，我们从丹尼特对意识的现象学分析来看，他也将我们惯常所理解的意识纳入了科学的分类之外。他也明确地表示：“通常的意识观念……并不是一种科学的概念，它阻扰我们进行科学的研究，甚至产生一些当前无法解决的问题。”[②]因此，通常的意识观念，对于丹尼特来说，是属于非科学的民间心理学范畴。他对意识问题的研究就是要提供另外一种解释。就这一点而言，丹尼特与消除主义是一致的。

但是，丹尼特并没有因为意识经验不在科学的分类之中，就将它从本体论中消除。相反，他肯定人类的意识经验是存在的。快乐、悲伤、愤怒的感受是存在的。同时，他还反对神经科学中的还原方法、同一性理论，甚至不赞同意识状态与低层次的神经属性有着紧密的关系。因此，他不是一位消除主义者。丹尼特赞成心智的计算版本，支持多重实现论，认为某个经验状态的记号可以由低层次的计算状态和事件建构，这个计算状态可以通过神经生物过程实现，在时间上还可以通过神经生物学的衡量单位——毫秒来计算。但是同时他又认为这些计算状态所具有的功能作用独立于该计算记号是否建构某经验记号及建构该经验记号的时间。因为相对于建构状态和事件的时间定点，经验的时间定点是不确定的。这就等于否定了功能主义的基础——记号同一性理论。丹尼特也不是一位逻辑行为主义者[③]，因为虽然他将感受视为一种反应倾向，但是这种倾向是一种概念依赖，或者说一种文化依赖，他并没有将经验状态视为倾向于

① 丘奇兰德．排除式消除主义与命题态度 [J]. 朱消摘译．世界哲学，1994，(6)：8-15.

② Dennett D. Instead of qualia[A] // Revonsuo A，Kamppinen M. Consciousness oin Philsophy and Cognitive Neuroscience[C]. Hillsdale：Lawrence Erlbaum，1994：531.

③ * 持这种观点的哲学家有 Nagel T. What we have in mind when we say we' re thinking. review of consciousness explained[J]. The Wall Street Journal，1991，(7)：12; Churchland P S，Ramachandran V S. Filling in：why Dennett is wrong[A] // Dahlbom B. Dennett and His Critics[C]. Cambridge：Blackwell; McLaughlin B，O' Leay-Hawthorne J. Dennett' logical behaviorism[J]. Philosophical Topics，1994，(22)：189-258.

做出一些特定的行为，也没有通过行为来解释意识。在丹尼特那里，意识状态处于大脑物理状态的整体层面之中，而且它会与其他的意识状态、知觉和行为产生因果的交互作用。

既然现有的本体论概念无法被套用在丹尼特的意识理论之上，我们或许可以转换视觉，抛开现有的本体论的条条框框。本体论关注“是”自身的本质特征，即什么是、或什么存在。那么丹尼特的意识理论的本体论问题就应当被表述为什么是意识，在意识研究中，什么是存在的。按照这个思路，我们认为在丹尼特的理论中存在两种意识形式：一种是民间心理学范畴中的意识，一种是科学范畴中的意识。对前者而言，这种形式的意识具有一种概念依赖性，它依赖于意识主体在特定的文化背景下形成的感知判断。“同爱和金钱一样，意识这个现象的确在惊人的程度上依赖与之相关的概念。虽然意识与爱一样都有一个精细的生物学基础；但是意识又像钱一样，它的一些重要特征来自文化，而不只是它的实际例子的物理结构在某种程度上所固有的特征。”[①] 所以即使意识经验以某种方式被“还原”为单纯的运动物质，我们对爱与痛、梦想与欢乐的感受依然存在，美、奇迹依然存在。甚至我们对意识更加充满敬畏之情。对后者而言，是一种科学形式的意识，丹尼特认为这种形式的意识状态是通过计算状态被多重实现的。但是丹尼特意识理论中的实现并不是直接的，并没有一个特定的计算状态能够同一于某种意识状态。丹尼特理解的意识似乎是处于计算之上的一个概念，丹尼特在对塞尔中文屋进行分析时就是这样一种思路。他认为解释塞尔的中文屋思想实验展示的能够完成图灵测试、理解并回答中文问题的机器的标准答案是系统回应，即在这个机器里存在着许许多多的小程序、脚本及各种知识，它们像“小妖”那样通过彼此合作、竞争的方式对输入问题进行回答。意识是这些程序的积累。丹尼特认为科学范畴的意识是一种由大量亚系统之间的交互作用构成的过程，其中每个亚系统都不能自行产生意识。正如意识是由大脑中各个部分的联合构成的，而不是每一小片的大脑切片。

---

① 丹尼尔·丹尼特 . 意识的解释 [M]. 苏德超，李涤非，陈虎平译 . 北京：北京理工大学出版社，2008：27.

第四节 数字本体论 VS 结构本体论

随着新兴科学的发展，尤其是计算机科学、人工智能取得的巨大成就，使得意识问题的新的研究范式更新换代，而这一切又会大大拓宽哲学研究的维度。方法论的革新必然会带动基本理念的改变。数字本体论与结构本体论正是在这样的背景下应运而生的。传统的唯物、唯心、二元论的区分对于世界的基本预设是世界是物质的，还是心智的，抑或二者兼有之。而数字本体论与结构本体论这一对概念范畴对于世界的基本预设是世界是数字的，还是结构的。具体来说，“数字本体论是指实在的最终本质是数字的，世界是一个相当于图灵机的计算系统”。结构本体论是指“实在的最终本质是结构的”“本体论的最合理的承诺应当是世界是其组分间动态作用而呈现的结构整体”[①] 本书也赞同数字 VS 结构这样的本体论划分标准。它消解了传统本体论无法解决的心－身问题。如果说数字本体论还仅仅是关注心智的运算过程，忽略了身体对意识的重要作用，那么结构本体论的基本理念就将心与身彻底地结合起来，甚至将身体的感知作用作为最基本的、最基础的阶段，认为它连同心智的表征作用一起建构了人类对世界的知识。世界的知识源于其结构的知识。意识经验作为更为高级的认知阶段，不但产生于人类发展的整体的认知结构，而且产生于认知者个体的心理结构。

一、数字本体论

德国著名的工程师、计算机先驱康拉德·楚泽（K.Zuse）被公认为是数字本体论之父。他最大的成就是在 1941 年设计了世界上第一个有完备程控功能的二进制的图灵计算机 Z3。根据楚泽及其支持者的观点，数字本体论包含以下四个命题：第一，物质世界的本质是数字的、是离散的，即时间、空间、每个物理实体，以及发生在时空中的过程是离散的；第二，物质世界可以用离散值，

① Floridi L.Against digital ontology[J]. Synthese，2009，(168)：151.

如整数来进行适当的模拟；第三，物质世界的演变，即状态变化是可以计算的，它是某种算法的输出结果；第四，支配物质世界的法则具有绝对的确定性。[①]著名的学者、诺贝尔奖获得者纽维尔（A.Newell）和西蒙（H.Simon）在其提出的物理符号系统假设（physical system hypothesis）中也表达了相同的观点，他们认为认知过程在本质上是在离散的时间中对符号表征的计算。[②]

其实，当代的数字本体论可以追溯到两千多年前，古希腊的毕达哥拉斯学派就提出了数论。毕达哥拉斯学派注意世界上形式和关系的事实，他们发现量度、秩序、比例和始终一致的循环可以用数来表示。他们论断，没有数就不会有这样的关系和一致性，就没有秩序和规律，表现关系的符号正是关系的原因。因此，数一定是万物的基础，数一定是真正的实在、事物的实体和根基，一切其他东西都是数的表现。进而由“数”贯穿的一切事物是一个统一的、和谐的整体。[③]但是与毕达哥拉斯学派对于数字的这种直观、朴素的哲学思考不同的是，数字本体论的提出是建立在认知科学研究领域中的心智的计算理论之上的。

这里的数字有两个显著的特征：其一，数字本体论的数字是离散的，是建立在表征概念之上的一个抽象层面。表征概念本身来源于二元论。它是指我们的内心世界对外部世界的实体所形成的观念。依据笛卡儿的观点，我们并没有直接觉知到周围的事物，我们能够真实感受的是我们的心灵活动，也就是说，我们真正感受到的是我们的心灵对物质世界形成的表征内容，物质世界通过心灵被转换为我们能够拥有的信息表征。当然，认知科学的研究规划并不是要延续笛卡儿的二元论命题，而是把认知看作是包含表征操作（即信息表征的生成、转换和删除）的过程。表征通常会涉及“符号”“语义”“意义”“指称”“意向”“内容”“关涉”等概念，它是指用某事物X意指另一事物Y，也就是说，用X重现Y［其实，在英语中，表征（representation）本身就是再现、重现（re-presenting）的意思］。例如，我们用汉字“苹果”、英文“apple”来表征外形较

---

① Floridi L.Against digital ontology[J]. Synthese，2009，(168)：152-153.

② Newell A，Simon H.Computer science as eica enquiry：Symbols and search[J]. Communications of the Assiciation for Computing Machinery，1976，1(19)：113-126.

③ 梯利 . 西方哲学史 [M] 伍德增补 . 葛力译 . 北京：商务印书馆，2004：16.

圆、吃起来酸甜可口的一种水果，甚至我们的脑海会浮现过去我们曾经历过的事情、片段等，这些都是表征过程。

事实上，表征这个概念已经从哲学层面渗透到许多具体的学科研究中。例如，认知心理学就开始使用心理表征、知识表征等概念来指代存在于你头脑之外的事物、观念、事件等的一种为你头脑所知的形式。物质世界的事物不可能以一种物理的形式存在于你的头脑中，那么你是如何能够想象和描述他们呢？因此，心理学家认为在你的头脑中必定有关于你所知事物的某种形式的心理表征，即对知识的心理表征。[①]另外，语言本身就是被语言学家作为一种表征形式来研究的。著名的学者布勒尔 (K.Buhler) 和波普尔（K.R.Popper）就将语言的表征功能作为动物及人的信号交流过程[②]的其中一个层次，他们称其为描述性功能（descriptive function），是人类在心理发展的某个阶段获得了在发出声音的时候去意指某种事物的能力，即描述并讲述外界或自己内心发生的事物和事件的能力，因此语言是一种表征事物的重要手段。

离散的概念来自计算机科学中的二进制信息单位：比特（bit）。"（世界的起源）来自比特。每一个粒子、每一个力场，甚至时间连续体本身，它们的功能、它们的意义、它们的整体存在都来自二进制的比特。'源自比特'意味着物质世界的每一个事体的根本，更深层的根本有一个非物质的本源或解释……简而言之，所有的物质事物在本源上是信息理论化的，而整个世界是一种参与式的世界。"[③]进而，任何复杂的知识表征都可以被还原为终极简单的数字，就像计算机将所有的信息都还原为"1"和"0"那样。离散与表征是联系在一起的，借助

① 有关知识表征的著作参见 Thagard P. Mind：Introduction to Cognitve Science[M]. Cambridge：MIT Press，1995; Von Eckardt B. Mental representation[A] // Wilson R A，Keil F C. The MIT Encyclopedia of the Cognitive Sciences[Z]. Cambridge：MIT Press，1999：527-529.

② 布勒尔和波普尔将动物和人的交流划分为四个层次：①表情性或征候性功能 (expressive or symptomatic function)：动物和人类用呼唤、哭泣、欢笑等形式表达自身的内在情绪或感觉。②发布性或通报性功能 (releasing or signaling function)："发话者"用征候性表情与"接收者"沟通，期待后者有所回应。生态学研究揭示了大量这类类型的通信功能。③描述性功能 (descriptive function)：绝大多部分人际交流属于这一范畴。这是一种描述和讲故事的能力：人类在心理发展的某个阶段获得了在发出声音的时候去意指某种事物的能力，即描述并讲述外界或自己内心发生的事物和事件的能力。④辩论性功能 (argumentative function)：这是语言的最高层次，批判性论辩的才能适合人类所具备的理性能力紧密相关的。见李恒威，黄华新．表征与认知发展 [J]. 中国社会科学，2006，(2)38.

③ Wheeler J A. Information，physics，quantum：The search for links[A]. // Zureck W H. Complexity，Entropy，and the Physics of Information[C]. Redwood City：Addison Wesley，1990：3-28.

知识表征过程，离散这一概念才显得更加丰满。知识表征使得主体从时空局限中解放出来。也就是说，主体可以从即时的物质形态的事物中解放出来，形成一套独立的符号表征系统。当这套表征系统建立后，主体与物质世界的关系就出现了离散的状态，因为主体可以通过操作符号表征来建构相对独立的内心世界，也就是胡塞尔所说的“意向对象”的世界。因此离散不但存在于知识表征与每一个事物之间，也存在于认知主体与外部世界之间。

其二，数字本体论的数字是可计算的。即整个物质世界、生命过程、人类心智都是算法可计算的，是某种计算系统，无论是图灵机也好，细胞自动机、量子计算机或者神经网络也好，数字都是在某种算法支配之下的。算法是在 20 世纪 30 年代丘奇（A.Church）、克林尼（S.C.Kleene）、图灵等数学家对于直观的“算法可计算”概念的数学刻画，也是论证丘奇 - 图灵论题的重要论据。1936 年，图灵在《论可计算书及其在判定难题中的应用》一文中，精确地论证了自动计算器（即图灵机）的原理，并进一步揭示了“通用图灵机”的概念——它能够计算如何能够计算的所有计算。这就是丘奇 - 图灵论题。该论题主张，任何一个能够通过算法来解决的问题，也可能在一台图灵机上被加以解决，即任何一个算法都可以在一台图灵机上被执行。也就是说，无论你要执行什么样的算法，构建一台仅仅使用二进制符号的机器就能够被满足。1950 年，图灵在《计算机器与智能》一文中，探讨了机器具有智能的可能性，并提出了著名的图灵测试。简单地说，就是当人和具有某种智能层次的机器，如计算机，经过一段时间的交谈后，该人不能区分对方是人还是机器时，该计算机应当被视为具有智能。因此，心智可以被多重实现，即可以在我们人类这个生物体上实现，也可以在计算机上实现。进而，我们就是执行某种算法的图灵机，通过将复杂的运算还原为终极简单的运算，即对于“1”和“0”的操作，我们就可以理解什么是认知活动。至此，数字本体论的科学的研究纲领就被完整地勾画了出来。

因此，数字本体论“建立在两个基本概念之上，即比特，计算机的二进制数字，它是状态信息最为微观的表征，以及状态的时间演变过程，即数字信息过程，类似于计算机线路内部的程序运行”①。这里的时间演变过程就是由简洁的算法来支配的。

二、结构本体论

自20世纪50年代以来，认知科学随着计算机科学、人工智能的发展在形成以数字本体论为基本哲学假定的认知主义研究范式的同时，认知科学学界也在积极的探索新的研究方式，尤其是针对认知主义逐渐暴露的局限性，如在知识的获取、表达和处理上的局限，在模拟人类心智方面的局限，在模拟人类自适应、自学习和与环境作用能力方面的局限②，开始出现了新的研究范式，理解意识、心智本质的大一统局面已经被多样性打破。在这些新的研究范式中备受关注的包括情境认知（situated cognition）、具身认知（embodied cognition）、认知动力系统理论（dynamicist theory of cognition）。这些新的研究理论对传统认知主义中的离线的（off-line）符号表征、计算的核心地位提出了反思和质疑，试图探讨在线的（on-line）身体图示、环境信息在认知过程中的作用。它们的具体主张各有侧重，但是有一点是相同的，都是把认知过程视为结构的产物，即心智是在大脑、身体、环境的交互作用中产生的，虽然我们有独立的内心世界，存在一个去耦的（decouple）表征过程，但是这个表征操作必须最终回到与实际环境的接触之中，才能产生新的意识经验、新的心智运行，同时该表征过程本身也是在前一个意识经验结构中产生的（即在前一次的表征操作与前一次的实际环境交互中产生的），它们构成了一个循环的结构体，也就是说，意识过程不能脱离于其自身的结构，它是一种结构的产物。

情境认知③“简单地说，它认为认知是发生在与任务相关的输入和输出信

① Fredkin E. An introduction to digital philosophy[J]. International Journal of Theoretical Physics，2003，42(2)：188.

② 刘晓力 . 计算主义质疑 [J]. 哲学研究，2003，(4)：92.

③ 有关情境认知的著作参见 Chiel HJ，Beer RD. The brain has a body：Adaptive behavior emerges from interactions of nervous system，body，and environment[J].Trends in Neurosciences，1997，(20)：553-557; Clark A. Being There：Putting Brain，Body，and World Together Again[M]. Cambidge：MIT Press，1997; Steels L，Brooks R. The Artificial Life Route to Artificial Intelligence：Building Embodied，Situated Agents[M].Hillsdale：Erlbaum，1995; Brooks R. Cambrain Intelligence：The Early History of New AI[M]. Cambridge：MIT Press，1999.

息的语境之中。即当某个认知过程被执行时，感知信息会持续不断地影响该认知过程，而行为会以与任务相关的方式与环境发生交互作用。例如，开车、交谈、布置房间，心里想象着家具应该怎样摆放，这些都是情境式的认知活动”[①]。情境认知企图用动态性与相互关联性弥补数字本体论中感知与行为之间的离散关系，也反对将抽象的表征符号作为认知过程的内部连接单位。情境认知强调认知过程中主体与结构化的环境之间的交互作用，“本质上，我们是想建立一种以外在世界为中介，存在于感知与行为之间的恰当的有效调节的反馈机制。我们需要摆脱完全以抽象方式思考世界的束缚，而代之以考察常态的行为过程，即必须积极地预先把握目标实现过程中的恰当的物理环境，因为受感官输入监控的行为主体只有在恰当的环境中才是积极主动的”[②]。克拉克在《此在：重整大脑、身体与世界》一书中更是直接表达了系统的结构对于意识的核心意义，“我们认为心灵和智力的成熟的认知能力可能更像航海，而不是单纯的生物大脑的机能。航海是在对包含个人、仪器装置和实践扩展的复杂系统的协调过程中突现出来的能力。我们通常所认为的心理机能可能同样被证明为是扩展的环境系统的特征，而人的大脑仅仅是这系统的其中一个部分”[③]。

从20世纪90年代以来，情境认知逐渐沦为了具身认知理论的一部分。所谓“具身”是指认知是以身体为基础的，情境化的活动。与情境的交互活动，离不开身体对周遭环境的感知活动，因此，身体感知成了外界环境与大脑内部运行之间的中介，认知也被进一步扩展为大脑、身体、世界之间不断交互的过程。“具身是我们与世界交互并使其具有意义的特性，具身意味着身体图示，具身交互就是通过与人造物交互来创造意义、操控并改变意义的。”[④]具身认知的意义在于揭示了意识产生过程与主体与世界的动态交互引起主体的实践活动之间的内在联系，以及意识是在更加广阔的社会文化情境中被建构的。身体与环境

① Wilson M. Six views of embodied cognition[J]. Psychonomic Bulletin&Review，2002，9(4)：626.
② Brooks R. Cambrain Intelligence：The Early History of New AI[M].Cambridge：MIT Press，1999：109.
③ Clark A. Being There：Putting Brain，Body，and World Together Again[M]. Cambridge：MIT Press，1998：214.
④ Doourish P. Where the Action is：The Foundations of Embodied Interaction[M].Cambridge：MIT Press，2001：216.

的交互方式本身既是一种生存方式，也是一种更为基本的认知方式。①

认知动力系统理论是实现具身认知哲学理念的一种具体的认知模型。它是物理学中动力系统理论在认知研究领域中的实践性运用，盖尔德（T.van，Gelder）的动力学假说认为，"自然的认知系统是某种动力系统，而且理解认知最好的路径是从动力学角度出发……与其说认知过程是无表征的，不如说是在某类非计算的动力系统中的存在状态空间演化的"②。他利用动力学中的状态空间、轨线、确定性、混沌等概念来解释认知主体与环境在认知过程中的交互作用，用微分方程组描述状态空间中的认知主体的认知发展过程，从而揭示了认知是一种嵌入环境中的智能体的实时的适应性活动，认知发展是一种复杂的动力系统中的变化过程，它是诸多分散的、局部的子系统相互作用的涌现的结果。埃德尔曼（G.M.Edelman）在《意识的宇宙》一书中也提出了一种假设，认为意识是涌现于集群系统动力学的。人的意识和心智活动是动态的达尔文过程，人类的认知活动是脑与身体及环境交互作用时通过选取神经活动的某些分布模式实现的。埃德尔曼把对意识经验有贡献的神经元集群子集称为动态核，这些动态核随时间变化会不断地进行信号循环、信号交换，作为意识经验基础的神经过程就发生在动态核不断组建的神经系统上。总之，动力认知系统理论认为"智能行为是感知－动作同时协调的结果，感知－动作的神经结构和组织过程是在运动中创造的，是在不断激活、竞争选择和重新组合过程中得到的一种自组织机制"③。

事实上，无论是强调情境的情境认知、重视身体图示的具身认知，还是揭示认知的耦合、实时的特征的动力认知系统理论，它们为我们描绘的意识、认知图景都是意识、认知作为一种结构的存在，它们不是孤立的事件状态，即不

① 除了上述两个对"具身"概念含义的解读，具身认知研究者还认为，具身还有在生理学和进化两方面的含义：生理学上的具身性是指，心灵本质是具身的，不仅因为所有心理过程都是神经例示的，同时也因为我们的知觉和运动神经对我们定义概念、合理推理起到了基础性作用。我们的意识器官、视觉系统等生理学设计对意识内容，以及所有在其中出现的表征的结构都有着直接的影响，也预设了对高级抽象概念的生理界限；进化上的具身性是指理性也是一种进化过程，理性不是区别于我们和其他动物的本质特征，相反，理性恰好将我们与其他动物同时置身于进化的连续统中。参见 Anderson，M L Embodied cognition：a field guide [J]. Artificial Intelligence，2003，149：91-130.

② Gelder T Van. What might cognition be if not compution?[J]. Journal of Phiosophy，1995，(91)：347.

③ 刘晓力 . 交互隐喻与涉身哲学 [J]. 哲学研究，2005，(10)：77.

是离散的表征，而是认知结构体中各个子集彼此交互、涌现的结果。因此，结构本体论可以被概括为："世界——甚至许多不同的经验世界依赖于相关存在的结构，以及它所做出的区分的种类。"①

三、反对数字本体论的理由

首先，在线的耦合（coupled）过程和离线的去耦过程，它们二者都是意识、认知演化发展进程中的重要的、根本的类型。离散只是认知的一种表现形式，与之对应的实时的适应性感知 - 行为同样也是认知的一种表现形式。所谓在线的耦合过程是指从知觉与运动功能，以及它们与环境之间的相互作用来理解认知过程，尤其是把认知过程作为即时的情境化过程，也就是说，在认知的运行过程中，影响认知的知觉输入信息会实时地在环境中不断出现，而运动输出信息也会实时地对环境产生影响并最终作用于我们的认知，因此环境信息、身体图示就被认为是在线的、耦合的。例如，在日常生活中开车，与别人交谈，问题解决等。离线的去耦过程其实就是数字本体论所强调的离散性，即认知也会在与即时环境相分离的情况下运行，是离线的、去耦的。例如，我们可以对未来做出某些规划，回忆过去发生的事情，我们甚至可以推断在不同的现实情境下，会发生什么情况，或者仅仅根据别人的语言描述，就可以对我们从未经历的事情产生心理表征。应当说，对离线时空中的事物产生离散的心理表征也是人类意识发展过程中的一个重要的里程碑。但是，数字本体论仅仅肯认认知的离线性、离散型特征，否认认知的在线性特征是不可取的。离开任何一个，都会形成认知空缺（cognitive gap）②。事实上，在线与离线过程二者共同构成了认知的连续统，没有在线的耦合过程，就不会形成抽象的离散性表征，而没有抽象的离散表征，就不会形成我们丰富的内心世界，二者在不断的融合、碰撞，从而向更高形式的认知类型演化。

---

① Varela F J., Thompson E，Rosch E. The Embodied Mind：Cognitive Science and Human Experince[M]. Cambridge：MIT Press，1991：9.

② Leon C. de Bruin，Lena Kästner.Dynamic Embodied Cognition[J]. Phenomendogy & the Cognitive Sciences, Springer，2011.

其次，表征能力对于意识、认知过程并不是充分的，在人类个体发育中还存在非表征的认知阶段。维果茨基（L. Vygotsky）在《思维与语言》一书中就儿童认知发展，语言和思维在认知发展中的作用做出了如下结论：在儿童的语言发展中，能够确证有一个前智力阶段，而在思维的发展中，有一个前语言阶段。人类个体并不是一开始就能够达到语言思维的认知水平的，在语言智力的发展之前，个体还有一个非语言的智力时期。在此期间，个体还无法运用语言这种符号表征来进行思维和认知活动。婴幼儿早期的探索活动和情绪表达，都是依赖于身体活动的。事实上，思维和语言要在个体上充分地发展起来，离不开一定的社会文化背景。科学家证实的被狼养大的小孩很难学会说话、哭和笑，这就表明表征能力并不是天赋的，也不是智力发展的必然阶段，它是社会文化历史环境的产物。当然，表征层面的发展不是一个突变的过程，不是从有到无的绝对简单，而是一个渐进的过程，在无表征的身体图示阶段与完全表征的语言符号阶段之间，还存在一个弱表征的心理意象（mental image）阶段。心里意象是物质图像的形式存在于头脑中的一种信息表征。根据艾伦·佩维奥（A.Paivio）的双重编码理论，心理意象是针对我们在环境中所观察到的诸如树木、河流等物理刺激的类比编码，即一种维持了被表征物的主要知觉特征的知识表征。正如指针在一个类似钟的物体上的运动是对时间流逝的类比，我们在头脑中形成的心理意象是对我们观察到的物理刺激的类比。[①] 人类和动物都有心理意象的能力，但是由于动物没有完全表征阶段的语言符号，它们在表达内在意象时，必须借助身体活动和声音信号，所以只能处于埃德尔曼所谓的“记忆的现在”。因此，表征只是认知发展中的一个高级阶段，它不能取代认知，即使在表征符号阶段，它也是被较低阶段的认知水平所渗透，即真正的语言符号表征的水平的认知是身体的感觉运动-心理意象-语言符号相混合的认知。[②] 因此，认知加工涉及的是调节认知加工的携带信息的内部状态，而不仅仅是表征加工。事实上，这些调节状态是表征的上位范畴。[③]

---

① Sternberg R J. 认知心理学 . 第三版 [M]. 杨炳均等译 . 北京：中国轻工业出版社，2006：170.
② 李恒威，黄华新 . 表征与认知发展 [J]. 中国社会科学，2006，(2)：40.
③ Markman A B.Dietrich E. In defense of representation[J]. Cognitive Psychoolgy，2000，(40)：138-171.

最后，可计算的认知主义研究纲领暴露出越来越多的局限性。①我们的日常知识并不能通过恰当的程序被形式化。知识表征与数字符号不同。人的任何一个细微的认知运行过程都涉及大量的社会文化历史等背景知识，甚至是个体差异性的经验知识，这些知识本身就是一个不确定的集合，而且这个集合中的绝大部分知识都不能通过符号逻辑推理获得。②人的大脑作为人类认知的重要载体，是由超大规模的神经元、经过复杂的交错连接构成的信息处理系统，它具有复杂系统的非线性、分布式、并行运算的特征。同时，大脑不仅仅是功能模块化的，而是与人类的文化环境紧密相关的。类似于符号化和程序化的计算机式的人工神经网络可以成功地模拟功能，却无法同时将人所处的文化世界的背景进行适当的模拟。因此，目前的人工神经网络研究虽然发展出了许多求解小范围问题的专家系统，但是却无法成功地模拟人类意识。③人类的意识是对于自我、对于世界、对于感知、思想的一种认知，具有显著的意向性、自指性、涌现性等，而这些特征显然是超越逻辑、超越算法的。人类的领悟能力、肌肉控制能力、对外界的反应能力，以及常识推理的能力和潜在的创造能力也不是算法可以演算的。[①]

四、支持结构本体论的理由

首先，认知模型已经由计算机隐喻衍生的单纯的系列加工模型向网络隐喻而引发的联合模型、并行加工模型转变。系列加工模型其实反映的就是一种平面的数字信息加工。按照系列加工模型的预想，每一个信息都可以被加工为其特有的知识表征，而意识就是众多知识表征经由特定的算法被计算出来的结果。制约系列加工模型的主要瓶颈就是时间问题。计算机可以在 1 纳秒（十亿分之一秒）内就开始对输入做出反应，而一个单独的神经元则需花 3 毫秒才开始对刺激做出反应，因此人脑中的系列加工将会显得太慢而无法对其所要操纵的信息量进行管理。故而受计算机启发而来的信息加工理论假设无法完整的解释人

① 刘晓力 . 交互隐喻与涉身哲学 [J]. 哲学研究，2005，(10)：92-93.

类认知的整个过程，企图用数字本体论来诠释意识的本质有一叶障目之嫌。所谓并行加工模型是指人脑的操作过程是以多重加工的方式进行运作的，它能同时对无数的知识点进行操纵。并行加工模型较之系列加工模型，它能很好地解决人类信息加工的速度和准确性。例如，大多数人类可以在大约 300 毫秒内再认一个复杂的视觉刺激。如果是系列加工，那么只有 100 个神经元有时间进行反应，这对于复杂的认知任务显然是不够的。但是在并行加工中，我们就可以尽其所能的有效加工信息，因为我们能够通过扩散与大脑中不计其数的诸多区域这一网络，对数量十分庞大的认知操作同时进行处理。本书认为，知识表征的结构是产生并行加工的前提和基础。知识的所有形式都在网络结构中被表征出来，而网络的基本要素就是节点，每一个节点都连接着许多其他节点。节点的这种互连模式使得能够有意义地组织起包含在各个节点间的连接中的知识。[①] 从这个意义上讲，知识表征只是认知过程的第一步，意识的产生的关键依赖于知识表征构建的网络结构。

其次，心理学研究表明知识表征本身也是一种结构体，不仅它本身表现为一种结构组织，同时它还作为子结构体参与更大的结构体，即认知操作的运行。例如，艾伦·科林斯（A.Collins）和罗斯·奎利恩（R.Quillian）提出的语义网络的研究发现。他们认为，知识是按照一种层次树状图的形式存在的。在这个树状网络中，各个节点互相连接。高层次的信息适用于所有层次，而不必重复较低层次的信息。事实上，语义网络表达了知识表征是一种有层次的概念等级层次的理念。Roger Schant 和 Robert Abelson 就语义表征的概念，他们称之为脚本（script），所做的定义更是凸显了结构的理念，“……是在一个特定背景下对事物按适当序列进行描述的一种结构体。脚本由时段和可填充这些时段的那些必需品一同构成。该结构体是一个互相连接的整体，在一个时段中的事物也会影响在另一个时段中的事物”[②]。巴尔斯在阐释意识的认知原理时，也提到了“语境”（context）这个概念。巴尔斯认为，语境也是一种无意识的心理表征，是意

① Sternberg R J. 认知心理学 [M]. 第三版 杨炳均等译 . 北京：中国轻工业出版社，2006：210-222.
② Schank R C, Abelson R P. Scripts，Plans，Goals，and Understanding[M]. Hillsdale：Erlbaum，1977：41.

识经验产生的内部环境，没有语境结构体就没有意识经验。同时，巴尔斯还强调有意识的经验与无意识的语境会随着新刺激的输入不断地产生、转换，任何一个意识经验都是在已有的语境中形成，而且当某个意识经验变得冗余时，它本身还会变成认知主体的认知语境。①另外，知识表征并不是孤立进行的，它离不开身体感知、环境的影响，这些因素加起来又会形成一个更大的结构体。

再次，结构本体论能够化解数字本体论带来的认知科学与人类经验之间的紧张关系。数字本体论宣称，认知领域是由明确的表征层次的系统组成，而不必由有意识的系统组成，认知与表征是密切相连的，而不是认知与意识，从而数字本体论给我们带来的结论是：人的认知过程是无意识的，即存在我们不仅没有觉知到而且不可能觉知到的心智和认知过程，因此，通常所谓的自我和认知主体在本质上是片断的或者非统一的。丹尼特将这种无法觉知到的内部符号的计算层次称为"亚人层次"(sub-personal level)，如果认知本质上是离散的数字符号计算，那么它就预设了存在无法通达意识尤其是自我意识的"人的层次"的心智过程，即当人在有意识的觉知状态时是无法分辨任何用以假定为说明认知行为的认知结构和过程的，换句话说，人无法解释意识从哪里来，而且为什么会呈现这样或那样的意识内容。作为意识层面的人的层次与作为认知操作层面的亚人层次被分离开来，尤其是前者被后者彻底地肢解为零星的碎片，意识、自我似乎失去了居所，无处安身。因此，数字本体论对于什么是意识经验没有给出解释。②纵观结构本体论者的研究纲领，他们试图将有意识的觉知或者自我意识的反省重新带回认知操作的运行领域，认知与意识不是截然分离的，相反，认知似乎是与意识密切相关的方式指向这个世界的，即当我们经验它的时候，我们的认知才指向了这个世界。例如，当我们看到这朵花，或者闻到某种气味时，我们才开始思索它是什么花，它如此地娇艳欲滴惹人怜爱，或者傲立雪霜让人钦佩。例如，雷·杰肯道夫(R.Jackendoff)提出"有意识的觉知的元素是由计算心智的信息和过程所引起/支持/投射的"，他提议将"有意识的觉知作

---

① Baars B J. A Cognitive Theory of Consciousness[M]Cambridge：Cambridge University Press，1988.

② Varela F J，Thompson E，Rosch E. The Embodied Mind：Cognitive Science and Human Experince[M]. Cambridge：MIT Press，1991：40-42.

为计算心智元素子集的外在化或投射”，他所构建的意识结构包括位于最外围的感觉层次，位于中间的表征层次，以及最中心的类思想层次。[①] 动力主义者甚至提供了认知主体（包括脑与身体）与环境的动力耦合模型，论证大脑、身体、环境是一个统一的系统结构，这个统一性不是由于外在的连接，而是来源于动力系统中变量的耦合。也就是说，人的意识、感知本身就是认知系统的一个子结构，意识不是认知运算过程的结果，它们是耦合在一起的，不是分离的。人的经验虽然变化不定，但总是依赖于一定的情境、语境，我们并不会经验到独立于这些语境中的东西，因此自我意识的同一性是在经验的语境中被连贯、凝结起来，即结构本体论为意识提供了安身之所：整个认知系统结构，认知的语境。

最后，结构本体论将分离的心、身连接起来，化解了身心二元论难题。精神与身体分别属于两个不同的世界，这个身心二元论的观点古已有之。柏拉图早在两年多年前就曾提出，存在理念世界与感性世界两个不同的世界。感性世界时人们通过身体的视觉、听觉、触觉等感官活动认识的，而理念世界则需要通过灵魂的理智能力才能够了解。17 世纪，著名的哲学家、数学家笛卡儿通过“我思故我在”，论证了身体与灵魂二元实体的存在。他从怀疑一切开始，即我可以怀疑包括身体在内的物质世界的存在，但是却不能怀疑心灵的思维过程，从而确立了物质世界与精神世界具有不同的特性，因而它们是不同的两个世界。现代认知科学中的数字本体论更是贯穿了身心二元论的理念。正是因为数字本体论承认主体与客体、心灵与身体是对立的，它才会完全地依赖精确的表征概念，认知主体只有像镜像般的表征物理世界，才可能真正的认知世界。因此，这种把认知作为独立于身体的表征加工过程本身就是以身心二元论为基础的。“现代认知范式事实上可以被认为是笛卡儿主义的生动遗产……追随笛卡儿，心理学家在实在和思维之间划分了严格的界限……笛卡儿的二元论不仅给理解心灵和身体的互动带来困难，而且也给理解心灵和社会情境的交互影响带来了

① Jackendoff R. Consciousness and the Computational Mind[M]. Cambridge：MIT Press，A Bradford Book，1987：23.

障碍。”[①]结构本体论的核心含义可以用海德格尔（M.Heidegger）提出的“存在”（being in the world）概念进行概括。存在不是一个孤立的主体面对另一个相分离的客观世界，存在是指世界是一体的，没有所谓主体、客体的界线，它们彼此是相互关联的，人一开始就是嵌入世界之中的。结构本体论把大脑、身体、环境彼此嵌套起来，形成了一个系统结构。结构本体论指出，人认知世界的方式是通过我们的身体与适当的方式与世界互动，在互动的过程获得对世界的认知。认知本身就是具身的，“人以体认的方式认识世界，心智离不开身体经验……我们的范畴、概念、推理和心智并不是外部现实客观的、镜像的反映，而是由我们的身体经验所形成，特别是与感觉运动系统密切相关的”[②]。因此，结构本体论主张要想理解认知，必须理解我们的身体图示，必须从身、心的结合中才能探求意识、认知的真相。

① Prilleltensky I. On the social and political implication of cognitive psychology[J]. the Journal of Mind and Behavior，1990，11(2)：129-131.

② 费多益 . 认知研究的现象学趋向 [J]. 哲学动态，2007，342(6)：61.

第二章 意识的语境认识论

认识论，英文是 epistemology，源自希腊文 episteme（知识）和 logos（理论），意指知识的理论，或者知识的获得。在传统哲学中，认识论通常被认为开始于驳斥怀疑论，即证明知识是可能的，知识应当是被证明为真的信念，从这个意义上讲，知识与信念、知识与真理、知识与辩明之间的关系一直都是认知论中的一个核心问题。认识论的另一个主要问题是关于知识的起源，即评价感觉和理性在知识获得中的作用。当代认识论是由英美哲学占支配地位。伴随着语言哲学的发展，言语和意义都成为重要问题。由于认识论和心理学、心灵哲学密切相关，知觉、记忆、想象、意识、他心和错误都成了主要论题。本章主要从语境方法来阐释意识认识论中的几个哲学问题，主要包括意识的认知原理、意识的认知属性、意识的认知主体，以及意识的认知功能。

第一节 意识的认知原理

从语境论视角探讨意识问题是 20 世纪 90 年代以来意识研究的一种新趋向。巴尔斯的意识理论就是根据语境来探讨意识问题的一个典范。巴尔斯曾是纽约州立大学石溪分校（State University of New York，Stony Brook）和赖特研究所（The Wright Institution）的心理学教授，现在是神经科学研究所（The Neurosciences Institute）的研究员。在《心理学中的认知革新》（1986年）、《意识的认知原理》（1988年）、《意识剧场：心灵的空间》（1997年）中，形成了他的关于意识认知原理的全局工作空间理论（the global workspace thoery）。该理论用不同层次的语境及其合作和竞争来阐述意识经验的产生、发展和消失，并将语境分析贯穿到全局工作空间假设的所有认知模式中，试图用语境整合目标、自主控制、注意、自我和有意识的自我控制等看似各不相干的意识经验，从而使全局工作空间理论具有普适性。本书试图对全局工作空间理论进行系统的分析和讨论，阐明该理论包含的意识的认知原理及哲学意义。

一、全局工作空间理论的本体预设

严格地讲，哲学是关于各种预设的学问。本体论就是“是论”或“存在论”，它是对事物本质的各种预设进行反思的活动。或者说，本体论关注“是”自身的本质属性，其核心问题是什么是“是”或什么“存在”？具体到认知哲学中，本体论问题就是“如果人类意识具有所“是”的本质，“是”必须具有什么特征”（海德格尔语）。[①] 在全局工作空间假设中，专门的无意识处理器、全局工作空间和语境是意识认知模式的三个“本体”预设，也是巴尔斯在构建所有认知模式时所运用到的基本概念，其他认知模式都是在此基础上的进一步补充和扩展。

在全局工作空间理论中，巴尔斯把大脑中的神经元称为专门的无意识处理器（special unconscious processors）。这些专门的无意识处理器是分散的，各自处理着各自领域的事物，如知觉分析、信息输出、行为图示、句法分析、计划和控制等。它们通常在处理自己领域内事物时是非常高效的，而对超出自己领域外事物效率就会非常低，甚至是无用的，例如，处理视觉信息的处理器无法处理语言信息。由于控制基本上是分散性的，所以不存在一个把问题分配给某个处理器，或者命令处理器执行某些任务的中枢执行者。对于不同的问题，不同的处理器都可能作为执行者而加以处理，有时它们相互间会以一种很灵活的方式把执行控制分

① 尼古拉斯·布宁，余纪元．西方哲学英汉对照辞典[M].北京：人民出版社，2001：4.

配给对方。处理器本身会保留处理过程的主动权——它们决定处理什么，忽略什么。[①] 正如市场经济的运行那样，其在本质上也是分散的，诸多市场主体在微观经济的运行层面并不受政府的指令行事，而是自主处理其相关的经济事务。

但是，专门的无意识处理器间的相互作用、合作和控制却需要一个中央信息交换场所，巴尔斯把它称为“全局工作空间”（a global workspace）。向神经系统输入信息的专门的无意识处理器为了进入全局工作空间会彼此进行合作和竞争，一旦某个处理器或处理器的联合体进入了全局工作空间，其所负载的信息就可以向整个神经系统传播。“工作空间”作为一种隐喻，它仅仅是作为一种工作记忆的存在，在这个记忆里，不同的系统可以执行它们的活动，“全局”这个单词意味着这个记忆中的符号通过众多的处理器被分配、传递开来。[②]

语境就类似于“被激活的知识结构”“心灵表征”“语义网路”“框架”“基模”“剧本”“计划”“预期”和其他在认知科学被广泛讨论的有关对知识的表述。它是指形成我们意识经验的内部世界。毕竟，有形的环境只有被内部世界所表征才能影响我们的意识和行为。也就是说，物质世界的语境只有通过大脑中的语境才能形成我们的意识经验。巴尔斯强调语境与上述定义的不同在于：“语境”并不是任何的心灵表征：它是一个无意识的表征，会影响到另一个有意识的表征。这个特殊的意义在其他的术语中并没有被表达出来。因此，在神经系统中标出心灵语境是很有意义的。[③]

在全局工作空间中，语境被视为已经以某种方式处理相关信息，且具有进入了全局工作空间优先权的、由无意识处理器组成的相对稳定的联合体。正是这个联合体形成、贮存和控制了意识经验，而联合体本身却没有变得有意识。[④] 例如，在我们听一段交响乐时，该段音乐的整个曲调，相关主题的最初表述，曲调的发展和变化，所有这一切必定构成了我们体验一段交响乐中的一个单独的乐句的基础，而当我们体验这个单独的乐句时，这些基础性的东西并不是有意识的。没有语境就没有意识经验，任何意识经验都不是凭空产生的，只有在

① Barrs B J.A Cognitive Theory of Consciousness[M]. Cambridge：Cambridge University Press，1988：43-64.
② Barrs B J. A Cognitive Theory of Consciousness[M]. Cambridge：Cambridge University Press，1988：67.
③ Barrs B J. A Cognitive Theory of Consciousness[M]. Cambridge：Cambridge University Press，1988：135-139.
④ Barrs B J.In the theatre of consciousness：Global work space theory，a rigorous scientific theory of consciousness[J]. Journal of Conciousness Studies，1977，(4)：303.

无意识的语境限定中，意识经验才得以形成和呈现。

在巴尔斯看来，全局工作空间中存在着多个语境性的限定，如知觉、概念和目标相关的语境限定。巴尔斯把相容的一系列语境视为合作语境，把不相容的语境视为竞争语境。在语境层级中，合作语境在全局工作空间中占据优势地位，竞争语境虽然和合作语境处于相同的层级，但它们在工作空间中不占优势。只有优势语境才会对意识经验的形成产生影响和限定。当然，语境虽然会把无意识的限定条件施加到意识内容上，但是并不限制输入的信息，它不会对意识经验做出完整的预测，正是通过这种方式，人类才不断地界定和更新我们的世界。①

综上所述，全局工作空间理论主要有三个基本构成要素：①众多的输入处理器为了进入全局工作空间会彼此进行合作或竞争，一旦某项信息进入全局工作空间，该信息就会向更广泛的接受处理器传播；②在同一个时间内，全局工作空间中只有一个连贯的信息可以被传播；③在全局工作空间中有许多语境限制着对该信息的理解（图 2-1）。

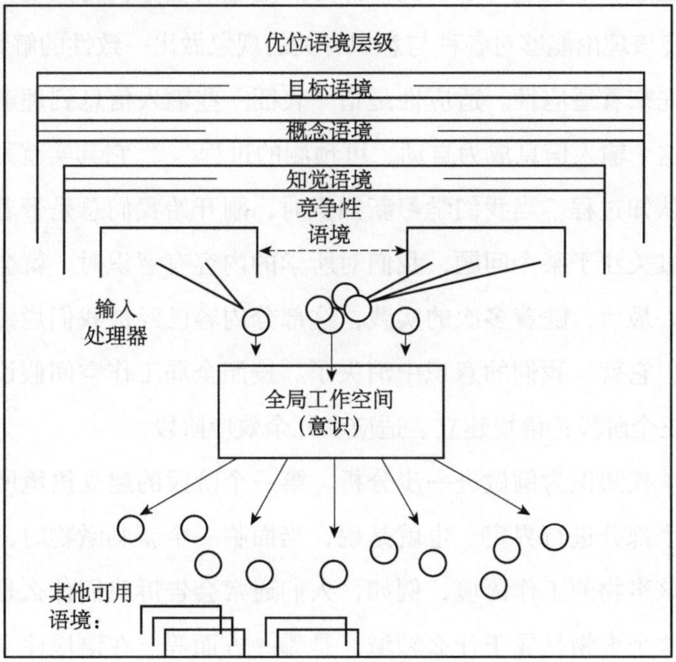

图 2-1　全局工作空间语境认知模型

① Barrs B J. A Cognitive Theory of Consciousness[M].Cambridge：Cambridge University Press，1988：162-165.

二、全局工作空间理论对具体意识现象的解释

在巴尔斯看来，意识正是在全局工作空间中得以产生的。当人类面对并处理某个新刺激物时，特定的智能处理器就会提出自己的处理方式，为了使自己的处理方式获得其他处理器和竞争以进入全局工作空间。一旦获准进入，全局工作空间中的各种语境就会对它加以选择、限制，各种语境也会通过竞争和合作的方式对该信息进行认知分析，直到获得最佳的结果。正是在这个过程中，我们对进入全局工作空间中的信息产生了意识。当然这仅仅是对全局工作空间理论的基本预设，还没有涉及全局工作空间的根本特征，因为这个基本模式无法从新输入的信息中区分出旧信息，也无法决定某个信息的重要性，更无法避免一遍又一遍地传播相同的信息。巴尔斯形象地将这个基本模式比作一份对新闻没有任何喜好的报纸。因而，巴尔斯进一步对适应性、自发的问题解决模式、自主控制、注意和自我进行了研究，并力图通过语境分析将其纳入语境认知模型之中，以使该理论能够对各种与意识有关的现象做出一致性的解释。

我们首先来看适应性。适应性是指“表征一些输入信息到理解这些输入信息最终直到这个输入信息成为自动、可预测的过程”。[①] 它其实就是我们对某个事物的整个认知过程。当我们学习新知识时，刚开始我们总是带着许多的困惑和未知。通过关注于某个问题，我们对所学的内容有意识时，就会有一种豁然开朗的感觉。最后，随着多次的实践，这部分内容已经被我们烂熟于心，变得容易预测了，它就从我们的意识中消失了。按照全局工作空间假设的解释，适应性包括了三个阶段：语境建立、适应和冗余效应阶段。

我们以学校知识为例做进一步分析。第一个阶段的建立语境所解决的是对所学习的各个部分进行界定。也就是说，当面临一个新刺激物时，我们需要建立一个理解该事物的工作语境，例如，人们通常会告诉我们什么是有趣的或重要的内容，这个事物是属于什么领域，是哪一方面等。在语境建立阶段，人们对所有学习的内容是没有意识的，即便是对输入信息有暂时的意识性理解，或

① Barrs B J.A Cognitive Theory of Consciousness[M].Cambridge：Cambridge University Press，1988：183.

者短暂地存在某些有意识的片段，或者对分析的某个阶段有了意识。只有在建立语境阶段完成后，我们才对所学习的对象产生了意识。

第二个阶段是适应阶段。虽然我们已经建立了一个相当稳定的理解输入信息的语境，但是信息接收处理器和语境中还需要减少一些不确定性。不确定性主要是指全局工作空间中的目标语境会就该刺激物产生几个不同的心灵表征。通过接受处理器与输入信息之间的单向反馈及接受处理器和意识经验之间的双向反馈，不确定性会在适应反馈过程中不断地减少，只要接受处理器对意识内容还有感兴趣的部分，它们就会把它反馈回来，直到最后，语境对该事物形成了习惯性的预测。因此，在这个意义上，意识是信息负载的，它帮助我们在这几个心灵表征中做出选择，从而它减少了处理器和语境的不确定性。

第三个阶段是冗余效应的产生。正是这个反馈循环，被适应的重复性输入信息就从意识中消失了。随着适应反馈过程的发展，进行反馈的接受处理器会越来越少，直到最后只剩下一个适应处理器时，此时该刺激物出现就不再需要意识的介入，针对该刺激物也就形成了常规的无意识处理器（图 2-2）。

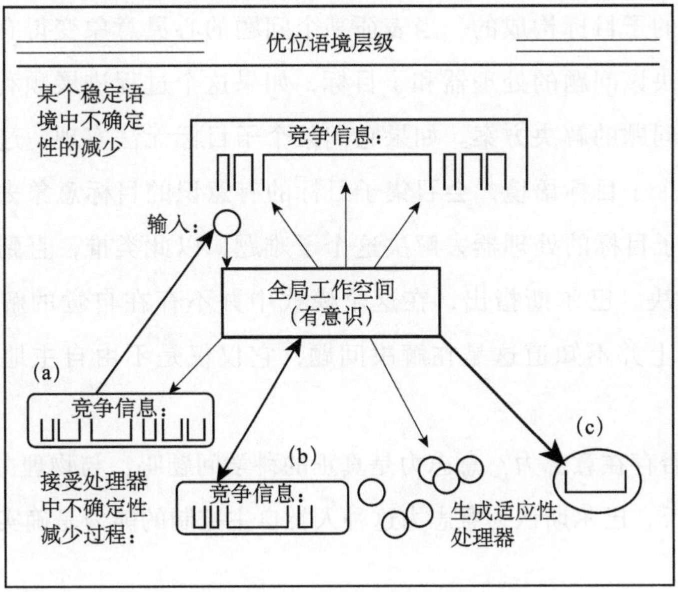

图 2-2　全局工作空间模型的工作机制

那么人们解决问题的这一心灵事件是有意识还是无意识的呢？通常，当我们在面对一个难题时，一开始可能什么想法也没有，此时我们可能常常会暂时的搁置该问题，不去想它，当我们再次思考该问题时，不知道什么时候，可能大脑中就会突然出现一个决定性的解决方法，“灵光一闪”，我们甚至不知道它是如何产生的。根据经验观察，巴尔斯把解决问题的过程总结为是由意识 - 无意识 - 意识（CUC）这样一个三元结构组成的。①有意识的问题分配阶段；②由无意识的、占据有限能力的目标语境指引下的、对答案无意识表征和运算阶段；③有意识的展示解决方法。[①] 事实上，当我们面临一个问题时，是把关于该难题的意识事件理解为一个目标，神经系统会召集一个目标语境和一系列的专门处理器进行自发的问题解决，由此产生的解决方法会再次变得有意识。

当然，这种解决问题的 CUC 三元结构模式在运用时会被扩展为一系列的三元组，即三元组也会成为子目标的组成要件。这一观点也是可以融入语境认知模型中的。这是因为语境之间并不是孤立的，它们层层嵌套，一个语境不但是存在于先在目标的更高层级、更恒定的语境之中，而且其本身也是由许多嵌套的子目标构成的。当表征某个问题的心灵意象变得有意识时，它就会吸收解决该问题的处理器和子目标，如果这个过程进展顺利，它们就可以运算出该问题的解决方案。如果它们某个子目标无法实现，这个子目标就又会成为一个子目标语境，会召集子目标的有意识的目标意象去传递这个障碍，并动员子目标的处理器去解决这个子难题，以此类推，直到最终最初的目标得到解决。巴尔斯指出，在这个模式中并不存在自觉的解决问题，系统在元认知上并不知道这是在解决问题，它仅仅是不由自主地做分内之事（图 2-3）。

人类是否存在意志力？意志力是真正的科学问题吗？与物理主义流派与行为主义者相反，巴尔斯认为意志力这种人类自主控制的能力是确实存在的，并

① Barrs B J. A Cognitive Theory of Consciousness[M].Cambridge：Cambridge University Press，1988：233-235.

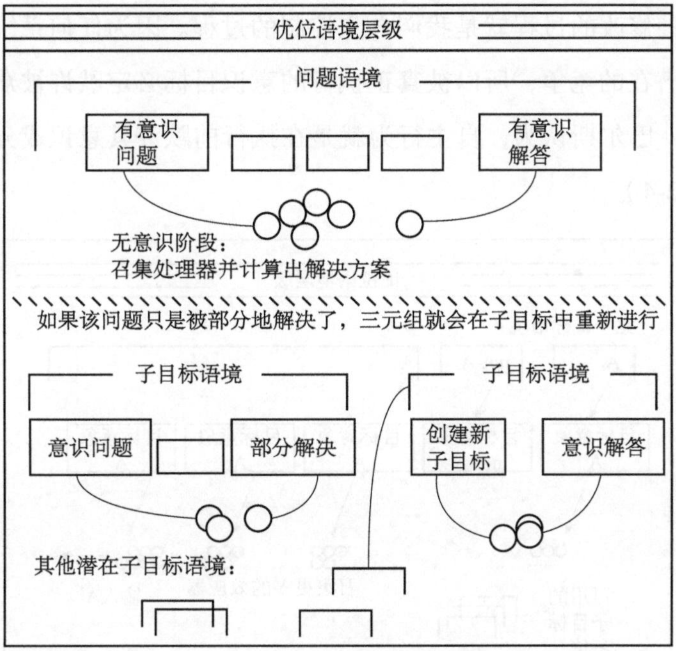

图 2-3　CUC 三元组模式

通过失误、自动行为和精神病理学例子中存在的一系列自主行为和非自主行为的比较研究，他断言意志力是解决许多重大心理学问题的关键所在。对于自主控制理论，巴尔斯几乎全盘接受了詹姆斯的观念运动理论，并试图用全局工作空间假设来重新解释该理论。詹姆斯观念运动理论认为意识观念本质上是冲动的，如果一个意识目标意象无法被执行，这是因为相反的意象或意图阻止了它。相反，如果某个意识目标意象没有遇到有效竞争，它就足以引起一个复杂的、高度协调的无意识行为。

巴尔斯认为这一点与全局工作空间理论的观点是一致的，即意识事物可以被全局性地传递，任何意识目标意象可以激发任何专门处理器，因此它们既可以召集和引起能执行与该意识事物一致的行为的无意识目标系统和处理器，也可以引起与该意识事物相抵消的意识目标意象及其处理器。如果该意识事件的目标意象战胜了其他抵消的意识目标意象，该意识目标意象就会被自动地执行。如果抵消的意识目标意象发现了原来意识事件的目标意象中存在错误，它就会对该目标意象进行修改和纠正，甚至可能把该目标意象从意识（全局工作空间）中驱除，这种修改的过程就是我们自主控制的过程。因为任何系统都可能存在与目标意象潜在的竞争，所以被真正执行的意识目标必定默许被众多相关系统修改，因此，巴尔斯认为，自主行为就是在执行前默许其意识成分已经被修改的行为（图 2-4）。

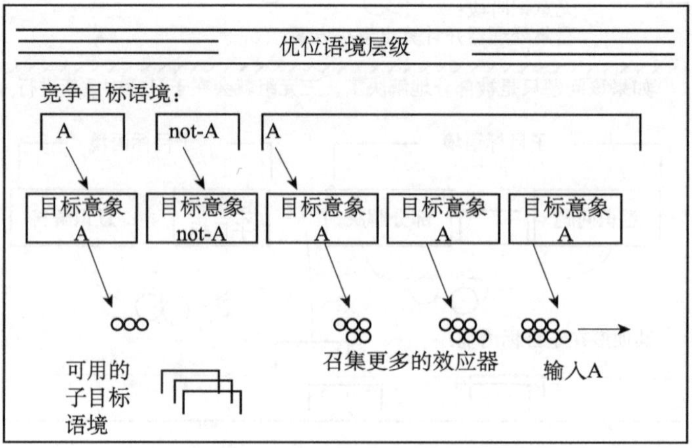

图 2-4　目标意象的激发过程

对于注意这一心灵现象，巴尔斯采纳了“注意控制意识经验的通道”这一观点，并同意将注意区分为自主注意和自发注意这一传统的分类方法。自主注意是对意识通道的有意识控制，即我们对将要注意什么事物是有意识的，对什么事物将要成为意识事物是有意识的，如我们可以自主地决定看电视、逛街、吃苹果等。而自发注意是对意识通道的无意识控制，即我们对下一个将成为意识事物的事物没有意识，只有当该事物出现时，它就会从众多无意识事物中突显出来进入我们的意识之中。

那么，上述两种心灵现象是否能被语境认知模式化呢？巴尔斯认为，在自发注意控制中，一些具有个人意义的刺激物虽然与当前优位目标等级中的低层级目标不一致，但是却激活了优位目标等级中的高层级目标，从而控制了意识的通道，拥有了意识通道的优先权。此时，由于支持该刺激物的高层级目标被激活了，它就会中断原来的低层级目标语境（即支持先前意识内容的目标语境），然后传递该刺激物的目标意象，并召集一个能够解释和支持该目标意象的一系列新语境。例如，当我们在观看一个有点沉闷的足球比赛时，突然听到有人说到我们的名字，尽管说话人有意压低了说话的声音，但还是被我们听到了。显然输入信息即我们的名字因为具有个人意义而激活了优位目标等级中的高层级目标，它中断了观看足球比赛这个低层级目标语境之后，在全局工作空间中广泛地传递，并召集一系列新语境，例如，知觉语境——是熟悉的声音还是不熟悉的声音，是男性声音还是女性声音，是成年人还是小孩的声音等；概念语境——对名字进行确认，对说话者进行确认等（图 2-5）。

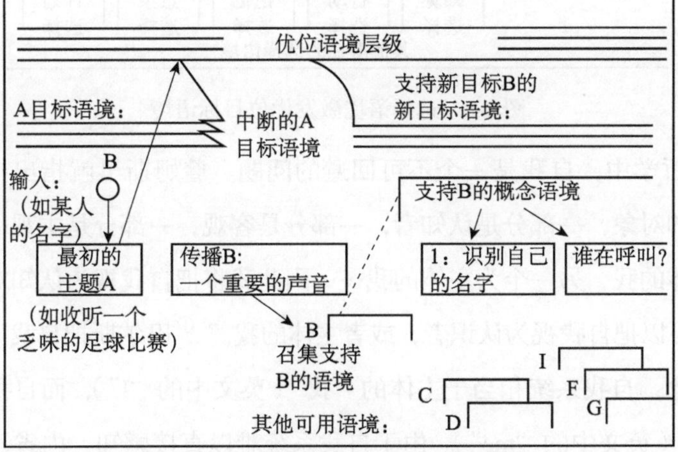

图 2-5　输入信息激活优位语境

对于自主注意，巴尔斯认为由于自主注意是建立在元认知之上的，所以在自主注意中添加一个能够使各个选择性的事物有意识，且可被获取的选择语境更加便利，它就像是电脑程序中的文件目录或菜单，它显示了各自下一步的内容。我们人类可能拥有这类随时可利用的心灵目录。由于选择语境显示了潜在的意识内容的选项，优位目标等级中不同的目标就可能支持不同的选项，从而产生竞争，专门处理器联合体就会向一个或另一个选项投票，最终获胜的选择就会通过意念运动控制激发适当的处理器和子目标[①]（图 2-6）。

① Barrs B J. A Cognitive Theory of Consciousness[M]. Cambridge：Cambridge University Press，1988：306-314.

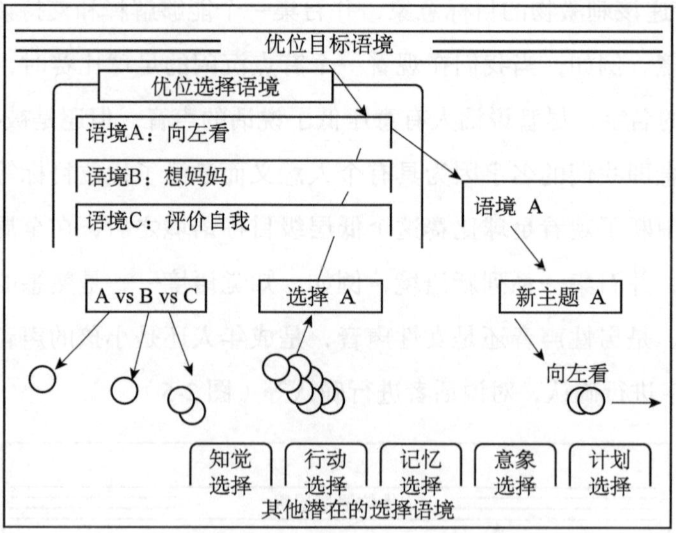

图 2-6 选择语境激发优位目标语境

在心灵哲学中，自我是一个不可回避的问题。詹姆斯早就指出："整个自我，一部分是认知对象，一部分是认知者，一部分是客观，一部分是主观……我们可以称一个为客体的我，另一个为主体的我……因此我将把自我视为认知对象或者客体的我……也可以把自我视为认识者，或者主体的我。"[①]巴尔斯把自我区分为自我系统和自我观念，自我系统相当于主体的"我"（英文中的"I"），而自我观念相当于客体的"我"（英文中的"me"）。由于自我系统难以直接感知、内省，只有当自我系统被改变或违反时，我们才会对其有意识，所以巴尔斯认为自我系统可以被理解为经验和行为的持存语境，位于优位目标语境中的最高层级，所有的意识经验都是在这个框架的语境中运行，并促进其他局部语境的连续性（图 2-7）。

自我观念是一系列关于自己的观点，它是自我系统被去语境化和作为意识客体而被意识的结果，即自我系统被物化的结果。当然作为客体的自我观念并不是完全被动的，反过来它会形成监控人们经验和行为的一些标准，即产生一个人们试图达到的理性状态，从这个意义上讲，自我观念系统也可以被视为一个高层级目标语境，它会借助一些评价判断和标准来监控个人的经验和行为。

① William J.Psychology[M]. New York：Holt，1892：189.

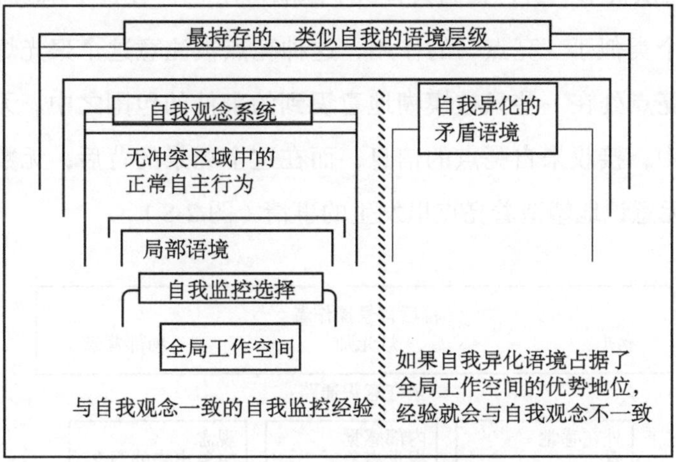

图 2-7 自我观念系统的语境化

在语境认知模型中，自我观念作为一个监管性的目标语境是在一个持存的、类似于自我的语境层级中运行的。事实上，作为客体化的自我观点比语境化的自我系统更容易进入全局工作空间。同时，与自我观念处于同一层级的还有自我异化的冲突语境，它们之间为进入全局工作空间而彼此竞争，如果自我观念语境获胜，我们所感知的经验就会与我们的预期一致，如果自我异化语境获胜，我们所感知的经验就与我们的自我观念不一致，从而出现自我感丧失。①

三、全局工作空间理论的哲学意义

巴尔斯的全局工作空间理论明显建立在"剧场"假说的基础之上。事实上，巴尔斯在其论文 *In the Theatre of Consciousness*：*Global Work Space Theory*，*A Rigorous Scientific Theory of Consciousness* 中，明确地将有意识的事件称为发生在"意识的剧场里"或者"意识的屏幕上"。他指出，在任何时刻，在数量庞大的无意识加工过程中，只有极少事件能够被注意到，对于这种戏剧性的对比，用剧场这种表述来思考它是最好的方法。"我们今天所有的思维功能统一模型都

① Barrs B J. A Cognitive Theory of Consciousness[M]. Cambridge：Cambridge University Press，1988：336-341.

是剧场隐喻，从根本上讲，我们只有这个隐喻可用。”①在这个剧场中，聚集的意识起到了一个类似于“亮点”的作用，这种亮点被注意这个聚光灯投向不同的演员。这个亮点处在一些只被模糊地意识到的事件的包围之中。无意识的观众坐在黑暗之中，接收来自亮点的信息，而在这个场景的背后，无数的与之相关的系统正在无意识地塑造着亮点里发生的事情（图 2-8）。

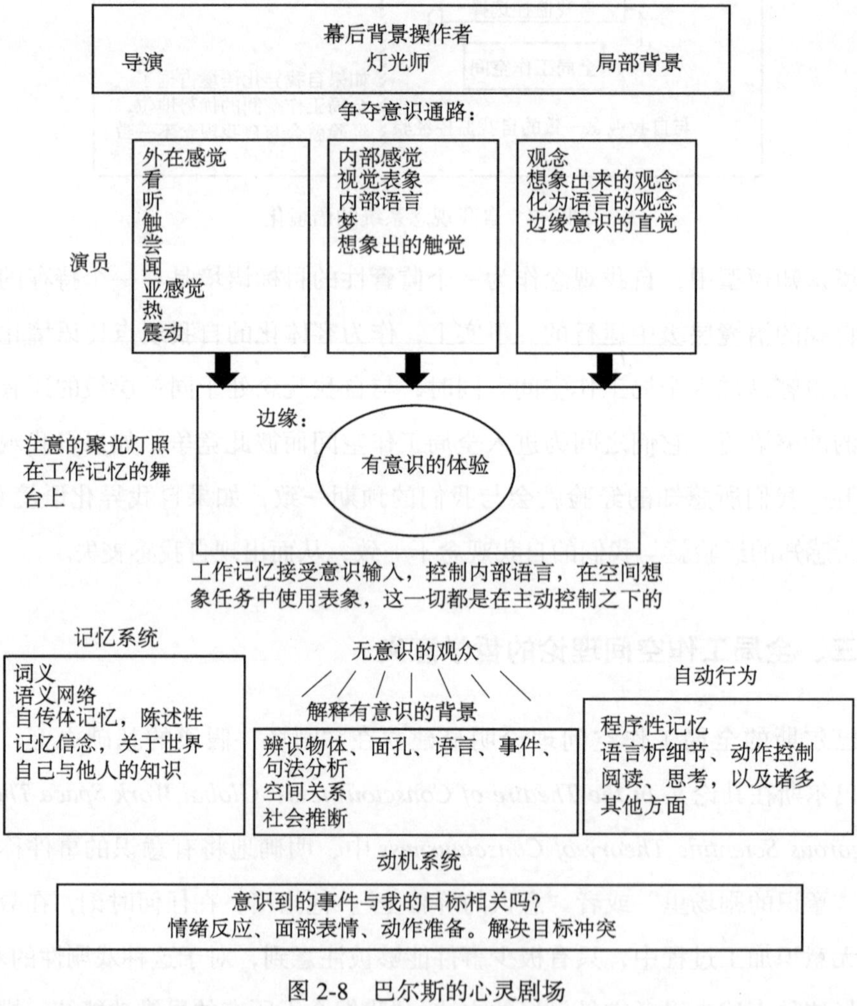

图 2-8　巴尔斯的心灵剧场

剧场获得无数的输入信息，有来自外在知觉的、内部感觉的、观念、记忆

① Barrs B J.In the theatre of consciousness：Global work space theory，a rigorous scientific theory of consciousness[J]. Journal of Conciousness Studies，1977，(4)：303.

系统、自动行为等无数无意识的资源，但是有意识的容量是有限制的，只有处于注意这个聚光灯之下的信息才会成为有意识，从而调动舞台的幕后背景操作者、观众对其做出响应。在巴尔斯看来，所有这些都构成了一个工作中的剧场，正如被聚光灯照耀下的舞台为整个剧场提供一个互动的平台和基础一样，意识也起到了一个路径的作用，打开了任何可能的神经系统的全局通道。[①] 因此，根据这个理论，一个事件是否是有意识的，取决于它是否在全局工作空间中被加工，是否是全局可用的，也就是说，是否被传播到了系统的其他无意识部分，并被接收到的系统部分积极响应。同时，按照该模型，意识还具有为目前进行的任务调动处理单元，促进决策执行、并自主控制、修改已经自动化的自动行为模式等功能。从这个意义上讲，意识不再是一种神秘的东西，或者与大脑的神经活动并行，或者额外的东西，而是整个认知系统正在工作的部分。

那么，巴尔斯的有意识的剧场模型是否是一种笛卡儿剧场？巴尔斯的语境认知模型是否是另一个版本的二元论？笛卡儿剧场是丹尼特提出的一个概念，用于描述认为意识发生在一个特定的空间和地点、舞台，“所有的东西都在那里汇聚”，意识在那里发生的观点。[②] 丹尼特反对所有形式的二元论，他认为笛卡儿剧场的恶性结果在于它仍然反映了某种程度的二元论，它在我们的身体之外塑造出另一个精神所在。通常，我们会这样描述我们的感觉：在我大脑中似乎还存在一个“我”，是这个“我”会通过我的眼睛观察世界，是这个“我”感觉到我的手在打字，还是这个“我”感觉到高兴、兴奋、羞愧。我们似乎在想象我的思维或大脑中，存在一个类似于舞台的结构或者思维屏幕，这个“我”作为观察者正在观看思维屏幕和剧场舞台上呈现的一幅幅图片或场景，在这个地方，我们在任何时刻意识到的东西都会被汇聚在一起，而意识由此而生。丹尼特指出，大脑的确是总部，是终极观察者所在的地方，但是，没有理由认为，大脑本身还具有更高的总部、内在的密室，而到达这样的地方才是有意识的经

① Barrs B J.In the Theatre of consciousness：Global work space theory，a rigorous scientific theory of consciousness[J]. Journal of Conciousness Studies，1977，(4)：306.

② 丹尼尔・丹尼特.意识的解释 [M].苏德超，李涤非，陈虎平译.北京：北京理工大学出版社，2008：45.

验的充分或必要条件。大脑内部没有任何观察者。①

巴尔斯的确沿用了剧场隐喻，但是他申辩说，“工作的剧场与笛卡儿剧场完全不同，比笛卡儿剧场更加复杂”，笛卡儿剧场隐喻的是大脑中的一个中心区域，所有的信息都在那里汇集，但是现代的剧场隐喻完全可以绕过笛卡儿二元论的悖论，事实上，现在已经没有人相信存在一个汇聚一切的点，全局工作空间理论也不需要这个点。尽管在脑中的某个地方可能存在一个汇合区，或者一些特殊的与全局工作空间的构建相关的区域，例如，聚光灯可能与某种注意导向机制有关，构建内在语言和对我们的生活提供一个运行中的记叙性的自我系统等，但是这都是一些经验问题。在语境认知模型中，意识不再等同于任何单一的中心，意识是一种广泛的分布式存在。②

本书也认为巴尔斯的剧场模型与笛卡儿剧场是不同的，它不是另一个版本的二元论。首先，在巴尔斯的剧场理论中，并不存在一个产生意识的固定的中心区域。根据前面关于语境模型的论述，我们可以看出全局工作空间并不是一个固定的区域，构成怎样的全局，多大的全局有赖于无意识处理器之间的竞争和合作。每一次进入全局工作空间的无意识处理器并不是相同的，这取决于该处理器的信息是否能引起足够多的其他的无意识处理器的兴趣。因此，系统的任何处理器都可能成为全局工作空间的一部分。

其次，在巴尔斯的剧场理论中，意识不是所有信息聚集在一起，从而后生成的东西。笛卡儿认为松果体是大脑的一个中心，它是通往有意识的心智的大门。一个人要对某个东西有意识，从感官来的信息就必须到达松果体这个站点，在这里，存在一种特别的、魔力般的人的物质性大脑与非物质性的心智之间到达互动，意识在这里发生。而无意识的身体性反应则是由纯粹的机械回路完成的，这些回路绕开了松果体，所以是无意识的。丹尼特把这种大脑中枢驻地（centered locus）的观点成为笛卡儿物质论，并认为这种观点的危害在于它会促使我们相信神经细胞活动过程中必定有一个特定的时间和地点融合并产生了意

① 丹尼尔·丹尼特．意识的解释 [M]. 苏德超，李涤非，陈虎平译．北京：北京理工大学出版社，2008：119.
② Blackmore S. 人的意识 [M]. 耿海燕，李奇等译．北京：中国轻工业出版社，2008：66.

识。它容易使我们认为存在一个剧场的观众，这个观众与我们的物质身体分离，我们甚至会在内省中审视我们“意识的统一性”。丹尼特对笛卡儿剧场的主要批判在于它把意识确定在一个点。而且这个点在产生意识之前，所有的处理活动都是一些身体内的物理、化学、神经活动。但是进入这个点、这个剧场后，意识产生了。事实上，诸如“这个加工过程发生在意识之外”“想法进入意识”等这样的说辞，都是在建构一个笛卡儿剧场，它暗示我们有某种标准可以判断何时、何处产生了有意识的经验。

丹尼特提供了一个替代笛卡儿剧场的认知模型——多重草稿。根据多重草稿，各种各样的知觉能在大脑中完成，依赖的是平行的、多轨道的、对感觉输入的诠释和细化过程。进入神经系统的系统处在连续的“编辑修改过程”中。在这个过程中（这是一个很短暂的过程，最长的神经元活动大约也只需要100毫秒），各种增添、结合、校正和重写都会出现，次序各不相同。丹尼特解释说，我们不能直接经验到什么发生在我们的视网膜上，什么发生在我们的耳朵里和我们的皮肤表面。我们实际经验到的是许多诠释过程的产物，是一种被编辑过程的东西。各种身体系统会接受相对来说未做加工的片面表征，产生经过比较、修改、提升的表征。加工过程发生在各种活动流里，这些活动也在大脑里的不同部分发生。丹尼特指出多重草稿不同于其他认知理论的是，特征探测或区分（feature detection or discriminations）仅仅只需要一次，即一旦对某个特征的观察已经为一个特定的、局部化的大脑部分所完成，那么这种被固定下来的信息就不会再发送到别的地方，让某种“最重要区分者”再区分。丹尼特进一步指出，这些广泛分布于大脑中的各个区分性的内容，随着时间的推移，会产生某种很像叙事流或叙事序列的东西，它们受制于大脑各个部分的编辑修改程序，而且会不定限地延续到未来。丹尼特强调这个内容流更像是一个叙事流，它具有多重性，而且在时间的任何一点上，在大脑的各个地方的编辑过程的各个阶段，都有叙事残片的多重“草稿”。[①]

① 丹尼尔·丹尼特. 意识的解释[M]. 苏德超，李涤非，陈虎平译. 北京：北京理工大学出版社，2008：126-128.

事实上，巴尔斯建构的全局工作空间假设中的语境认知模型与多重草稿有许多相似之处。全局工作空间也是一种平行的、多轨道的信息处理模式。在这个空间中，也不存在一个中枢性机构，各个无意识处理器都专注于自己的专有领域。在自主行为分析中，巴尔斯就明确地表示意识行为实际上是一种在被执行系统执行前，已经默许被众多其他相关系统修改的行为。而丹尼特所谓的特征区分一次性，用语境认知模型的术语说，就是对该信息已经形成了专门的无意识处理器或者无意识处理器联合体（即语境）。而所谓的草稿，也可以被解释为遗留在我们大脑中业已变得无意识的语境及其语境等级。巴尔斯就曾经笑言，"也许我们对剧场的恐惧用错了地方"。剧场不一定要承载中心的含义。在全局工作空间的剧场模型中，后台、舞台、观众席全部构成互动的整体，意识不是信息全部聚集后才出现的东西，而是通向后台、观众席的一种门径，是意识使得互动成了可能。因此，意识是系统本身正在运作的东西，而不是系统运作之后而产生的东西。

布莱克摩尔认为，丹尼特提出的笛卡儿物质论的核心在于说明了一些事物在意识之中，一些事物在意识之外，即一些事物处于剧场之内，而一些事物处于意识之外。而巴尔斯的全局工作空间的确假定了一些事实，因此，该理论仍然是一种笛卡儿剧场。的确，巴尔斯在全局工作空间的语境认知模型中非常倚重"有意识的"和"无意识的"事件之间的对比分析。巴尔斯指出这种对比分析能使得意识现象成为定量分析方法的研究对象。"当同一事件位于意识的聚光灯下，或者处在较少被意识到的边缘地区，或者完全在意识之外时，我们可以设计使用扫描等方法的实验，来看出脑中究竟有什么样的加工过程参与其中。"①例如，当我们学习一项新技能——骑自行车时，刚学习时，我们对骑车过程中的每一个细节都是有意识的，上车、蹬踩、身体的坐姿、手的位置、脚的力度等，但是当我们熟悉之后，这些细节就会淡出我们的意识，直到遇到某个突发事件时，如熟悉的路况突然发生改变，某个行人突然出现在我们不远的前方等，那些细节就会被再提取，再次进入意识中。剧场的确隐喻了某些事物在剧场

① Blackmore S. 人的意识 [M]. 耿海燕，李奇等译 . 北京：中国轻工业出版社，2008：66.

（意识）之中，某些不在其中。但是我们认为这一点并不是它的核心，它的核心在于隐喻意识是脱离所有大脑神经活动的另一种存在。而且事实上，在全局工作空间中，意识是进入众多的无意识专门处理器的一种路径，有意识的信息作为专家会议室中的黑板上的信息，是同时被无数的无意识专家识别、分析的。

另外，全局工作空间理论关于主观性的解释也说明了它不是一种笛卡儿剧场。按照全局工作空间的解释，意识的主观性就是全局可用性，即一个信息是否被广播到整个系统，决定了该信息是否能变得有意识。这说明全局工作空间中没有观众，也没有决定者，只有参与者或不参与者。在它们的合作和竞争下，这个认知系统才得以运作起来。因此，巴尔斯的剧场模型不是笛卡儿的二元思维方式。

综上所述，本书认为全局工作空间理论具有如下重要的哲学意义。首先，从总体上看，作为一种框架性的理论，全局工作空间理论确实是一条通往意识之谜的简洁而又便利的道路。它由三个部分组成：许多特定的无意识处理器、一个全局工作空间和许多语境。另有两个处理原则：为进入全局工作空间而发生的竞争和合作。巴尔斯正是试图借助这三个实体和两个处理原则的相互结合来解释许多关于意识、意志力和自我机制等现象的。其中，语境无疑是最为活跃的部分，它既可以被视为专门处理器的一个稳定的联合体，随着时间的流逝它们获得了进入全局工作空间的优先权，同时它还会被去语境化，还原为一系列专门的处理器，正是语境概念的灵活性才保证了语境认知模型在解释意识的产生、意识的神经病理学、意识与注意的关系、自我的本质等涉及意识的现象时具有一致性和连贯性。

其次，语境化思维是当代科学哲学发展的一种趋向，语境也已经由概念上升为方法[①]。因此，意识的语境化研究也就成为必然。应该说，语境分析方法的运用是巴尔斯语境认知模型中的方法论核心。他将理论建立在人类的“感受”基础之上，在全局工作空间中，无数的信息进入这一庞大而分散的复杂系统，各个专家处理器展开竞争，形成不同的语境，进而语境形成了我们最终的意识。

① 魏屹东．广义语境中的科学 [M]. 北京：科学出版社，2004：13.

相对于以克里克为代表的神经科学家把人类的认知、思维、感知和意志等各种能力归结为脑的功能所引起的“部分论谬误”最终倒向变相的笛卡儿主义，巴尔斯的语境认知模型将人的上述各项能力归结为“人”本身，实现了其认识论和方法论上的语境整体论的统一，从而在哲学分析层面杜绝了类似的“小人谬误”。

最后，语境已成了意识问题的基点与归属，成功地避开了问题的无限后推。这一哲学方法对于经验科学的解释，必然为“自我”理论今后在分析意识问题时打开一条新的通道。语境分析应用的深远意义，还在于对于人类思维领域中，最不可捉摸的无意识的“直觉”、“意象思维”和“情感”问题给予了回答。但问题最终的解决就如同找到逻辑规则的“语境”那样，找到一切意识问题的语境。也就是说，意识问题的最终解决就是寻求其根源的“语境”，我们对于人类思维语境的理解就能顺利解释所有思维领域的“难题”。

第二节　意识的认知属性：感受质问题

一、哲学中的感受质问题

哲学家引入感受质这个术语，旨在描述“经验的质的属性”，即每一种经验都有其独特的质的属性。《劳特里奇哲学百科全书》概括道，“只有存在对某人具有经验的感受，经验或者其他的心理实体才在现象上是有意识的”[①]。内格尔将感受质解释为“作为……是什么感觉？”，他指出，“当我们说另一种有机体有意识时，我们的意思是作为那种有机体而存在是有某种感觉的……对有机体而言，存在着某种感觉”[②]。布洛克将意识区分为“现象性意识”（phenomenal consciousness）和“接近意识”(access consciousness)。现象性意识就是感受质，它包括“感受看、听和嗅的方式，以及感受疼痛的方式；更一般地说，它类似

① Lomand E. Conscious[A] // G. H. R. Parkinson Routledge Encyclopaedia of Philosophy[Z]. London：Routledge，1998(2)：581.

② Nagel T. What is to be a bat[J].The Philosophical Review，1974，83(4)：436.

于具有某些心理状态。感受质是感觉、感受、知觉等的性质，也包括思想和愿望的经验的性质”[①]。而布洛克所谓的接近意识是指“能够使用推理和通过理性来指导的言语和行动”[②]。塞尔解释得更为直接，“对于每一种意识经验，都有对它的某种质的感受。如果你考虑一些例子，就可以明白这一点。品尝啤酒的经验完全不同于听贝多芬的第九交响曲的经验，而这两者在质的特性方面与闻玫瑰花香或看日落又不同。这些例子表明了意识经验的不同的质的特性”。[③]查尔莫斯甚至将感受质问题等同于意识问题，他认为，意识研究的主题最好被描述为关于经验的主观的性质。“如果某种心理状态是有意识的，它所具有的某种质的感受，即某种关于经验的关联性的性质。这些质的感受也被称为现象的质，或感受质，解释这些现象的质的问题就是解释意识的问题。”[④]

显然，感受质是根据对具有某种经验的感受来解释意识经验的。这种体验是个人的，甚至难以言说的，有着专属于感受者自己的属性。假设当你坐在沙发上看电视时，忽然闻到厨房飘散过来的你喜欢的味道，你一闻就知道这是你喜欢的菜式。如果说你解释道你之所以会闻到这种气味是因为化学分子进入你的鼻子，并与你鼻子里的感受器官产生了反应，那么你所说的就不是我们这里所探讨的感受质。因为感受质关注的只是体验而已，与化学物质甚至没有任何关系，它是一种主观的感受，是生物体具有这种经验的感受而言的，甚至有时自己也无法向自己表述清楚。当你走在校园里，和煦的春风轻拂你的脸颊是一种感受质；当你双手捧起白沙，静静地感受白沙从你指缝流走是一种感受质；当你看到夕阳快要下山，你心里涌起的莫名的无法言语的淡淡的忧伤也是一种感受质。因此，感受质是一种主观的特性，它力图摆脱物理的、化学的、生物的解释方式，而是直接指向现象学本身，一种感受质便是对某物的感觉。一些著名的持还原论方法的神经科学家也认同哲学家关于感受质的概念。例如，伊

---

① Block N. Qualia[A] // Guttenplan S. Blackwell Companion to the Philosophy of Mind[C] . Oxford：Blackwell, 1994：514.

② Block N.On a confusion about a function of consciousness[J].Behavioral and Brain Sciences，1995，18(2)：227.

③ Searle J R.Consciousness[J].Annual Review，2000，(23)：560.

④ Chalmer D J.The Conscious Mind In Search of a Foundamental Theory [M].New York：Oxford University Press, 1996：4.

恩·格林（I. Glynn）就认为，“尽管感受质非常明显地与感觉和知觉相关联，但它们也在诸如相信、意欲、希望和害怕这些心理状态的有意识的事件中被发现”①。达马西奥认为，“感受质是在天空的蓝或大提琴产生的声音的音调中发现的最简单的感觉的性质，意象的最基本的组成部分是由感受质构成的”②。

感受质，这个从我们最直观、最直接的的生活体验中提炼而来的哲学术语却让意识问题成了迄今为止无法破解的“世界之结”。既然我们的意识经验是由感受质组成的，那么我们特定的感受质是如何与物理世界相联系的？客观的物质世界、大脑中客观的物理化学反应是如何产生感受质的？是否存在一个它们之间相互通达的桥梁？这些问题的追问势必会回到我们在第一章中所讨论的本体论问题，涉及二元论、副现象论、唯物主义、唯心主义之间难解的根本性的争论。二元论认为感受质是心理世界的一部分，而心理世界是独立于物质世界而独立存在的。副现象论认为感受质的确存在，但不具有如何因果作用。唯心主义认为任何事物最终都是可感受的。唯物主义则否认感受质的存在。难怪埃德尔曼（G. M. Edelman）和托诺尼（G.Tononi）感慨道，“感受质或许是最令人气馁的关于意识的问题”③。

那么我们是否应当质疑感受质这个概念，怀疑感受质的真实存在呢？我们所听、所闻、所触、所看而产生的专属于我们自己的个人体验难道不是真实存在的吗？丹尼特就明确地反对感受质的真实性。丹尼特在《意识的解释》一书中所要阐述的总观点就是“试图说服人们相信，根本不存在诸如感受质这个属性”。当然，我们在第一章已经分析过，丹尼特的意识理论本身并不否认意识经验的真实性，也不否认我们对自己的体验的谈论或我们对体验所做的判断的真实性，他所否认的仅仅是感受质的真实性，即仅仅是那种特殊的、无法言说的、个人的、主观的第一人称的“原始感受”，以及我们感受事物的方式。他认为这种感受是一种社会属性，是在特定的语境中产生的。特定的感受质离开了其赖

① Glynn I. An Anatomy of Thought[M]. London：Weidenfeld and Nicolson，1999：392.
② Damasio A. The Feeling of What Happens[M]. London：Heinemann，1999：9.
③ Edelman G M，Tononi G，Consciousness：How Matter Becomes Imagination[M]. London：Allen Lane，The Penguin Press，2000：157.

以生存的环境就会发生改变，所以它的真实性是值得怀疑的。丹尼特列举了许多例子来推翻我们关于感受质的理所当然的思维方式。下面就是其中一个例子。常喝啤酒的人会说，对啤酒的嗜好并不是一开始喝它就喜欢上的，而是逐渐习得的。很多人在第一次喝啤酒时，并不喜欢它的味道，但是现在他可能已经很爱喝它了。那么在这种情况下，丹尼特追问道，他喜欢的究竟是哪一种味道呢？肯定不会是第一口的味道，既然是逐渐习得的嗜好，他喜欢的肯定是一种新的味道，那么这里发生变化的究竟是什么呢？丹尼特认为，啤酒本身所具有的味道是没有改变的，味道还是那种味道，改变的只是人们对啤酒味道的意见，看法、或者评价。我们通常会用一种含糊不清且前后不连贯的方式来思考我们对事物的感受，而感受质这个概念恰好运用的就是这样的思考方式。因此我们应该完全摈弃感受质的概念，因为根本不存在所谓的感受质。①

二、关于感受质的几个著名的思想实验

如何确认感受质的真实存在呢？主观感受无法像物理事件那样被测量、被计算。下面有几个著名的感受质的思想实验，或许它们能够帮助我们思考关于感受质、意识的问题。

1. 作为一只蝙蝠是什么感觉？

在意识问题的研究中，这是迄今为止所提出的最为著名的问题之一。它于1950年被首次提出，而后于1974年因美国哲学家内格尔的一篇论文 *What It Is Like To Be A Bat* 而闻名于世。蝙蝠的故事对于科学如何研究人类心智提出了重要的挑战，是研究意识问题时绝对不能忽视的一个思想实验。内格尔指出，理解一种心理状态与将其解释为大脑中神经元放电完全不是一个问题，这与解释水就是两个氢原子和一个氧原子组成的，基因就是DNA有很大的差异，这个差异就是意识的主观性，为了解释意识的主观性，内格尔才提出了“作为一只蝙

① 丹尼尔·丹尼特．意识的解释[M].苏德超，李涤非，陈虎平译．北京：北京理工大学出版社，2008：453-455.

蝠是什么感觉？”的问题。

蝙蝠是一种会飞的哺乳类动物，它没有视觉，它是通过独特的回音侦测系统来行动的。内格尔假设，现在想象你自己就是一只蝙蝠，作为一只蝙蝠的体验可能和作为一个人的体验大不相同。随着科学的发达，我们对蝙蝠的生理构造了解得越来越多。蝙蝠的感觉系统和人很不一样，蝙蝠会运用声音或者超声波来进行回声定位。首先它们会发出短促的高频声波，这些声波遇到附近存在的任何物体都会反弹回来。然后它们会计算回声波返回的时间，以此探测出物体的方位和位置。动物学家们发现，有些蝙蝠盘旋飞行时所发出的声波间隔时间较长，以此节约能量。但是，如果当它们带着猎物返回巢穴或者遇到危险时，它们发出声波的间隔时间就会缩短。许多蝙蝠为了避免它们的耳朵受到每一次响亮声波可能造成的冲击性伤害，它们会及时地闭合它们的耳朵，然后在接受微弱的回声时又再次打开它们的耳朵。有些蝙蝠还会使用多普勒频变来计算出猎物或其他物体的速度。它们甚至会发出向下的迂回声波，并从中挑选出来自不同的物体的混合回声。其中，距离较远的物体的回声相比较于距离较近的物体所需要返回的时间更长，而且回声的声音会更高一些。因此，我们想象，蝙蝠的整个世界是建立在音调较高的声音意味着距离远的物体，音调较低的声音意味着距离较近的物体之上的。

如果蝙蝠有意识，那么作为一只蝙蝠是什么感觉呢？牛津大学生物学家道金斯（R.Dawkins）认为，这种感觉就类似于视觉对于我们的感觉。人类的生理构造使得他只关心他面前那些具有颜色和亮度的物体。同样，蝙蝠也是通过听觉方式知觉到了具有深度的物体。生活在这样一个被建构的世界中，就像是作为一只蝙蝠的感觉。①

但是内格尔指出，我们不可能知道蝙蝠的意识经验，不可能知道蝙蝠的感觉，因为蝙蝠的意识经验具有那个样子的特征，具有第一人称的观点性，而不是第三人称的。第一人称和第三人称其实属于主观与客观的划分范畴。哲学中的第三人称就是被观的对象，是客观的。物理世界中的所有物体、性质、事件

① Blackmore S. 人的意识 [M]. 耿海燕，李奇等译 . 北京：北京轻工业出版社，2008：18.

都是第三人称的。例如，于一块化石，它就是被观的对象，它可以被观察、被研究、被了解、被分析。对于这块化石的信息并不是只限于我一个人能了解的，任何人都可以了解这个化石的成分、特征。因此第三人称的存在通常被用以描述物理世界。但是人的意识经验与物理世界具有很大的不同，它是一种第一人称的存在。内格尔列举的蝙蝠就是试图证明这种第一人称的存在。他指出，我们并不能通过想象自己是一只蝙蝠，就能了解蝙蝠的感受。即使你在一个黑暗的房间倒挂你的身体，试图用舌头发出细小短促的声音，摆动你的双臂，甚至通过魔法把你的身体变成一只真正的蝙蝠，你也无法回答“作为一只蝙蝠是什么感觉？”这个问题，因为此时你并不是一只普遍的蝙蝠，你仍然拥有你的记忆，仍然对意识问题充满好奇。但是，如果一开始你就是一只普通的蝙蝠，没有前述的记忆和语言，那么你还是不能告诉我们“作为一只蝙蝠是什么感觉？”。因此，意识经验一定是以“那个样子”来呈现给那个认知主体的。我的意识经验是在我的观点下才能体会的，而你的意识经验是在你的观点下才能体会的，正是因为意识经验的第一人称性，所以即使当我们在做同一件事情，我们的意识体验会呈现千差万别的景象。如鱼饮水，冷暖自知。所以，即使我们认为蝙蝠是有意识的，我们也不知道那是什么。

那么按照内格尔的观点，意识经验在科学上就是一个无解的问题。既然科学是一种第三人称观点的研究，而意识经验是一种第一人称的观点，它们之间就无法通达。科学怎么可能从我的观点去研究我的感觉，又怎么可能从你的观点去研究你的感觉呢？正是意识经验与物理世界在观点性上的巨大差异，才使得科学在意识研究问题上遇到了重大的阻碍。

事实上，意识经验的观点性来自哲学中的“主体性”概念。意识经验的主体性是指特定的意识经验必定有特定的归属者，即如果有个意识经验出现，则那个意识经验必定存在于严格意义的拥有者。我的意识经验只有我能够拥有，只有我才是意识经验严格意义的拥有者，你的意识经验只有你能够拥有，只有你才是你的意识经验的严格意义上的拥有者，它们不能像物品那样被交换，不能改变拥有者。也就是说，意识经验的存在与其拥有者之间具有必然的联想。

尽管医学的发达使我们能够改变、移植器官，但是个人的喜怒哀乐却无法移植到别人身体上。因此，每个认知者都是他的意识经验的拥有者，对于他自己的意识经验的了解，只有从他自己的观点才能体会。这与第三人称的物理世界是完全不同的性质，因此意识经验不可能被研究物理世界的科学所掌握。物理世界和心理世界是两个不同的世界。这个观点是从主体性研究意识问题的必然结果，并会最终导致二元论。因此，内格尔关于蝙蝠的思想实验，以主体性为论据证明了科学无法解释意识，物理世界与意识经验是不同的两极，物理主义是错误的。

2. 黑白玛丽

这是反对物理主义（physicalism）的另一个著名的思想实验。它是由澳大利亚国立大学哲学系教授杰克逊设计的。杰克逊设想：有一位色彩科学家名叫玛丽，她生活在科学技术发达的未来。那时神经科学已经是一门成熟的科学，科学家已经完全破解了有关大脑中的物理过程，以及它们是如何产生行为的所有知识。玛丽的专业是有关颜色视觉的神经物理学。她知道有关颜色知觉、眼睛的光学系统、世界上有色物理的属性、视觉系统中有关颜色信息加工的所有知识。所有的有关颜色的物理知识、脑神经科学知识，以及其意识经验演化机制的知识，都已经为科学所穷尽，并被玛丽所了解。但是玛丽从出生以来就一直生活在一间只有黑白颜色的房间里。这个房间只有黑白两种颜色，甚至房间里的电视、电脑、手机等所有有视频设备的画面也都没有色彩，只有黑白两种颜色。总而言之，玛丽是彻底地生活在一个没有色彩的世界里，尽管她拥有正常的视觉能力，以及所有的关于色彩的知识。然后，杰克逊继续假设，有一天，玛丽终于从那个没有色彩的房间中走出来，她第一次看到了色彩鲜红的花朵、绿油油的草地、蔚蓝的天空等这个五彩斑斓的色彩世界时，会发生什么呢？杰克逊认为玛丽一定会兴奋地说："原来红色看上去是那个样子的！我从来不知道红色看上去会是那个样子的！"

哲学家杰克逊追问的问题是，走出黑白房间的玛丽比起一直住在黑白房间的玛丽，是否获得了新的知识？他的结论是玛丽增加了新的知识，即“红色看上去原来是那个样子”的知识。据此，杰克逊提出了他反对物理主义的论证过程，他将其称为“知识论证”。杰克逊的论证过程其实是一种反证法。即黑白玛丽最开始的设置前提来看，杰克逊假定物理主义是对的：科学家已经穷尽了所有关于色彩现象及色彩知觉的知识，而且玛丽在走出没有色彩的房间前已经掌握了全部这些物理知识，包括光学、色彩知觉的脑神经科学、色彩的演化论等。也就是说，假定任何与色彩和色彩知觉有关的物理现象都已经被玛丽了解。所以，如果我们认为走出房间的玛丽获得了关于色彩的新知识，这项新知识绝对不是关于色彩的物理知识。因此这项知识是关于非物理现象的知识，即玛丽增加的知识是非物理的。也就是说，这个世界确实存在非物理的事物。既然物理主义是一种只承认只有物理世界存在的主张，所以物理主义是错的。①

事实上，杰克逊“黑白玛丽”的思想实验还是运用了感受质，正是感受质的存在使得物理主义为假。走出房间的玛丽所拥有的色彩知觉经验是一种感受质，即“红色原来是那个样子”的感受经验，它是一种新知识。既然玛丽在未走出房间前已经拥有了所有关于色彩的物理知识，那么这个新知识就不是物理知识。但是杰克逊与内格尔二元论倾向不同，他认为感受质虽然是非物理的，但是它是大脑活动经演化而产生的副产品。感受质不具有因果关系，因此他的主张是一种副现象的观点。

杰克逊的知识论证在 20 世纪 80 年代的确给物理主义带来了极大的挑战：如果接受知识论证的前提，的确会推翻物理主义。一些持物理主义的哲学家开始应对这个难题，他们的策略主要有以下三种：①认为“黑白玛丽”思想实验中预设的前提是不正确的，或者说是不可能存在的，即认为玛丽不可能具有完整的、关于色彩知觉的所有的物理知识。例如，丘奇兰德认为目前物理科学还没有进展到对于色彩知觉有彻底而完整的了解，也还没有方法可以预估未来对于色彩知觉会发展出什么物理科学，因此我们没有足够理由接受“黑白玛丽”中的预设，因此走出房间的玛丽看到的颜色并不一定就是新知识。但是大多数

① Jackson F.Epiphenomenalqualia[J]. The Philosophical Quarterly，1982，32(127)：127-136.

哲学家认为这种观点并没有排除“黑白玛丽”的可能性，思想实验本来就是一种逻辑可能，并不能以事实可能性没有足够依据就加以排除。②能力假设。这种观点承认走出房间的玛丽的确学到了新东西，但是这个新东西是新的能力，而不是新知识，即玛丽学到的是一种辨别红色与其他颜色的能力。持这种观点的哲学家认为如果玛丽学到的是一种能力知识，而不是一种命题知识，那么“黑白玛丽”的思想实验就不足以推翻物理主义。因为物理主义主张，世界上存在的仅仅只有物理事实而已，因此否认物理主义的关键在于举证存在非物理的事实。如果玛丽学到的仅仅是一种辨认红色的能力，那么它就不足以推翻物理主义的根基。的确，我们可以说玛丽在走出房间后，比以前多出来一种辨认红色的能力，但是这并不足以表示玛丽就没有获得新的知识。试想我们该如何描述玛丽获得的新能力呢？玛丽当然可以运用新获得的能力产生对事物的一些想法，即“原来红色的知觉经验是那个样子的”。这种想法的描述已经不再是一种能力的描述，而是一种命题的描述了。因此，能力假设并没有能够击败“黑白玛丽”的挑战，重新捍卫物理主义。③表征假设。表征假设承认玛丽获得的是新的命题知识，但是认为即使是这样，也无法否定物理主义。该理论指出，对于同一事实可以从不同的方式呈现出来，即同一个事实有不同的描述层次。走出房间前的玛丽是从物理学、生理学、脑神经科学的方式来表征“红色知觉经验”的感受质的，走出房间后的玛丽则是从亲身经历的方式来表征“红色知觉经验”的感受质的，所以，“黑白玛丽”只是表明了对于相同的物理事物具有不同的表征形式而已。物理科学与亲身感受真的是对同一事物的不同表征方式吗？那么它们之间是否存在一一对立的关系，如果存在一一对立的关系，那么相同的物理过程为什么在不同的认知主体中产生不同的亲身感受？如果不存在一一对立的关系，那么如何能够判定物理形式与亲身感受是同一事物的不同表征形式？正如查尔莫斯所说的，意识经验是如何从脑神经生物过程中产生的？任何有关物理事实的、或是基于物理事实的这种推理都无法替代玛丽对蓝色的天空或绿色的草地看上去是什么样子的这个原始感觉。表征假设理论无法回答这个问题。[①]

丹尼特对于“黑白玛丽”的解读，完全跳出了杰克逊的知识论证逻辑。他认为玛丽在走出房间后根本不会感到惊讶，或者兴奋。“黑白玛丽”并非它看起来那样是一个不错的思想实验，而是一个直觉泵，我们都被生动的影像所欺骗了，因此误读了这个思想实验的前提假设。我们并没有严格地按照“玛丽知道所有的物理信息”这个指示去做。丹尼特认为这个思想实验的结局是：当玛丽接触到五彩缤纷的世界时，有人却给她开了一个小小玩笑，他们给玛丽了一个蓝色的香蕉，作为她第一次颜色经验的对象。但是，玛丽并没有上当，她说：“香蕉是黄色的，但你给我的却是蓝色！”她是怎么知道的？玛丽解释说：“我知道颜色视觉的物理原因和结果方面所能知道的任何事。因此，当你拿来香蕉之前，我就知道黄色对象与蓝色对象对我的神经系统所造成的物理映像。所以，我早就精确地知道我会有什么反应。我对蓝色的经验一点也不觉得奇怪。”所以，丹尼特认为我们之所以轻易地假定玛丽会对颜色经验感到惊讶，是因为并没有真正地按照实验的要求去做。如果我们真的去想象玛丽所拥有的所有的物理知识时，我们就会明白玛丽并没有学到任何东西。[②]

按照丹尼特的说法，根本不存在查尔莫斯所说的意识的简单问题和难问题。这样对意识的划分是将注意力引向了错误的方向，引发了许多错觉和假象。根本没有意识的现象性的东西，他认为我们当然是有意识的，但是我们错误地建构了意识的概念。意识仅仅是看上去好像存在真正的现象性，但事实上我们需要去解释的不是现象本身，而是需要去解释它是如何变成现在看上去的这个样子的。

如何界定感受质与意识经验的关系虽然存在一些争议，但是，在哲学研究，甚至神经科学研究中，大多数学者都还是将感受质作为意识经验的本质属性来看待。感受质被设定为心理状态或经验，即知觉、感觉、情感、愿望、思

---

① Chalmers D J.The Conscious Mind：In Search of the Theory of Conscious Experience[M]. New York：Oxford University Press，1996.

② 丹尼尔·丹尼特．意识的解释 [M]. 苏德超，李涤非，陈虎平译．北京：北京理工大学出版社，2008：456-459.

考、相信等体验的一种质的特性。也就是说，主体的每一种意识经验，主体都存在对具有这种经验或处于这种状态的感受，查尔莫斯就直截了当地说，“解释这些现象的质的问题就是解释意识问题”[①]。戴维斯（M.Davies）和汗弗莱（G.W.Humphrey）也主张，“尽管不存在对成为一块砖头或一台喷墨印刷机的感受，但是可能存在对成为一只蝙蝠或一头海豚的感受，而且当然存在对成为一个人的感受。只有存在对成为某个系统（不论是某个生物还是某件人工制品）的感受，这个系统才是有意识的”[②]。埃德尔曼和托诺尼也认为，“我们知道成为我们有怎样的感受，但我们想要解释为什么我们本质上是有意识的，为什么存在对成为我们的感受这种东西——以解释主观的经验的性质是如何产生的”[③]。

但是感受质所体现的主体性的确使意识问题的研究显得困难重重。主体性要如何才能为科学所测量呢？“作为一只蝙蝠是什么感觉？”和“黑白玛丽”这两个思想实验是以感受质的存在为前提来进行哲学思考的。但是对如何哲学思考而言，仅仅提出一种可能性是不足以驳斥一种理论的，这个可能性本身还必须是争议双方都接受的要件，从而推导出该理论与这一可能性相违背，或者该可能性是被批判的理论所无法涵盖的情形。但是，在这两个思想实验中，主张感受质与主张物理主义的双方就感受质的存在问题并没有达成一致意见，因此谁也没有驳倒谁。

三、贝内特与哈克对感受质提出的质疑

由于感受质概念的介入，意识经验被界定为对某种经验的主体而言，只有存在对具有这种经验的感受，这种经验才被认为是意识经验。经验被认为是根据经验的质的感受来定义的。而所谓经验的质的感受在学者的论述中又被进一步细分为“感受的方式”及“怎样的感受”。例如，布洛克认为，对于感受看、

---

① Chalmer D J.The Conscious Mind In Search of a Fundamental Theory [M].New York：Oxford University Press，1996：4.

② Davies M，Humphrey G W. Consciousness：Phychological and Philosophical Essay(Reading in Mind and Language 2)[M]. Oxford：Blackwell，1993：9.

③ Edelman G M，Tononi G. Consciousness：How Matter Becomes Imagination[M]. London：Allen Lame，The Penguin Press，2000：157.

听、嗅，或感受疼痛，或真正感受“具有某些心理状态”，有特定的方式。塞尔认为，对于每一种意识状态，都有与之相关的确定的质的感受。埃德尔曼和托诺尼也指出，每一种可区别的意识经验都表征不同的感受质，这种质的感受对每一种可区别的经验是唯一的。也就是说，对具有某种经验的主体而言，这种质的感受就是对具有这种经验的感受。①

贝内特和哈克却对感受质的这两方面提出了质疑。第一，对某种感知方式而言，如看、听、嗅等感觉，它们可能并不与特定的质的特性有关。它们的差异并不在于经验的特定的质，而是在于对象的差异。他们列举了一个很简单的例子，对一个感官知觉正常的人而言，看到桌子、椅子、地毯等平常的物品时，在感受上它们之间并不存在任何特别的东西。当然，看到桌子会不同于椅子，但是这种差别并不在于看到桌子在感受上不同于看到椅子。在正常情况下，看到一张平常的桌子或椅子并没有激起任何情绪或态度的反应。相关经验的差异仅仅在于它们的对象的差异。第二，对感受到的每一种可区别的心理状态而言，如疼痛、愉悦等感知，并不存在感受这种经验的特别的方式。感知与感觉不同，认知主体以各种方式对无数可能的对象形成的感知，很可能是相同的。贝内特和哈克指出，塞尔关于感受质的如下观点：品尝啤酒的经验完全不同于听贝多芬第九交响曲的经验，这两者也不同于闻玫瑰或看日落的经验，只是一个逻辑事实，而不是一个经验事实。就逻辑而言，上述知觉经验在经验的方式（即味觉、听觉、嗅觉和视觉）和经验的对象（即它们是关于什么的经验）上是不同的。但是就经验而言，看日落的独特的质的感受与闻玫瑰花的独特的质的感受却是同样的，即让人愉悦的感受，因此，就感受而言，不同的经验可能同样是愉快的或者令人讨厌的，有趣的或者令人厌倦的。综上所述，他们认为目前感受质这个概念存在两个误区。首先，大多数经验并不具有独特的质的特性——它们既不是愉快的也不是让人讨厌的，既不是舒适的也不是难受的，知觉经验没有引起我们任何的反应，它们与质的感受并没有必然联系。其次，每一种经验并不存在一种独特的质的特性，独特的感受，具有质的感受的不同经验可能

① 贝内特，哈克．神经科学的哲学基础 [M]. 张立等译．杭州：浙江大学出版社，2008：287.

有完全相同的质的感受。[①]

贝内特和哈克在澄清了感受质的两点误区后，接着对“对V(V在这里，表示某种经验)而言，有怎么样的感受？”这一命题进行了经验和逻辑批判。首先，他们提出不能根据存在对于具有某种经验的感受来确定意识经验。当然，提出“就X（X在这里，指代被提问的认知主体）而言，对于V有什么感受？”这样的问题，本身是合理的，该命题要求被提问的认知者说出他对于V的情感态度，即经验V的感受特征是令人愉快的、高兴的、迷人的、惬意的、陶醉的，还是令人悲伤的、不高兴的、恶心的、厌恶的等。但是，仅仅根据某个主体X对于某种经验V的感受，来确定X具有意识经验的设想就是错误的。因为就大量的经验事实而言，X可能根本就没有情感态度，也就是说，并不总是存在“就X而言，对于V是什么感受”这个问题。其次，“成为X，有怎么样的感受？”这个命题存在一个被忽视的逻辑限制。贝内特和哈克指出，这个命题省略了一个潜台词，即“对Y而言”，因此这个命题完整的说法应当是“对Y而言，成为X，有怎么样的感受？”那么，对于这个说法的合乎逻辑的语法形式有以下三个规则。第一，主语Y和宾语X应当是不同的事物；第二，当主语被“对Y”限定时，这就隐含了一个对比原则：当Y成为X与其他个体成为X时，针对Y而言，成为X有什么特殊的感受；第三，宾语X也可能存在对比原则，即对Y而言，成为X与成为其他事物有怎么特别的感受。因此，“对X而言，成为X有什么感受？”这样的说法是不合语法的逻辑错误。例如，“对医生而言，成为医生有什么感受？”这个问题是没有意义的，插入语“对医生而言”，在这里是不合理的，而且没有给“成为医生有什么感觉”这个问题增添如何内容。事实上，在这种形式的问题中，需要对成为X的人的角色、权力、责任、困难与满足、典型的事件和经验进行描述。[②]

综上，埃德尔曼和托诺尼关于“对某个人而言，他知道成为人有怎样的感受”，内格尔关于“对某只蝙蝠而言，成为蝙蝠是怎样的感受”，这样的说法存

① 贝内特，哈克．神经科学的哲学基础[M].张立等译．杭州：浙江大学出版社，2008：288-290.
② 贝内特，哈克．神经科学的哲学基础[M].张立等译．杭州：浙江大学出版社，2008：291-293.

在不合理的重复的缺陷。插入语“对某个人”“对某只蝙蝠”并不能起到它该起的作用，对比的原则没有被满足。因为某个人只要活着，他就不可能不是一个人，任何非人的东西不可能是人，同时，人也不可能成为别的生物。蝙蝠也是一样，它不可能是非蝙蝠的生物。因此，贝内特等以对比性原则无法被满足为由，认为，“存在对成为人的感受”“存在对成为蝙蝠的感受”“存在对成为我的感受”“对 X 而言，成为 X 有怎样的感受”“对我而言，成为人有怎样的感受”等说法都是一种逻辑混乱。[①]

最后，贝内特和哈克提出，意识的本质并不在于“存在对某种经验的感受或对成为某种生物的感受”，认为每种意识经验都存在一种独特的感受的观念也是一种误导。事实上，经验是通过它们是关于什么，而不是通过感受如何而得到说明的。许多经验是通过指明它们是关于什么的经验在本质上相互区别，彼此识别的。每一种独特的经验都是某种态度属性的主体，这些经验可能无法通过提到某个具有这些经验的人感受如何来进行区分。例如，玫瑰和丁香有不同的香味，闻玫瑰的经验不同于闻丁香的经验，某人无法通过闻玫瑰而获得对闻丁香的经验，但是，如果当被问及闻玫瑰和闻丁香的感觉如何时，回答可能完全是一样的，即“让人舒服的”或者“让人沉醉的”。因此，贝内特和哈克推断说，“如果这种回答指明了感受的方式，那么‘每种独特的经验能够通过其独特的质的特性或感受质而被唯一的区别出来’的看法显然是错误的”。贝内特等慎重地指出，“我们一定不要将经验的质的特性与经验的对象的质的特性相混淆，是后者而不是前者将特定的经验区分出来”[②]。

本书认为贝内特和哈克对感受质提出的批判是非常中肯的，他们的确抓住了感受质这个概念目前所存在的一些混淆和误区。当我们看到天空的蓝色，听到美妙的音乐时，天空的蓝和音乐的曲调本身并不是经验的感受质，而是经验的对象的质的特性。经验的感受质是指认知主体对自身、认知对象甚至周遭的所有语境形成的一种感受。但是，本书认为将经验的感受质和经验的对象质的

① 贝内特，哈克 . 神经科学的哲学基础 [M]. 张立等译 . 杭州：浙江大学出版社，2008：295.
② 贝内特，哈克 . 神经科学的哲学基础 [M]. 张立等译 . 杭州：浙江大学出版社，2008：290.

特性区分开来的确是对感受质概念的新发现，但是有疑问的是贝内特和哈克所提到的“令人讨厌的、高兴的、不高兴的、迷人的、厌恶的、惬意的、恶心的、陶醉的、厌倦的”这样的感受质是否就能涵盖人类各种各样的，有时甚至是难以名状的感受。事实上，这种简单的概括并不能反映我们五彩斑斓的感受世界，就好像神经学家告诉我们的高兴是由于我们的某个大脑神经元被激活而导致的放电过程，这完全解释不了我们为什么会高兴，因为我们关注的是高兴带给我们的那种独特的体验，而不是冰冷的神经元活动。第二个疑问是贝内特和哈克认为每个经验是通过经验对象而彼此区分的，没有提到经验的方式。本书认为经验的方式，如视觉、嗅觉、听觉、触觉、味觉等五种感觉对于感受的形成也具有非常重要的作用。例如，我们通常会发觉盲人对于周遭的世界具有更为独特的观点。如果经验的感受质想要从贝内特和哈克所谓的混乱的独特的质的特性中解放出来，从纯粹的第一人称描述中解放出来，从感受的方式入手，或许倒不失为一种客观的第三人称研究方法。最后，本书认为对于感受质，我们也应该以第一章论述的结构本体论为纲领。经验的感受质其实也是语境的产物，尤其是认知者以前类似经验所形成的语境的产物，当然还包括社会、历史、文化的语境。后者往往是对经验的界定，也就是说，告诉我们如何来看待、定义这些经验。例如，什么是甜的感受，什么是苦的感受，什么是高兴的感受，什么是悲伤的感受？而认知者以前类似经验形成的语境极大地制约着认知者当前、乃至将来对同一对象可能形成的不同的感受质。语境能够很好地解释对同一对象的经验的感受质的变化过程。例如，我们初次吃某种食物时，可能觉得很辣，但是吃的次数多了，也就不在觉得像首次吃那样辣了，也就是说，我们对该种食物的感受质发生了改变。

第三节　意识的同一性问题：是否存在意识的认知主体？

在传统心灵哲学中，意识的同一性问题其实是与关于自我本质的问题紧密相关的，它追问的是：是否存在一个体验的主体，如果存在，那么这个体验主体是谁？如果不存在，那么为什么我们的体验会呈现一种同一性和连续性？在当代神经科学发展的背景下，意识同一性问题被赋予了新的哲学含义，它的问题域被扩展了。当代神经科学的研究发现，我们的大脑是一个巨大的、复杂的平行处理系统，不同的感觉知觉是如何汇合成一个统一的经验世界的？意识的整体性与大脑处理系统的分散性又具有什么哲学内涵？这就是意识同一性问题中的新问题：意识的整体性问题。

一、关于自我的理论

在关于自我的理论中，有两种对立的观点，帕菲特（D. Parfit）将这两种观点概括为自我理论和知觉束理论。自我理论承认存在一个意识经验的主体，即更为基础的、持续的、同一的自我。这个自我主体是一切经验的拥有者、所有者，离开了这个自我主体，经验是不可能存在的。这个自我主体是意识经验的核心。不仅在对人的本质的哲学层面上的探讨，还是在日常的通常意义上，自我主体都被认为是一个完整的主体，甚至人的各种特质和能力也是以这个自我主体为根源生发出来的。“这个‘自我’是我们体验的主体，一个行动着和决策着的内在行为主体，一个独一无二的人格，是欲望、观点、希望和恐惧的来源，这个自我就是‘我’，它使得我生命中的一切有了意义。”[①] 知觉束理论则持相反的观点，认为并不存在体验者，不存在这个自我主体，自我的存在只不过是一种错觉，自我只不过是给某些并不真正存在的东西贴上的标签。例如，休谟就认为自我并不是一个实体，而更像是捆绑在一起的感觉。我们感受到的并不是自我，而是知觉。他认为人的生活就是一连串的感觉、印象、思想等知觉，它们被捆绑在一起并不是因为这些知觉存在一个所有者，而是通过经验和对经验的记忆之间的类比关系作为桥梁而捆绑在一起的。

承认每一个有一个意识的自我，是对自我的常识性和直觉的自然假设。很多宗教，如基督教和印度教都认为灵魂是一个持续的整体，它决定了人们的在

① Blackmore S. 人的意识 [M]. 耿海燕，李奇等译校 . 北京：中国轻工业出版社，2008：87.

世生活及道德责任的承担。大多数二元论也属于自我理论，他们认为非物质的心灵就是意识经验的主体。当然还有许多唯物主义的科学家，尽管他们反对存在非物质的灵魂，但是他们也承认存在一个持续的自我。

以“我是谁”为命题的自我理论的探讨一直都是横亘在哲学研究中的永恒主题。关于主体性的哲学一直在哲学中占据主流，无数的哲学家都试图对自我的本质做出最真实的解释。事实上，在西方两千多年的哲学史中，传统的先验理性观与承认意识存在持续性主体的自我理论密不可分，理性一直是在定义人类本质的最基本、最核心的方法。在古希腊哲学思想中，理性首次被认为是判断真理的工具。柏拉图指出，人类的观点正确与否应取决于它是否与超凡脱俗“形式”的美德、良善、勇气，凡此种种，和谐一致。而且人类只有通过恰当地运用理性，才能获得真相，获得真正的认识。那么是谁在运用理性呢？在柏拉图的论述中，必然是存在一个主体，通过理性工具来获取真正的真理。在康德的先验哲学中，自我同一性问题是通过纯粹自我意识和先验自我意识的区分来解决的，即作为原则起点的纯粹自我意识和贯穿于意识活动始终的经验自我意识——经验对象必须以主体中的经验能力为前提条件，而对主体的先验能力的把握是随主体自身意识的不断深化而完成的。这种主体的自身意识能力最终表明为一种先验的理性批判能力。因此在康德那里，主体的存在是理性批判的前提，主体是不证自明的。“我的理性之所有关怀，不论思辨抑或实践理性，都可归结为如下三个问题：①我能知道什么？②我应该做什么？③我能期望什么？”

传统的理性观认为：理性是抽象的；理性是普遍的；理性是有意识的；理性是纯粹真实的；理性是客观的，不含感情色彩的。因此，理性具有确定性、一致性和完备性。一方面，主体只有具有理性能力才能了解客观世界，理性能力是人之为人的本质所在；另一方面，不但是客观世界，人类世界也是通过理性来描述、确定的，即世界成了理性信念所规范的存在，一种概念化的和范畴化的存在。因了理性，主体能够认识世界；因了理性，世界才能被认识。从传统哲学来看，主体、理性、客体之间的关系是人类获得知识的前提，如果没有了主体，一切都将变得没有意义，理性没有归依，也无所谓客体的知识。

意识主体的存在不仅在哲学上具有重要的本体论意义、认识论意义。有意识的、具有能动性的主体在具体的学科构建中也具有重要的解释作用、归属作用。例如，在心理学中，主体似乎能够解释多重人格产生的原因——多重人格症状是同一个人的身体内部存在多个不同的自我，这些自我都处在各自不同的意志指导之下，有着各自不同的记忆，以及相互独立的意识状态。在法学中，对于个人行为的判断就是基于主体所持有的意识状态，是故意、过失、无过失等。如果意识主体只是一种错觉，那么对行为的判断就会失去意义，人的行为和动物的行为就没有差别。另外，承认“我不存在”这一观点本身违反了人类的生活常识和直觉。因此，否认人的存在的理论的确难以让人信服，与休谟同时代的哲学家托马斯·瑞德（T.Reid）就强烈反对否认人存在的知觉束理论，他强调，“我不是思维，我不是行动，我不是感觉，我是思维者、行动者和感觉者”。

但是现代认知科学的发展，却正在挑战这种自我观。认知主义研究纲领认为人的智能，其本质是一系列符号表征的计算。认知主义预设智能行为是以特定方式表征世界的能力，智能者的行为就是通过表征他所处情境的相关特征而行动的。因此，我们解释智能和意向性的唯一方式就是，假设认知是由基于表征的行动构成，而这些表征能在大脑或机器中用符号编码的方式物理的实现，而意识状态被认为是正在经历的物理变化所表现出了的一种功能状态。如果知觉的每种形态都来自表征的不同层次或不同层次的集合，而且每一个层次都包含其自己专有的指令系统，那么意识就是一种非统一的状态，认知主体也是片断的。

现代神经科学、脑科学的发展也对挑战这个自我观。脑科学研究发现，人的大脑是由无数的神经元组成的，这些神经元会产生不同的功能模块以加工输入的信息。而且很多不同的这种信息加工过程会随时在不同的地方同时进行。例如，你的视觉系统现在可能正在处理着多样的输入刺激，并在处理颜色、运动和不同视觉区中的其他特征。与此同时，在其他的感觉区，如语言系统、记忆系统都正在进行信息加工处理过程。思想开始不断呈现、身体也开始受到大脑的控制、语言也产生了。多样化的处理过程通过多重通路联结在一起。这些神经元产生了行为、记忆和知觉。但是这些处理过程一直都在专注于自己的功能范围，没有一个特定的大脑区域将这些东西汇集在一起，似乎已经没有必要包括一个体验者的自我主体了。

事实上，早在公元前6世纪，佛教就提出了无我的观点。帕菲特也将佛教视为第一个知觉束理论。无我学说建立的基础是对经验无常性的考察。这种无常不仅包括物质事件的变迁，如树叶凋零、英雄迟暮，更重要的是它还指向个人心智自身活动的无所不在的无常：每时每刻，新的意识经验生起而消逝，没有一个始终不变的接受经验的意识主体，这个无家园的体验被称为无我。在佛教中，日常经验的同一性的自我感与无法在反思中发现的自我之间的紧张关系是无我理论的核心线索。佛教教义认为，人类的苦的根源在于总是在无我的真实体验中建立一个自我感、一个自我。当人们参透了无常、无我和苦，并领会到苦的根源是由于他们自身的执著心时，就会对心智建立起一种深刻的真实的洞见和理论。佛教无我理论的内容是通过批判我们通常所认为的具有真实存在的自我经验种类而建立起来的。佛教考察经验的框架所运用的单位为：蕴。佛教认为存在色、受、想、行、识五蕴，这五蕴构成了意识经验的每一个瞬间。色是指身体和物理环境。受相当于意识经验所具有的特定的感受质。想是基于最初的认识、辨别和觉察过程而随之产生的一种基本冲动，是要对以察觉的对象展开行动。行是指在思考、感受、感知和行动的习惯性模式。识是指经验者和经验对象之间的绑定关系。通过五蕴的考察，佛教认为，并不存在一个作为情绪信念的对象的持存自我，日常的以自我人格理论为根基的经验中找不到一个独立的、有常的人格。

丹尼特的理论也是一种知觉束理论。丹尼特认为自我是由语言所编织的一张大网，自我在这张网之中，看起来似乎是存在的，但是却看不见摸不着，其本质是不存在的。丹尼特对此的解释是，自我是一种生物产品，就智人物种而言，它是随着进化而逐渐出现的，对每个独立的智人而言，它是在每个个体的一生中逐渐建立起来的。每个独立的智人用其语言和行为编织了一张叙述的网，这张叙述的网的重心，或者说贯穿这张网的主要叙述线就是每个个体自己的自我。但最关键的是这张叙述的网并不是由“我们”建立的，就如同蚂蚁建筑它们的巢穴、蜘蛛编织它们的网一样，它们并不知道自己在干什么，它们只是那样做了而已。人类置身于充满词语的世界，“我们的故事是被编织起来的，但是很多时候不是我们在编织它们，而是它们在编织我们。我们人类的意识和我们的叙述性自我，都是它们的产物，而不是它们的来源”[①]。自我只是叙述的重心，我们的语言导致了我们在说话、思考时总是以为身体中似乎还存在一个人，我们把这个人视为自我。但是，在我们的身体中并没有一个地方是这一切语言的来源，笛卡儿剧场中没有观众，没有中央意志，没有内部的行为主体。这个关于自我的主体是抽象的。丹尼特认为我们之所以会认为存在这个自我主体是因为它非常有用，作为我们语言和行为的叙述重心，就如同物理学中的重心一样，自我是我们叙述的一种保护措施，它看上去是连续的但是实际是有裂缝的。

事实上，在自我理论与知觉束理论之间，还有一些科学家试图用另一种中间道路回避关于自我存在的问题。詹姆斯所确立的心理学原理就是这样一种中间道路。他认为在真实的自我和虚构的自我之间存在各种各样的中间物。一方面，他明确表示没有任何心理学可以质疑个人自我的存在，妄图通过剥夺自我价值来解释自我的本质的心理学是最差的心理学。他将自我分成一个部分，经验的自我或客观的我，他称之为小写的“我”（me），和主观意识的思想或纯粹的自我，他称之为大写的“我”（I）。其中，经验的自我包括三个部分：第一是物质的自我，指一个人的身体、财产等；第二是社会的自我，指一个人的社会声望及别人对他的评价；第三是精神的自我，是指一个人的心理秉性及意识经验。主观意识的自我是指被感觉到的作为体验核心的自我。詹姆斯认为这个大写的“我”是心理学必须解决的最难问题。另一方面，詹姆斯认为自我同一性概念的中心在于一个人的整合感和持续感。他用思想本身来解释这种整体感，不断流过的思想本身是唯一能被证实的思想者，其与大脑加工之间的经验联系是已知的终极法则。具体而言，在任何时刻，大脑中都有某个流过的思想，它

① 丹尼尔・丹尼特．意识的解释 [M]. 苏德超，李涤非，陈虎平译．北京：北京理工大学出版社，2008：418.

不断地拷贝之前的思想并移用其中的一部分。在下一个时刻，另一个思想接管了逝去的思想并移用它，它将个体过去的经历的事情及它的自我绑在一起。因此把所有的思想粿合在一起的并不是一个独立的精神或自我，而是一种特殊的思想。思想本身就是思想者。

詹姆斯的自我理论在巴尔斯的全局工作空间理论中被进一步细化、提炼为一个语境认知模型。按照全局工作空间的解释，自我系统是语境层级的一部分，而且是占据优势地位的、具有一致性的最高层级的语境。巴尔斯直接援引了詹姆斯关于大我与小我之间的区分，将小我等同于自我概念（self-concept）语境，即价值观和关于自我的信念；大我等同于更为抽象的自我系统（self-system）语境，即作为观察者和行动者的自我。巴尔斯将这种高层级的语境视为自我感产生的根源，并以多重人格、人格解体、记忆丧失等心理学病例予以佐证。在人格分离的条件下，不同的语境层级会互相竞争，以便进入全局工作空间，因为只有进入全局工作空间，才能够变得有意识，否则也不会存在多重人格或记忆丧失等情况。如果我们稳定的、原有的自我语境等级没有受到干扰，我们就不会存在这些心理病变。但是如果一旦原有的自我语境受到干扰，伴随着新的语境等级的建立，那么原有的意识、自传体记忆就会丧失。在全局工作空间理论中，自我并不是一种错觉，它是真实存在的，占主导地位的语境在左右着我们的自我感。同时，语境的稳定性也解释了意识的同一性。本书认为，存在着的意识经验的主体与意识经验的同一性问题，可以通过语境的稳定性、语境之间的竞争和合作机制得到较好的解释。

二、意识的整体性问题

托马斯·梅格瑞格（T.Metzinger）将意识的整体性问题称为一种体验上的当下的整体，他认为“从第一人称的角度来看，有一件事情是无可置疑的：此刻我总是能体验到现实的整体性”[①]。但是这种整体性是如何从多样性中产生的？现

① Metzinger T. Consciousness Experience[M].Schoningh/Imprint Academic，1995：247.

代神经科学的研究发现，大脑皮层是按照各个功能模块的并行模型运作的，各个功能模块都在同时进行信息处理过程，各自的处理过程是如何汇聚、总和起来的呢？在某一时刻，我们的听觉、视觉、嗅觉、味觉、触觉是如何被整合为一个统一的意识经验的呢？

对于意识整体性问题主要有三种观点：第一种观点是二元论的观点，认为意识的整体性是意识固有的属性，这也是意识与物质彼此区分的特征之一。约翰·埃克尔斯（J.Eccles）的二元交互学说认为，意识经验的整合是由自我意识思维来实现的，而不是通过大脑半球联合区域的神经机制来实现的。① 事实上，二元论并没有对意识为什么具有整体性做出解释，而是把意识的整体性作为一个既成事实加以确认，它没有揭示心－身互动是如何达成的。第二种观点则是尝试解释大脑如何进行整合和统一化过程的。第三种观点是认为意识不具有整体性，意识的整体性是一种错觉，它是大脑与外界交互作用的结果。

在神经科学中，对意识整合机制的解释目前主要有两种方式：其一为动态的神经绑定理论，其二为意识的多重性理论。动态的神经绑定过程旨在研究在意识经验中，是什么把事物的颜色、结构、运动和其他特征连接起来，形成对该事物的一个统一的意识经验的？例如，当我们用大拇指向上弹出一枚硬币，硬币在空中不停地翻转，当它往下降时，我们用手接住了它。现代神经科学研究发现，当信息到达我们的神经系统时，不同的处理系统会进行不同的信息加工，听觉处理系统比视觉处理系统快，颜色处理过程比结构处理过程快。在上述例子中，视网膜上丰富的、迅速变化的图像信息会兵分两路，既会通过上丘到达眼动系统，以保持眼睛能够跟随运动中的硬币，又会通过侧面膝状体到达视皮层。在视皮层上，不同的区域会分别进行硬币的线条、颜色、运动和结构等特征的加工。硬币的所有特征并没有在单一的地点和时间汇合在一起。因此，绑定理论所面临的问题就是事物的特征是如何被绑定在一起，形成一个单一的整体性意识经验。

同步性绑定假说最早是由马斯伯格（Christof von der Malsburg）在 20 世纪

① Popper K，Eccles J C.The self and its brain：An argument for interactionism[M].London：Routledge，1977：362.

80年代提出的。当时，神经科学家在对猫的视觉皮层进行研究时，发现当存在频率范围为35～75赫兹的振动时，有大量的神经元同步放电。据此，马斯伯格认为，神经元同步放电可能就是视觉绑定的基础，即与该物体的不同特征相关的所有神经元是通过同步放电将各种特征绑定在一起的。克里克和科赫在此基础上进一步指出，这些同步放电的神经元很可能就是视觉知觉的神经相关物。他们认为，意识必须依赖于某种形式的短期记忆，也依赖于某种序列的注意机制。意识的神经运作就是丘脑通过放电的同步化对即将绑定的特征进行选择，从而控制注意。因此，意识只有在特定脑区存在足够产生显著共鸣的共鸣回路才会存在。[①] 克里克还区分了外显信息和隐含信息，即大脑有一个唯一的“外显表征”和许多不同脑区的隐含表征。同步性绑定理论的确为神经科学揭示与意识相关的神经关联物研究提供了新的方案。但是，与所有还原论方法一样，同步性绑定理论难以解释无意识的神经放电过程是如何产生有意识的体验的，主体性体验在同步性理论中陷入了丹尼特所描述的笛卡儿剧场，意识似乎是魔力般地由无意识神经元放电过程产生的，这个魔法是什么，仍然是个谜。

还有的学者认为，绑定问题与注意问题是一个问题。当你注意某个事物时，该事物的各个特征就会绑定在一起，当你注意别的事物时，原有事物的特征就会分离开来，原有事物的记忆也就不在是一个统一体了。例如，英国心理学家崔斯曼（Anne Treisman）就认为，当我们注意某个物体时，该客体的临时文件基于空间位置会将不同组的特征绑定在一起。绑定就是意识体验的核心，因为我们意识到的事物总是已绑定的客体，而不是客体或事件各种分散的特征。但是，这种理论只能解释一部分的意识经验，即对于实时的事物所产生的知觉经验。但是它并不能解释灵光乍现的这类意识经验，不能解释我们头脑中转瞬即逝的意识观点，即不是由实时的事物所产生的观点、思维。还有的学者将意识的绑定问题与工作记忆联系起来。这种理论认为在某个时间段内的记忆，或多或少，其所有的信息都可以短暂的保留在工作记忆中。在工作记忆中，各种特

① Crick F，Koch C.Toward a neurobiological theory of consciousness[J].Seminars in the Neuroscience，1990，(2)：263-275.

征被绑定在一起。但是工作记忆并没有详细地解释特征是如何被绑定的，不同的绑定方式会对意识产生不同的理解。

上述神经绑定理论都是将无数神经元放电过程的结果最终视为一个整体性的结果，即与意识相关的神经组织的整合过程，并在整合过程中产生的唯一的、统一的意识经验。与这种用绑定来解释意识同一性的观点相反的是意识的多重性观点。例如，英国神经生物学家 Semir Zeki 就认为，一个系统中存在多个意识，每一个分立的皮层系统都有它自己的意识相关物。意识就是由系统中众多的层次性组成的节点构成，每一个节点在皮层和皮层先都有多重输入与输出。意识的多重性观点并不是一种泛神论，因为该观点并不认为所有的活动都是有意识的。Zeki 就对内隐和外显状态进行了区分，将意识与无意识严格分开，他认为只要神经活动还需要下一步的加工，那么它就会持内隐状态，只有加工最终完成，它才会变得外显，即有意识。[①]这样理论仍然陷入了笛卡儿剧场的泥潭。因为它假定了无意识神经同一性错觉加工过程到意识产生的界限，这种界限的存在正是笛卡儿剧场的核心所在。

意识同一性观点的确难以脱离笛卡儿唯物主义，因为这种同一性最终总是倾向于找到一个位置、地方，或者说阈值来界定意识产生的地点和时间。因此，有些学者完全反对意识同一性的观点。丹尼特的多重草稿就假定，认知系统是一种平行的多重处理系统，没有哪个处理过程是在意识之中，也没有哪个处理过程是在意识之外，因此意识的产生并不是某个处理过程变得有意识了，或者被带入了意识之中。只是当我们在反问自己是否是有意识时，才会临时的创造一种意识流，使我们误认为存在一个有着同一性体验的同一的自我。还有一种反对意识同一性观点的研究路径是从行为或动作的同一性，即大脑、身体与环境之间的互动，而不是从抽象的信息表征来化解同一性的错觉。例如，英国哲学家苏珊·赫利（S.Hurley）、英国生物学家罗德尼·科特尼尔（R.Cotterill）都认为有意识意味着与世界的互动。

本书认为意识的整体性问题也可以通过意识的语境认知模型加以解释。第

① Zekis，Bartels A.Toward a theory of visual Consciousness[J].Conscious Cognition，1999，8(2)：225-259.

一，如前所述，语境就是专门处理器组成的一个稳定的结合体。任何相互合作的专门处理器组成的联合体，只要能形成意识经验，且有一个常规性的、稳定的处理信息的方式，就可以被视为一个语境。在该联合体形成和竞争的过程中，语境需要经过一段时间来形成，这就类似于在议会中占多数席位的政党逐渐地在它的成员中形成一个足够多数的稳定的联合体。第二，语境间会形成有等级的语境层级。可以把当前发生作用的一系列语境称为当前优位语境等级（the current dominant context hierarchy）。当前优位语境会把无意识限定条件施加到意识内容上。也就是说，在任何时候，优位语境都是由知觉－意象、概念和目标语境等组成的一个连贯一致的混合体。在任何时候，我们的经验都是由许多彼此连贯的语境控制的。例如，我们在观看一部电影时，对于某一个情节的理解，可能不仅是由电影开头所展示的整个时代背景控制的，而且也是由以前的生活经历中，当我们遇到主角类似的情况时会有什么态度和处理方式来控制的。当这些语境因素是彼此一致时，它们就会联合起来控制全局工作空间。如果它们是不一致的，如以前我们对类似情况的处理和主角不一致，那么以前无意识的语境因素就会变成有意识，并与当前的意识经验竞争。第三，语境并不会对意识经验做出完整的预测。如果输入的信息百分之百是意料之中的，我们就会对它习以为常，它就只会是无意识的。只有存在某种程度的新颖性，我们才可能对它有意识。这就表明语境是不会对当前我们所感知到的意识经验做出完整全面的预测，它总是会留下了一定程度的意料之外的东西。这个意料之外的东西就是我们新的意识经验。当我们适应了这个新的意识经验，它就会产生一个新的语境，然后再遇到一个意料之外的新的意识经验，这样不断地循环下去。这就是我们认识和再认识世界的内在的认知动力。第四，语境作为一个等级体系，它总是趋向于保持一致。例如，当某一个语境层次被违反时，该被违反的语境就会进一步细分，在被违反的层次上进行重建从而复原一个运行良好的目标语境，但是更高层次的、未被违反的语境层次仍然会保持完整。这就可以解释为什么我们在解决某个难题时，当某一个解决方案行不通时，我们会积极寻找另一个方案，直到找出最终的办法，而不是轻易放弃这样一种锲而不舍的意志力。

第五，不同的语境之间存在着合作和竞争的关系。我们不可能同时意识到两个意识内容。但是在全局工作空间中，却可以有两个或多个语境性的限定。相容的一系列语境可以视为它们彼此在进行合作，不相容的语境视为竞争。当然在全局工作空间中，互相合作的语境处于优势地位，而与其竞争的语境虽然和前者处于相同的语境等级，但是在全局工作空间中却不占优位。因此，语境之间的竞争和合作是意识经验得以整合的关键所在。

第四节　意识的认知功能

关于意识的功能这个问题，仍然与意识是什么（即意识的本体论）紧密相关。传统的功能分析是沿着意识具有什么功能，它对于我们的行为是否具有因果效应这样的路径来进行的，主要有两种观点，它们彼此针锋相对。当代的哲学家开始另辟蹊径，不再从因果效应出发，而是从社会适应性、生物适应性等角度来剖析意识的功能。

一、意识是否具有功能性?

围绕着意识是否参与、导致了行为的发生，意识对于物理世界是否具有一个明确的因果效应，有两种截然不同的理论：因果理论和非因果理论。

因果理论认为意识是具有功能性的。以一个简单的动作为例，如打乒乓球，对方发球给你，然后你用球拍再打给对方。在这个简单的活动中，是否有意识的存在？进而，意识是否发挥了某种功能？因果理论给出的答案是：是你的意识捕捉到了球的方位，进而意识又促使你将球再接回去。是意识本身造成了所发生的一切。如果没有意识，你就接不住这个球。因此，在因果理论中，意识具有如下因果功能：首先，是有意识的知觉到对象；其次，是根据意识经验来行动。事实上，因果理论是二元论在意识功能问题上的直接推论。因果理论也必须面对二元论的致命伤，即两种不同的实体是如何交互的。因为根据因果理论，首先，知觉系统的神经元激发放电活动必须以某种方式导致意识经验的产生；其次，这种意识经验又必须以某种方式导致更多的神经元被激发、放电，从而能够指导、导致行为的发生。但是主观性的意识是如何导致物理性质的神经元活动或肌肉活动呢？它们之间的交互作用是如何发生的？是在哪里发生的？因此，因果理论又必然会返回到身心问题及“难题”问题上来。

1977 年，卡尔·波普尔（K.Popper）和埃克尔斯在 The Self and the Brain：An Argument for Interactionism 一书中，提出了二元论交互作用学说。他们认为“自我意识的心灵”是一个独立的实体，能够积极地参与解读处于最高水平的大脑活动的众多活动中心，即优势大脑半球的联合区域。而联合区域就是能够具有言语和意向性或具有多通道输入信息的区域，如 39 区、40 区及前额叶等。在心灵和大脑之间发生着连续不断的交互作用。它们的交互方式被描述为：一方面，自我意识的心灵不断地对大脑中的神经事件进行扫描活动，并进行解读，从而将神经事件整合为一个统一的体验；另一方面，自我意识的心灵还广泛地作用于大脑区域，导致了那些最终导向运动细胞活动的产生，从而产生了自我意识心灵所期望产生的动作。①

虽然，二元论交互作用学说就心灵与大脑交互的区域和方式提出了一个不错的假说，但是与所有二元论一样，波普尔和埃克尔斯没有就交互的性质做出说明，即使埃克尔斯在后来的著作中补充认为，所有的心理事件和体验都是由“心灵粒子”组成的，每一个心灵粒子都会与大脑的树突发生交互作用，但是非物理的心灵与物理大脑之间的鸿沟仍然存在，心灵与大脑间通达的道路仍然没有打开。

非因果理论是彻底地排斥意识所扮演的因果角色。其中表现得最为彻底的是排除主义唯物论，该理论完全否认意识的存在，因此更谈不上意识对于事件的发生具有因果作用了。该理论的代表人物丘奇兰德认为，一旦我们理解了人类、技能和能力的进化，我们就能理解一切我们想要知道的事物。意识这个概念就和燃素、热质等其他类似的随着科学发展的进程已经被抛弃的空洞概念一

① Popper K，Eccles J C. The Self and the brain：An argument for interactionism[M]. London：Routledge，1997.

样空洞，它必然会随着某种未来的神经科学理论的出现而消失。[①]也就是说，意识其实是不存在的东西，它只是民众心理学虚构出来的概念。

非因果理论的另一种表现方式是副现象主义，它承认意识的存在，但是否认意识对于事件发生具有任何因果效应。托马斯（H. H. Thomas）就曾做过一个生动的比喻，他说，意识看起来和身体的机制联系在一起……仅仅是身体运作的一个（副）产品，也没有任何能力去改变身体的运作，就像伴随火车头运行的一串串汽笛声……对火车机械本身没有任何影响。这种观点试图在物理世界封闭的因果关系与意识的存在这两个问题上采取都认同的态度，一方面，副现象论既假定了从知觉输入信息到行为发生之间一系列具有因果效应的物理事件，另一方面，它又认为在这个过程中产生的意识只是一个附带的现象，不具有任何效用。我们认为这种理论是不可取的，一个明显的例子就是它无法解释人类的自主行为，尤其是在出现多个选项时，我们有意识的选择行为。

需要补充一点的是功能主义。严格来说，功能主义并没有为意识是否具有功能，具有何种功能提供答案。功能主义将心理状态理解为大脑的一种功能，具体地说，意识状态是由一种特定种类的外部刺激引起的，并发生在认知者内部的一种特定的事件、状态或过程。例如，我们的快乐可以被理解为生理系统在处理特定的输入信息时所呈现的一种功能，这与钟表内部齿轮的运行所呈现出的记录时间的功能是一样的。功能主义认为任何一个系统（机器人，人工生命系统等）如果在行为处事方面，让人觉得它与人没什么区别，那么该系统就是一个有意识的系统。因此，功能主义关注的是系统所执行的功能，而不是与功能或行为表现相独立的意识。简而言之，功能主义把意识作为系统的功能，而意识具有什么功能，它却没有回答。

但是，功能主义研究却开启了意识研究的另一种路径，即不再纠结于意识与大脑物理事件的因果关系，而是将意识与社会交往、语言和问题解决等功能等同起来。意识被认为本身并没有功能或必然的特殊能力，但是，意识与其他

① Churchland P S. Neurophilosophy: Towards a Unified Science of the Mind/Brain[M]. Cambridge: MIT Press, 1986: 395.

的一些功能等同，或必然伴随它们出现。这种观点在人类进化研究领域尤为明显。例如，Terrence Deacon 提出的关于脑与语言的协同进化如何产生了“符号动物”(symbolic species)[①]，Merlin Donad提出的人类脑、文化和认知的协同进行理论[②]，他们都假设人类的意识与符号表征的使用有紧密的关系，并认为人类的意识，尤其是这个指向自我的意识是在符号化思维的表征能力之上产生的。

二、意识的社会功能

亨弗瑞是英国的一位哲学家和心理学家。早在20世纪60年代，他就开始了对意识的研究，当时还主要在神经心理学和动物行为学领域进行研究。在70年代后期，亨弗瑞转向了进化心理学领域，并提出了关于意识的社会功能理论，又被学界称为“天生的心理学家”理论。

亨弗瑞是从进化的角度来解释意识的功能的。他不赞成维特根斯坦和行为主义关于意识无用的观点，认为意识既然是一种进化的产物，就不会没有任何作用，否则，意识也就不会被进化出来。亨弗瑞假设了一个关于意识进化的故事，他认为，尽管他们的生物结构和现在的我们没有差异，但在人类进化的某个时期，他们是没有意识的。他们的大脑会处理来自感觉器官的信息，但是不产生有意识的感觉。他们也有内部的控制机制，但是他们看不到这种机制，感觉不到任何情绪，“他们只是过日子，完全没有对自己行为的内在解释”。他们有着聪明的大脑，但是却只是空白的心灵。[③]

接着，亨弗瑞指出，自然选择偏爱那些发展出了朝向自身内部的洞察力的祖先。他们开始“反观自己，并思考自己在有所思索、持有的观点、做出的判断推论、在希望和害怕的心理状态之下的行为及该行为的基础，并因此了解他人在类似情况下的思虑”[④]。于是，一种新的感觉器官——内眼（innereye）被进

① Deacon T.The symbolic species：the co-evolution of language and the brain[M].New York：W.W.Norton & Company，1997.com/wp-content/PDF/Symbolicspecies.pdf.

② Donad M. Origins of the Modern Mind：Three Stages in the Evolution of Culture and Cognition[M].Cambridge：Harvard University Press，1991.

③ Humphrey N. Consciousness Regained[M].Oxford：Oxford University Press，1983：48.

④ Humphrey N.Consciousness Regained[M].Oxford：Oxford University Press，1983：381.

化出来了，这种新的感觉器官的视域不是外部世界，而是脑本身，反映的是感觉主体的脑部活动的图景。当内眼被进化出来时，意识也就产生了。

那么，意识进化出来的理由是什么？亨弗瑞进一步解释认为，这源于意识是一种社会性的功能。人类生活在一个高度社会化的群落之中。在这个高度社会化的环境中，每个个体都需要结交朋友，甚至与某人结仇，他们需要预知、应付他人行为的技能，亨弗瑞将这种个体称为“天生的心理学家”。当这些“天生的心理学家”在观察自身和观察别人时就必须依靠意识来进行理解、判断。例如，想象一个早期原始人A注意到一条毒蛇正向另一个原始人B爬去，此时，A应该和B一起将毒蛇打死，还是任由B被毒蛇毒死，以缓解食物短缺的紧张状况？A会不会想到帮助了B，强壮的B从此后就不会再欺负他，并在别人欺负他时施以援手呢？A可以通过问自己“在这种情况下我该怎么做”而做出一个较好的决定。A就是一个“天生的心理学家”。因此，亨弗瑞认为意识就像一个“自身反射回路”，它的功能是社会性的，就是为人类提供一个有用的工具，以应用天生的心理学知识。

对于这种以社会适应性角度立论的解决方案，批评的最多的是来自二元论的观点，即认为该理论是一种二元论版本。批评者认为“天生的心理学家”这个社会理论认为新的感觉器官“内眼”进化出来时，意识就产生了，但是这种解释与意识是机器中的幽灵这种观点是一致的。亨弗瑞对此澄清道，尽管他使用了类似图示，但他并不是这个意思，相反，人脑是一种机制，而内眼只是大脑实现功能的一种方式。那么，大脑如何才能描述其自身，谁才是那个脑内的观察者？这种观察会不会导致某种无限的递归，从而产生无限个观察者？亨弗瑞认为不会，他认为，意识不是大脑的整体特征，而只是属于附加的自反射回路，这一回路的输出本来就是其输入信息的一部分。但是这里仍然还有一个问题，为什么是内眼而不是其他系统具有了意识这样独特的特性。

还有一种批判是英国心理学霍勒斯·巴娄（H.Barlow）针对内省的有效性而提出的。巴娄指出，内省并没有给出关于行为理论和动机的精确图景，无论是对于自己的还是别人的。例如，对疼痛的内省，我们会认为疼痛是不好的，没有它，我们会好过很多。但是，它实际上给了我们极大的帮助，它会让我们远离伤害，那些无法感受疼痛的人会持续地伤害自己而毫无感觉。因此，对于疼痛的内省是错误的。再如对颜色的感觉。当我们看到一种颜色时，我们的内省会认为，首先是未经加工的对某个颜色的感觉出现，然后是经过一系列的复杂过程，最终导致我们的观点或行为产生。但这也是错的，巴娄指出，感觉的建构经过了一长串首尾相续的加工过程，我们看到某种颜色的能力来自过去我们看到该种颜色的全部经验。事实上，对颜色的感觉是一个“精心烹饪”的过程，而不是像表面看起来的那样“未经加工”。因此，巴娄推断，对于意识的功能进化，内省并非足够精确的解释。[①]

当然，还有一些观点是支持亨弗瑞关于意识进化过程中所具有的社会功能的。例如，英国考古学家史蒂文·米哲（S.Mithen）的“符号互动理论”推断意识在社会交往过程中发挥的功能对于人类智慧的产生起到了决定性的作用。米哲认为，虽然其他动物可能有意识，但是只有人类有指向自我的意识，这种指向自我的意识最初以手势和其他非符号性的交往为基础，而最终建立于符号性交往的基础上，这种符号交往可能是通过语言进行的。显然，对米哲而言，意识是一种社会性的结构，而不是个体性的。

布莱克摩尔提出的质疑显得更加尖锐和一针见血。她反驳道：“我看得出来为什么人类进化出内省，但如果他们对自己的行为进行内省，却对其没有意识，他们不就是僵尸吗？”[②]认知科学哲学中的僵尸是指和我们人类一样的生物体，具有自我监控的能力，它能够向我们一样交谈、思维，但是唯一不同的是它们没有意识。亨弗瑞的社会适应性理论将意识描述为一种浮现出的特性，本身拥有能够影响自然选择的功能。那么既然意识是一种表面的浮现出的特征，它又是如何能确定地与其他功能相关联，保证自然选择在进化过程中，选择的是意识体，而不是僵尸呢。即布莱克摩尔提出的为什么内省就可以导致意识的产生呢？从亨弗瑞的社会适应性理论来看，我们能够明白内省的进化意义，但是却

① Barlow H.The Biological Role of Consciousness[M]. Oxford：Basil Blackwell，1987.
② Blackmore S. 人的意识 [M]. 耿海燕，李奇等译 . 北京：中国轻工业出版社，2008：146.

看不出内省与意识之间的直接关联。本书认为这样的僵尸难题是由于仍然沿着将认知与心智比喻成一把瑞士军刀的思维模式。所谓瑞士军刀的心智模式是指每一个刀刃都有一个特定的功能，如视觉、语言、推理、技能、社会交往等，那么意识的功能问题就是探求意识是作为其中的一把刀刃发挥作用还是意识不是一把独立的刀刃，意识的功能是产生具有特殊功能的刀刃。当亨弗瑞把意识作为一把独立的具有社会性功能的刀刃时，他要解决的必然是这把意识的社会之刀是如何与其他的具有社会性功能的刀刃互动、相关联的。然而，解决这个问题的同时，也必然会伴随僵尸问题。

三、意识的生物功能

巴尔斯提出认知系统是建立在一个整体的工作空间或类似于专家会议式的体系构架之上的。无意识的加工过程会互相竞争来获取照亮舞台并引起注意的聚光灯照射，舞台上的信息会被传播到所有无意识的“听众”耳朵里，正是这个播送构成了意识。（巴尔斯全局工作空间理论的语境认知模型见第二章第二节，相关概念与认知原理此处不再累述）

巴尔斯是从生物适应性的角度来论述意识的功能的。巴尔斯承认由于意识存在容量的限制，意识和相关的机制给功能性的解释的确带来了极大地挑战，为什么我们不能同时经历两种不同的事物？为什么短期记忆局限于六个不相干的条目？这些狭小的限制是如何具有适应性的？如果我们可以在有意识的阅读一本书的同时写另一本书、和一个朋友交谈，并且享受一顿丰富的大餐是多么美好啊。当然神经系统似乎也足够庞大可以同时做这些事。巴尔斯认为限制是生理上的，或我们仅仅只有两双手和一个嘴巴来工作这类平常的答案是非常不让人满意的。因为它们仅仅是把问题向后移了一步：为什么在动物王国有幸拥有最让人称奇的大脑的生物体没有进化出手和嘴来处理一些并列的过程？为什么我们处理并列信息的能力会随着自动性提高，随着意识的加入而下降？

巴尔斯指出当我们遇到一个似乎是没有功能性的生物现象时，有两种可能的解释。第一，我们提了一个错误的问题：或许文化演进的速度超过生物进化的速度，现在我们期望生物体做的事不适合由他来做。可以肯定的是，人类的神经系统并没有因为学术研究而进化，因为在几乎所有的文化中，普及型的教育才仅仅开始了几个世纪而已。可能这就是我们在学校学习总是很困难，但是相比而言学习感知世界、学习移动或学习某人的母语似乎毫不费力的原因。如果我们问为什么孩子觉得学习算术或拼写很困难，那么我们就提出了一个在文化上具有偏向的问题，一个现在看来可能是正常自然的问题，但这个问题在生物学上是一句废话。

第二，关于无功能的适应性的理由可能是在两种取舍间产生的平衡，或适应性选择的结果。例如，当哺乳动物鲸鱼的祖先回到海洋，它们必须面临行走和游泳间的平衡，结果经过一段时间，生物的适应性选择是失去它们的腿。这对陆地动物而言似乎是无功能性的，甚至是有害的。但是这个失去是以游泳能力的巨大收获为补偿的。意识限制能力可能就涉及这样的平衡。在全身的传播能力方面是一个强有力的优势，它可以进入神经系统的任何神经元及所有的其他器官。一个真正的全身信息，如果它能够被神经系统的任何神经元所获悉，那么每次只能出现一次，因此任何时候只存在一个"整体的系统"来接收这些信息。因此或许脊椎动物所进化的神经系统有两种运行的模式：并列的（无意识的）模式和顺次的（意识和有限能力）模式。[①]

生物适应性往往是增生的。例如，语言系统重叠在最初的灵长类用来呼吸、吃饭和单一的发声的一系列器官上。同样，意识系统的全身广播的特征也重叠在最初感官的早期的功能上。这就是为什么相较于抽象或非定性的事物人类的意识偏爱感觉的、知觉的和意象的事物。巴尔斯认为意识的这种生物适应性与其他生物适应性一样，是具有功能性的。例如，眼睛这样的生物机制具有从光线中获取信息的功能，同时还具有一种交流的功能——人类眼睛的接触也会交流社会的信息，如统治、服从、爱、好奇心等。意识在其进化历史中也聚集了多种的功能，它在整合知觉、思维和行动方面，在适应新环境方面，在为自我

① Baars B J. A Cognitive Theory of Consciousness[M]. Cambridge：Cambridge University Press 1988.

系统提供信息方面都至关重要。

具体而言，巴尔斯详细列举了意识作为一种生物适应性所具有的九项功能。

第一，界定与设置语境。即通过是全局输入信息与它的语境相关联，意识系统可以界定输入信息和消除歧义。同时，有意识的全局信息随着冗余性也可以形成新语境，该新语境会限制后来的意识经验。例如，当我们在理解一个简单句子时，许多快速的转变正在无意识地发生着：许多无意识的信息会组合起来构成一个语境结构，然后对清除该句子的歧义，去构建一个单一性解释。

第二，学习和适应性功能，即意识经验有助于表征和适应新的和重要的事件。一个明显的事实是，当学习的内容越新颖，我们在学会处理它之前就需要花更多的时间去有意识的思考它。同时，全局工作空间理论认为意识事件会被全局性地传递到无意识处理器和语境中，一次又一次，直到它们能够适应这个信息。某个意识事件的产生、发展与消失就是一个该意识事件适应性的过程。

第三，编辑、标示与调试功能。在全局工作空间中，意识经验似乎是由许多无意识规则系统控制和修改的，这个系统如果发现一些严重错误，它们就会争相进入全局工作空间，而且可以合作以修改错误。修改是全局工作空间体系结构必然的一种结果，在这个结果中有许多规则系统可以同时地检查、中断和帮助补救一个单一的意识事件。另外，意识经验也可以用于“标示”一些重要事件。最引人注目的例子就是生物反馈训练，在该例子中，当无意识事件引起一个意识反馈信号时，无意识事件就会处于自主控制之下。

第四，组建和控制功能。该功能是指意识目标可以组建子目标和运动系统已组织和执行心灵和身体的行为。事实上，一旦我们把一些新颖的心灵事物标示为有意识的，我们就能够为了自主目的而召集它。控制功能与召集无意识系统以帮助实现目标的概念是类似的。但是首先在建立目标时，以及在控制能显示成功或失败的行为反馈时，意识都就是有用的。要建立一个与现存目标语境一致的目标，我们需要对该目标有意识。因此，“美国第一任总统是谁？”这个已变得有意识的问题可能会产生无意识的答案搜寻过程，而且候选答案也会变得有意识，当然它们会受到许多无意识知识源的检测。基本上，反馈检测在所有的任务中都会发生，从打网球到调整某人的音量，字词提取、心算等。在所有这些例子中，为了召集无意识的错误检测和纠正处理器，错误变得有意识是很有用的。

第五，优先化和提取控制功能。注意机制会有意识和无意识地控制将要变得有意识的事物。通过是某些重要的意识内容与深层级目标相连，我们可以提高它提取的优先权，使它更频繁地变得有意识并增加成功适应该事物的机会。注意与意识的通道控制有关，而优先权分配是通道控制的一个核心问题。不完整的意识想法总是会引起有意识的完成过程。显然我们可以运用意识功能控制一些信息更频繁地变得有意识的可能性。例如，在词汇学习中，我们可能会不断地练习一个词汇以确保当我们需要它时它会被提取起来。提取就意味着“把事物带进意识之中”的这个事实。

第六，标识决定和执行功能。当自动系统不能按照常规处理某些问题时，使该问题变得有意识，有助于组建无意识的专门处理器从而得出适当的决定。例如，在犹豫不决和在有意识的、审慎的决定中，我们可以传递一个目标，“我应该……？”紧接着“或者我不应该……？”然后系统会联合起来支持其中一个选择，就好像它们把票投向一方或另一方。支持在传递时没有遇到有效竞争的目标影像的联合体可能会获得成功，并因此获得了对行为的意念运动控制。这个就叫做意识经验的做决定功能。

第七，类比形成功能。该功能是指无意识系统可以将它们的内容与某个有意识的信息进行局部匹配。人类对类比和隐喻具有强烈的嗜好，尤其我们会使用这个能力来处理新的或难以理解的情形。拉考夫（G.Lakoff）和约翰逊（M. Johnson）曾指出大多数的日常习语都包括从已知的具体情况到抽象或难以理解的情形的隐喻式延伸。[①] 因此，我们发现“心灵是一个容器”“爱是一段旅程”，以及“意识是神经系统的一个传播机构”等。尽管事物的隐喻不是事物本身，但是它设置了一个开始的位置。当我们遇到一个新事物时，我们的现有知识是不够的，我们会在新情况和现存知识之间寻找能匹配的那一部分。全局工作空

① G.Lakoff，M. Johnson. Metaphors we Live by [M].Chiocago and London：University of Chicago Press.1980.

间也具有这方面的功能。它有助于发现局部的匹配。它使许多系统尽量地与某个全局性信息匹配，并全局性地展示它们之间局部性的匹配。它支持不同系统间的竞争以修改需要理解的某事物的心灵模式。

第八，元认知和自我监控功能。元认知是认知主体对其意识经验的觉知。例如，意识经验是我感觉到了疼，那么元认知就是我知道自己感觉到了疼。意识元认知依赖于我们将一个经验与其他经验联系的能力。这种自我联系系统的另一个特征是我们能够标示我们自己的意图、预期和信仰，因此意识元认知本身就需要全局工作空间和意识。有意识的自我监控可能是元认知最重要的一个特征。例如，有许多证据证明许多成年人总是会按照一系列的标准来控制他们自己的行为，这些标准可以集中归到“自我观念”这个标签下。我们可能希望自我控制在冲动控制的心理学中占有一席之地——如果某人有想做某件不正当事情的冲动，而且如果该人可以动员内部竞争去阻止这个冲动，并暂时阻止这个行为，控制的可能性就得到了改善。

第九，自我编程和自我维持功能。较深层级的语境可以被视为“自我系统”，当面对新情况，甚至重大改变时，意识经验能为自我系统提供信息，通过重置期望目标的方式，它能组建提供解决方案的处理器，它会最大限度的在保持稳定与重新编程之间维持平衡。自我编程的能力可以表现在我们能够提取某段记忆，解决某个难题，或者扭动一个手指，够学会新的习惯等情况之中。自我编程会遇到障碍，例如，在试图控制抽烟、暴食或者其他不想要的习惯时。自我维持是指整个系统的功能良好运行的基础是建立在一个稳定的优位目标等级之上的，相当于常识心理学中的“自我”。这些高层级目标可能会被外部环境破坏，就好像任何语境限制会被破坏一样。有意识的控制可以通过设置目标意象，召集解决该目标的无意识处理器，在改变与维持之间获得平衡。

因此，巴尔斯认为，意识是一种高级功能性的生物调节装置，即它是“一种获取信息、传播信息和交换信息并施加整体调节和控制的装置”[①]。同时，意识

① Baars B. In the theatre fo consciousness，Global work space theory，A rigorous scientific theory of consciousness[J]. Journal of Consciousness Studies，1977，(4)：292-309.

也是一种门径，是进入、唤醒各个无意识处理器的通道。他描述了信息的整合和全局控制如何在一个复杂的大脑中完成。意识作为一种生物适应性功能，虽然不是孤立于其他特征的，但是人类确实拥有的一种属性。而且，意识的功能能够得以实现与无意识密不可分。事实上，在上述几项功能中，最核心的就是意识与无意识的优化组织结构和适应性间平衡关系的能力。有组织的反应在面临熟悉的条件是非常有效的（无意识），但面对新的条件，适应性就显得非常可贵（意识）。当然，全身工作工厂结构体系的设计就旨在容纳这两方面内容，使我们可以在可预测的条件下自动获得已"录制"好的解决方法，在不可预测的条件下会再融合许多不同的知识。从这个意义上，巴尔斯的理论有力地回击了副现象论。意识如果真的不具有任何功能，随着意识的丧失，我们上述诸项功能也会受到抑制，甚至被破坏。

第三章

意识研究的方法论

在哲学史上，有两种研究意识的途径：理性主义方法和经验主义方法。理性主义主要通过内省来寻求事物的普遍本质或根本属性，通过对内心思想和经历的考察即为内省。理性主义方法可以追溯到柏拉图。柏拉图认为现实并不存在于我们感官所觉知到的具体物体中，而存在于表征这些物体的抽象形式中。因此，事物并不是我们触摸到的或知觉到的特定物体的内在，而是我们头脑中对于这些物体的外在抽象。而这种抽象只有通过逻辑分析这种理性的方法才能够获取。经验主义主要是通过实验，即基于观察的方法来对某个研究对象进行科学研究。经验主义方法则可以追溯到亚里士多德。亚里士多德认为现实只存在于我们感官觉知到的具体物体世界，柏拉图所谓的知识形式实际上源于具体物体。因此，对外部世界的考察是到达真理的唯一途径，这就是经验主义的研究方法，即认为我们通过经验和观察中得到的实际证据来获取知识。

在20世纪以前，碍于科学技术的发展，意识的研究方法主要体现为；理性的思辨方法。著名的观点有笛卡儿的二元论、莱布尼茨的知识论证。20世纪以后，随着心理科学的发展，经验主义的方法逐渐取得了优势地位。最为极端的行为主义甚至取消了意识在科学中的地位，认为只要关注环境与可观察到的行为之间的联想，就可以对行为规律做出预测，并进行调控，至于内部思维和思维方式的任何假设都是没有意义的。20 世纪 50 年代以来，随着人工智能、计算机科学的发展，人的内部认知过程成了科学研究的核心，意识又重新回到科学和哲学领域。更为重要的是，随着新的科学的发展，对原有的意识研究方法重新加以了区分和定位，新的意识研究方法也正在生成之中。本章在评价已有的第三人称方法与第一人称方法之间的区分和现象学方法之外，还详细论述和论证了神经科学就意识问题所进行的还原论方法分析、心理学领域对意识问题进行的无意识与有意识的对比分析方法，以及语境分析方法。

第一节　第三人称方法 VS 第一人称方法

意识的研究有时在本质上可以被分成两个不同的方法：客观的第三人称（third-person）方法和主观的第一人称（first-person）方法。[①] 第一人称方法其实就是内省方法。在 20 世纪认知革命发生之前，一直将意识视为私人的、不可言状的，“作为……是什么感觉”，因此“内省的观察是我们首先并且总是要依赖的东西。内省这个词几乎不需要定义——它的意思当然是：往我们自己的头脑中看，并且报告在那里我们发现了什么”[②]。各种各样对自我体验的内省这种个人的方法在意识的研究中起到了很重要的作用。但是随着 20 世纪 50 年代认知革命的爆发，计算机科学、神经生物科学，尤其是人工智能的发展，一场解构第一人称数据，将其进行科学的客观分析成了当时意识研究的潮流，就连赞成第一人称方法的查尔莫斯也承认，“方法学上，对第一人称数据的分析向更精密方向发展……是现在意识科学面对的最大挑战”[③]。然而到了20世纪90年代，随着计算主义日益暴露的局限性，以及神经科学在还原论方法上的缺陷，第一人称方法开始逐渐与具身性、交互性等现象学的哲学思潮相融合，与身体图示、环境等新元素结合在一起，共同阐述意识的发生过程。

① Thompson E.Empathy and consciousness[J]. Journal of Consciousness Studies，2001，8(5)：1-32.
② James W.The Principle of Psychology，Reprint[M].Cambridge：Harvard University Press，1983：185.
③ Chalmers D J.Consciousness and its Place in Nature，In Philosophy of Mind：Classical and Contemporary Readings[M].Oxford：Oxford University Press，2002：12.

一、第三人称方法

意识是否是一门科学，它是否能够被科学进行研究，以及对于意识的研究是否需要一种与其他科学完全不同的方法？这个问题在意识的研究史上曾导致了非常激烈的争论，以及非常极端的做法，行为主义就以意识的主观性不属于科学研究的范围，而在其相当长的占据统治地位的时期完全排斥对意识的研究。意识能否像物理、化学、生物学等客观的科学那样被研究？这个问题涉及更为本质的本体论追问。意识问题要揭示的是我们的内部生活，当用科学方法指向我们的内部生活时，二元论与一元论的争议就又产生了：如果认为存在内部和外部两个世界，那么意识科学就不同于其他的客观的科学，我们就需要用特殊的方法（第一人称方法）来研究意识，如果坚持一元论，认为内部和外部世界是同一个世界的不同描述层次，可以被还原，那么仅用科学的客观的第三人称方法就足够了。

第三人称方法认为用内省的第一人称方法研究意识很难使意识变成一门让人信服的科学，这里面有三个难以解决的问题：第一，从本质上说，科学是一个收集性的活动，在科学中，数据是被相互共享，想法是被相互交换，通过辩论、推理，进而测算、检验出哪一个理论更为有效。这些工作的结果是为给其他所有人看的，以便日后被推翻或者被进一步地扩展和深入。从这个意义上，科学不是可以自己完成的事情，不可能有个人的科学。因此，如果意识是以个人的、私密的第一人称方法去观察或研究，产生的只是某个的意识经验，而不是关于意识的科学。第二，由于个人的偏见可能会遮蔽事实，科学重视客观性。所以当一个理论比另一个理论更简单或者更让人信服时，训练有素的科学家会将以前的观点搁置起来，并在证据面前保持开放的态度，因此主观性对科学而言，可能是有害的。我们的某项意识经验并不因为与别人交谈，认为对方的意识经验更合理而改变。第三，只要指向内部的探索被描述或说出来，这些描述就变成了第三人称科学的数据。从这个意义上讲，不可能存在所谓第一人称数据。[①]

当然，用第三人称方法客观地研究意识现象，是在20世纪50年代以来才出现的新方法。随着数学和计算机技术的进展，计算的观念越来越显示了它在各个领域中的威力，从计算的角度审视世界，构成了一种特殊的思维方式。人工智能的成果更是激励了许多认知科学家、人工智能专家和哲学家对功能主义持更乐观的态度，他们主张在还原论的基础上建立一种计算主义，或者说是算法主义，认为从物理世界、生命过程直到人类心智都是算法可计算的。他们将计算隐喻到人类大脑的整个认知活动，如果大脑是一台计算机，那么心智过程就是在大脑内部运行的运用程序，因此对整个人类心智的探索过程就被转变为对心智的算法的探索过程。那么意识就是整个大脑装置运算的一种结果，所谓的意识的个人的，“作为……是什么感觉”的特性只不过是一种僵尸的直觉而已。

第三人称方法将认知看作是通过输入输出符号进行信息处理的功能，强调认知的可计算性，这种观点极大地推动了认知科学，以及关于认知科学的哲学解释，导致了对认知的物理的、表征的和符号的三个层次的说明。任何复杂系统都能够依据不同的方式被描述。例如，一辆汽车能够按照其分子结构，按照宏观的物理形态，或者按照其具有的功能来加以描述。由于具有不同的描述水平，处在较低层次上的不同种类的不同个例可能是某种共通的较高层次上的心灵特征所具有的不同实现形式。也就是说，同一个高层级的特征被多重地实现于不同的低层次的硬件之中。这种描述的多层次性给心灵哲学带来的巨大启迪就是：每个个体的大脑中虽然运行着不同类型的运算步骤，但是在一个较高的描述水平上，每个个体都在执行完全相同的算法。

但是，认知的可计算性首先遇到的最大障碍就是：计算的实现必须首先完成对客观对象的形式化过程。而客观对象的形式化过程又必须面对“第一，要使非形式化领域向形式化领域转变这一过程形式化将造成回归现象，第二，即使已经形式化了的问题也还必须是可计算的，即必须存在解决此问题的算法，

① Metzinger T. Phenomenal transparency and cognitive self-reference[J].Phenomenology and the Cognitive Science, 2003, 2(4): 353-393.

第三，利用算法可计算解决的问题必须有一个合理的计算复杂性，但可计算性与计算复杂性是所处理的问题类本身固有的性质，并不依赖于任何计算模型。以计算隐喻为基础的“思维－认知－信息处理－算法实现”这种自上而下的实现框架无法超越可计算性设定的技术界限。于是，认知科学家为了回避客观世界的形式化的困难，转向大脑信息处理功能的形式化并寻找人类心智的算法可解性”[①]。正是在寻找心智的算法过程中，认知科学家发现了作为特定系统的一个独特的自主的描述层面——表征层面出现了。

泽农·派利夏恩（Zenon Pylyshyn）在其著名的《计算与认知》（*Computation and Cognition*）一书中指出，如果不提及表征内容，认知状态的解释就会显得更复杂更费解；如果不提及表征内容，行为的相关概括和联系甚至不能以恰当描述表达出来。泽农还举了一个例子来说明表征层次在解释层面中的不可或缺性。他说，假设我现在的行为状态是：坐在电脑前，一会儿打字，一会儿想别的事；我一面俯瞰斯坦福大学校园，一面浮想联翩；我想到了身后的桑特克鲁茨山，又想为什么下午我要把自己关在书斋而不去散步呢？泽农认为，显然我当下的行为是由我当下的思想和目标引发的，然而，如果说我的行为是由这些非实在的、写下的文字或者山峦引发的，那么这个“引发”是在一个相对模糊的意义上而言的。确切地说，我的行为是由我的大脑中的特定状态引发的，进而言之，要解释这些大脑状态为什么会引发我上述行为状态的发生，就必然会肯定这些大脑状态本身与其所指事物（写作、漫步、山峦）之间以一定方式相关联。对于它们之间的关系，泽农进一步分析认为，我的大脑状态与漫步、山峦之间没有适当的因果关系，它们的关系是内容上的、语义的非因果关系。我的大脑状态的确引发了某种活动，如果这种活动可以看做由“写下一个关于在桑特克鲁茨山漫步的句子”描述的行为所在的等价类中的元素，那么大脑就必然被视为体现了散步、山峦之类事物的表征或代码。此时，行为就可根据特定规则（逻辑的、启发式的、联结性的规则等）视为与代码的表征内容合理的相关联。[②]

① 刘晓力．交互隐喻与涉身哲学 [J]. 哲学研究，2005，(10)：74.
② 泽农·派利夏恩．计算与认知——认知科学的基础 [M]. 任晓明，王左立译．北京：中国人民大学出版社，2007：28-29.

至此，认知科学家从大脑功能形式化问题转换为大脑的表征状态问题，将功能状态与表征状态视为等同。有某一表征状态在记忆的某个部分就应该对应有某一符号表达式。符号表达式是对语义解释的编码，表达式的组合结构对应子表达式的内容之间的关系编码。必须要有符号代码的理由是，它们可以被例示为物理模式，能够纳入因果关系的链条。与语义内容不同的是，符合殊型实际上可以引发系统以一定方式运作。这样，如果每个内容有唯一的符号表达式与之对应，功能状态与表征状态就能够处于一一对应的关系。

坚持第一人称方法的哲学家查尔莫斯认为，现在我们的确有非常好的方法可以收集第三人称数据，但是我们更迫切的是需要更好的用以收集第一人称数据的方法。意识科学必须搜寻第一人称数据和第三人称数据之间的广泛的联系原则，例如，特定体验之于特定脑内过程或者特定种类的信息加工过程间的同步。但是同时，查尔莫斯也坚持认为，即使这样，意识经验不能完全由大脑过程和其他类似过程来测量。[①] 瓦尔纳（Varela）和谢尔（Shear）也认为第一人称数据是不能简化为第三人称数据的。塞尔也表示，“意识采用第一人称或者说主观的本体论，所以不能简化为任何采用第三人称或客观本体论的东西。如果为了支持其中之一而努力简化另一个，你会将一些东西遗漏在外”[②]。塞尔所说的遗漏的东西就是原始的感觉，意识体验本身。

但是，认知科学对此问题所做出的回答是，在表征层面就已经存在意向性了，我对符号的使用是从我的心理状态的语义学和我用这些符号表述某些事物的意向中导出来的。如果引发这些符号表达的心理状态并不指向任何事物，那么我们在使用符号表达时就如同录音机或照相机记录事物时完全一样，那这个符号表达就不是真正意义的表达。因此，表征层面又被称为语义层面。因此，坚持第三人称方法的哲学家认为他们没有遗漏，他们认为研究意识不是指研究特殊且内在、私人、难以相容的感受和原始感觉，而是研究人们所说的和所做的，因为没有其他可以了解这种现象的方法了。当我们真的了解了关于脑和行

---

① Chalmers DJ.Moving forward on the problem of consciousness[J]. Journal of Consciousness Studies，1997，4(1): 3-46.

② 约翰·塞尔．意识的奥秘 [M]. 刘叶涛译．南京：南京大学出版社，2009：89.

为的所有第三人称事实时，就不再剩下其他的什么要解释的了。

当认知科学家回避了把客观世界形式化的困难而代之以人类认知功能的形式，并相信存在描述这种功能的符号计算层次，以及所有的计算状态都是可物理实现的。也许，对计算机而言，在计算状态和物理状态之间可以建立功能对应，但是人的心智状态与其物理状态之间是否存在这种功能对应，还不清楚。至少在目前的第三人称方法中还没有比较成功的例子。一种是将意识经验客观化，视其为某种直接的物理现象，例如，认为颜色实际上是电磁反射频率的各种波长的特定组合，声音实际上是声波的振动频率等。这类消除式的还原实际上是错误的将意识与外界刺激之间的对应关系视为同一关系。另一种从表征角度把主观感受性质与对那种感觉所表征的事物的性质等同起来，即对感觉内容进行客观解释。这样一来，颜色和声音等感觉就成了对象事物的表征状态了，从而消除了它们的主观感受性。但是这解释不了颜色与外物形状之间不一样的情况。还有一种是把意识理解为大脑神经系统的某种析取集合状态，即意识是大脑神经反应的整体模式。但是这种理论目前既不能说明一种意识状态是哪种大脑的整体模式，也还无法说明一种大脑神经反应的整体模式是如何表现为意识经验的。

二、第一人称方法

第一人称方法就是坚持主体的第一人称的角度的存在，即意识只有被主体体验时，它才是存在的。查尔莫斯认为，“关于我们的大脑，有一个十分明显的事实，在那里存在一种东西，它类似于我们自己，即我们拥有主观性体验，而且这些体验在不同时期是完全不同的。我们对这种主观体验的直接来源就是我们用了第一人称方法。而主观体验正是意识科学一致致力解释的核心问题”[①]。查尔莫斯坚持意识科学与其他科学不同，正是由于它不但有第三人称数据，还有具有特殊的第一人称数据。第三人称数据包括对于刺激的辨别、注意的集中、

① Chalmers D. First-person methods in the science of consciousness[EB/OL]. Consciousness Bulletin, University of Arizona, 1999, http: // www.u.arizona.edul~chalmers/papers/firstperson.html.

对心理状态的评估和报告、有意图的控制行为或是在觉醒和睡眠之间的差异等与体验相关的所有认知和行为功能的表现。第一人称数据是意识经验本身，即作为一个有机体是什么样子的，或者说在某个特定的心理状态下是什么感觉的。因此，查尔莫斯认为第一人称数据的存在是理所当然的。

塞尔举例认为，当我们掐自己的手臂肌肉时，会有两种完全不同的事情发生：第一，当我们的手挤压手臂肌肉时，压力会产生一种神经电信号，这个信号会沿着手臂一直传导至脊髓，再由脊髓到达丘脑，并最终到达躯体的感觉脑皮层；第二，在掐后的数秒后，我们产生了疼痛的感受。它们分别是主观和客观的事件。这个主观的疼痛事件是第一人称模式的存在，它不能被简化为客观的神经放电事实。

丹尼特将这种第一人称方法所坚守的东西称为“僵尸知觉”，他认为，坚持第一人称方法的学者就是知道第三人称学者遗漏了意识。但是这解决不了查尔莫斯所称的“难题”。第一人称方法的学者没有提出任何可操作性的方法，他们仅仅是坚持他们的知道。他们只是在出于一种本能，或者是出于被称为“直接体验”的直觉。我也了解直觉，我能感受到直觉……但是它是不可信的。[①]

应当说，丹尼特对第一人称视角的批判是一针见血的，仅仅强调意识的主观性、私密性、专属性，而缺少一个确实可行的研究纲领的确是第一人称方法的致命伤。丹尼特直言，“当我们仅仅在使用内省方法时，我们总是在进行一种即兴的理论化”[②]。当然，随着计算主义日益暴露的局限性，以及神经科学在还原论方法上的缺陷，历史还是为第一人称方法找到了用武之地。如果说胡塞尔对超验精神的构造吻合了认知科学中的认知主义的研究思路，那么梅洛－庞蒂（M.Merleau-Ponty）的身体现象学就是为第一人称方法的实践找到了出路。第一人称方法开始逐渐与具身性、交互性等现象学的哲学思潮相融合，与身体图示、环境等新元素结合在一起，共同阐述意识的发生过程。这一部分内容将在现象

① Dennett D C.The fantasy of first person science.Debate with D.Chalmers[EB/OL]. Northwestern University，Evanston，2001. http：//ase.tufts.edu/cogstud/papers/chalmersdeb3dft.htm.

② Dennett D C.The fantasy of first person science.Debate with D.Chalmers，Northwestern University，Evanston[EB/OL].2001. http：//ase.tufts.edu/cogstud/papers/chalmersdeb3dft.htm.

学方法中进行阐述。

第二节 现象学方法

一、胡塞尔的无身认知方法

胡塞尔认为，在外部世界和内在的经验世界之间，不可能存在有意义的区分，他强调真实体验比科学的抽象性更为重要。为了探究这种真实体验，他认为应该暂时不考虑所有已有的观念，尤其是那些关于外部世界的特性与其体验的关系。胡塞尔思考意识本质的思路是把外部世界和身体用加括号的方式悬置起来，仅仅对主体性的经验进行系统性的研究。“让我们按前面论述的意义来想象，整个自然界，首先是物理的自然界被消除了：那么就不会再有有机体，因此也没有人。我将不再作为一个人而存在，而且也不再有同伴对我存在。但是我的意识，尽管它的体验状态会大大改变，但仍然为一具有自身本质的绝对体验流。”①可以看出，意识经验在胡塞尔看来是一种超验的存在，现象学的目的就是要对心灵的超验特征进行哲学解释。

胡塞尔对于意识的研究是建立在他所命名的“意向性”（intentionality）之上的。他认为每一次主观性的体验都是一种关涉的行动，即意识经验总是指向、关于某个事物或事件的，而物理客体则没有这种指向。例如，在我关于马的信念中，这个体验是关于马的，但是马本身却不指向任何事物。既然意识经验是一种意向性的活动，那么意识经验所关涉的对象，就被胡塞尔称为意向对象（noema），从而对意识的主体性研究就被转换为对意向对象的抽象结构的构造问题，即解释意识主体与意向结构之间的互动关系。

胡塞尔认为，意识活动是一个按规则进行的描述层次。意向对象不是一张清单，而是一组有等级的规则。存在一个确定谓项含义的有序集的规则，它描述对象看起来像什么，而一些高阶规则确定其他哪些谓项可以适用，即其他哪

① 胡塞尔．纯粹现象学通论 [M]. 李幼蒸译．北京：中国人民大学出版社，2010：85.

些现象可以被看成是这个相同对象的现象。“任何一个客体，任何一个对象一般(甚至任何一个内在的对象)，都表明了先验自我的一种规则结构。先验自我作为它所表象的东西，通常也是作为它所意识到的东西，而立即表明这就是对同一个对象的其他可能的意识的一条普遍规则，而且有可能是一门本质上预先规定了的类型学上的一条普遍规则。……先验的主体性并不是各种意向体验的一片混沌。但它也不是构造类型的一片混沌，因为任何一种构造类型都是借助与意向对象的某个各类或形式的关系而自组织起来的。”[①]因此，胡塞尔的现象学方法就是希望详细说明经验的形式，以及内容的构造规则的结构特点，具体做法就是分析本质上与每个意向状态相关的意向对象，并逐个考察合成的各个“谓项 - 含义”，以确定它们的等级依赖关系和其他结构特点。

但是，这项试图阐明日常事物的意向对象组成部分的现象学研究工作遇到了严重的挫折。除了意识主体与意向对象之间的知觉或判断关系之外，还存在其他的认识关系，“事情涉及一种无限的制约性观念；作为这样一些可能意识的那些可能对象的、在先前的预期中预先假定了的体系，本身也将是一种观念，并且在实践上也许能提供出一条原则，即通过不仅是意识对象内部所固有的那些视域，而且也是对外在地指示各种关联之本质形式的那些视域的不断揭示，把每一种相对封闭的构造理论与其他的任何一种理论结合起来”[②]。

可以看出，胡塞尔研究意识的现象学方法是从绝对超验的自我出发，他所解释的意识是一种绝对精神的存在，所谓的意向性分析不外是对这种绝对精神的抽象运行规则的分析。在胡塞尔那里，意识已经脱离了人脑、脱离了身体，甚至脱离了环境，因为环境中的客体已经成为胡塞尔致力解析的预先勾勒好的、预先设定好的体系结构。正是因为这样，布莱克摩尔认为，胡塞尔的现象学方法事实上已经成为分析一种客观数据的第三人称方法，第一人称方法已经溜走了。德雷弗斯（H.Dreyfus）的观点更为激进，他提出，“(胡塞尔)作为第一个把精神表征直接放到哲学核心的思想家，他也是当前的认知心理学和人工智能

① 胡塞尔．笛卡儿式的沉思 [M]. 张延国译．北京：中国城市出版社，2002：72.
② 胡塞尔．笛卡儿式的沉思 [M]. 张延国译．北京：中国城市出版社，2002：73.

研究之父”[①]。因为胡塞尔的意向性思想与认知主义都主张在抽象精神结构之上理解意义，认为“精神的本质不在于能够拥有精神状态的那种质料，而在于某种精神状态相对于其他精神状态和感觉输入、行为输出的逻辑或结构关系”[②]。而且这两者都忽略身体的作用。本书也认为尽管胡塞尔的意向性思想原本是要强调意识的重要性，但是由于他在方法上倚重与对精神表征的分析，忽视了身体的作用，因此是一种片面的无身认知方法论。

二、梅洛－庞蒂的具身认知方法

胡塞尔的现象学方法始终在抽象主体的纯粹意识之中，始终没有关于身体的体验。海德格尔在对胡塞尔的意向性思想进行批判时指出，我们应当回到日常人类行为的现象并且停止传统的二元分立立场：主体 / 客体，表征 / 被表征的关系分析。我们应当用我们是怎样的存在和我们的存在是如何与世界的可理解性相联系的存在论问题，来取代我们的心灵是何以可能真实地反映外在世界的关于认识主体与认知客体之间的关系的认识论问题。也就是说，用具体的、此在的存在代替纯形式的表征关系。梅洛－庞蒂进一步将这种此在的存在下降到身体的存在。这种身体的存在已经不是传统哲学所指的客体性的实体，而是可感知的、可塑造的、具有情绪的、活生生的、意向性的身体。

梅洛－庞蒂的这种具身认知观其实就是从身体的体验出发，去理解认知的过程，甚至是确定人的真实的存在方式。梅洛－庞蒂认为认识事物其实是将身体置于周遭事物之中，身体是被动的同时也是主动的，它能够感受周遭的各种信息，同时还会赋予信息一种意义。因此是身体在感受——身体在感受事物时，会把这种感知返回自身，并把这种感知以纯粹的形式保留为身体的经验和历史。进而，梅洛－庞蒂认为人的存在既不是纯粹外在的物理活动的存在，也不是纯粹意识的精神活动的存在，而是借助身体的意向性活动存在于这两者之间的一种

---

① Dreyfus H，Harrison H. Husserl，Intentionality, and Cognitive Science[C].Cambridge：MIT Press，1982：2.

② 徐献军 . 具身认知论 [D]. 浙江大学博士学位论文，2004：25.

“暧昧”的存在，真正的认知主体是身体－主体。①

事实上，梅洛－庞蒂的这种具身的现象学方法已经在认知科学中形成了一种与传统认知范式截然相反的新的研究范式：具身认知观。具身认知认为心智是脑、身体和环境彼此相互作用的动力涌现的结果。“心智原本就是具身的”也被认为是认知科学的重大发现之一。②具身认知用认知主体与其所处环境之间的交互作用取代认知的可计算性，强调具身是认知的必要条件。与传统认知主义所判定的人脑的心智状态与其物理状态存在功能对应的经验性假设不同，具身认知的经验性假设认为，“大多数实在世界的思维是发生于特殊的复杂环境中，往往有着非常实用的目的，而且需要控制外界并利用与外在事物互动的可能性。因此，认知是一种高度具身的，情境化的活动，甚至思维的存在应当首先被认为是行动的存在”③。

认知是具身的，意味着认知是从身体与环境的作用中产生的。这种观念与把心灵视为一台只涉及支配能够恰当表征世界的符号规则和程序的机械装置的传统认知观大相径庭。当然，具身认知并非只是一种理论，它还是一种可操作的研究纲领，具身认知科学家提供了许多相应的案例研究。例如，罗伯特森（Robertson L A）的循环原动力行为模型，艾马尔（Jeffrey L. Elmural）的语言的动力学认知模型，吉特迪（Marco Gitorti）的意识的动力学模型等。本书以比尔建立的智能体－环境的耦合模型为例简要说明身体是如何作为参数被纳入统一的认知系统的。比尔用两个函数 S 和 M 来表示认知过程，S 是从环境到智能体的感觉输入函数，M 是从智能体到环境的运动输出函数，$S(X_E)$ 是智能体的感觉输入，$M(X_A)$ 是智能体的运动输出，那么，智能体和环境就可以借助身体的这两个感知函数被描述为

$$X_A = A(X_A; S(X_E))$$

$$X_E = E(X_E; M(X_A))$$ ④

---

① 梅洛·庞蒂．知觉现象学 [M]．姜志辉译．北京：商务印书馆，2001.

② Lakoff G.，Johnson M.Philosophy in the Flesh：The Embodied Mind and Its Chalenge to Western Thought[M].New York：Basic Books，1999：1.

③ Anderson M L.Embodied cognition：A field guide[J]. Artificial intelligence，2003，149：91-130.

④ Beer R D.Computaitonal and dynamical languages for autonomous agents[A] // Port R F. Van Gelder T. Mind as Motion：Explorations in the dynamics of cognition[C].Cambridge：the MIT Press，1995：131.

还有一些具身认知学者在对认知行为的这种连续性进行解读的同时，完全排斥表征在认知过程中的作用，认为在智能体与环境的连续且同时性的变化中，不可能有独立出现的介于感觉输入和运动输出之间的大脑的表征的序列加工程序。他们认为智能行为时感知－动作同时协调的结果，感知－动作的神经结构和组织过程是在运动中创造的，是在不断激活、竞争选择和重新组合过程中得到的一种自组织机制，并不依赖于任何形式的表征和计算。关于表征的问题，学界的确还没有达成一致的共识。本书认为从认知的发展阶段和环境在认知系统的作用来看，表征这种信息的序列加工程序是认知机制的必要但非完全条件。

具身认知的确为我们提供了另一种我们的生存方式：认知是依赖于我们有机体的“在世的存在”，依赖于认知主体的语言、意向性行为和社会－文化－历史情境的，认知不是孤立的事件状态，而是生活世界中事件状态的序列构成的过程，这种过程是认知主体在具身于世的交互作用中生成的。[①] 应当指出的是，具身性所采用的这种交互隐喻研究路径，使得研究的范围扩大了，认知问题成了问题域，意识与认知是什么关系这个问题就凸显出来了，具身认知为意识提供了什么样的解释？这种解释又具有什么哲学意义？这是未来意识研究的一个重要课题。

第三节　意识“有镜厅”隐喻还原方法

物理主义认为，意识的产生是建立在生物化学基础之上的，因此我们必须进一步解释大脑活动是如何导致意识经验产生的问题，也就是说，需要界定与意识相关联的神经组织（the neuronal correlates of consciousness，NCC）。事实上，NCC 研究已经成为意识研究复兴过程中的基石。[②] 随着神经影像技术的发展，NCC 也变得非常重要，它揭示了有意识的处理活动涉及不同大脑区域的皮层网

① 埃德尔曼．意识的宇宙 [M]. 顾凡及译．上海：上海科学技术出版社，2002.

② Chalmers D J.What is a neural correlate of consciousness?[A] // Metzinger T.Neural Correlates of Consciousness：Empirical and Conceptual Questions[C].Cambridge：MIT Press，2000：253-276.

络间序列性激活过程。① 因此，当前意识神经学研究的主要课题是探索意识在大脑中的时空维度。

在此背景下，路易吉·弗朗西斯科·阿尼亚蒂（L.F. Agnati）、迭戈·奎多林（D.Guidolin）、彼得罗·科尔泰利(P.Cortelli)、苏珊娜·哥尼达尼（S.Genedani）、卡米洛·切拉孔德（C.Cela-Conde）、谢尔·富克塞（K.Fuxe）等几位意大利、西班牙、瑞士的神经认知科学家、生物学家最初的研究目的，也是要定位意识在大脑中的空间维度，即形成意识的神经组织在哪里。他们认为神经组织的“功能模块”通过振动回路会形成更高级的嵌套结构。我们的主体意识就源于功能模块嵌套结构的这种捆绑现象。因此，意识很可能是由于嵌套结构中的不同可塑性层级的整合过程而产生的全局性结果。在此基础上，他们形成了关于意识的“有镜厅”隐喻，即“功能模块”类似于“镜子”，而意识是镜子相互反射而形成的一个虚拟物，因此，意识是一种副现象。② 虽然，阿尼亚蒂他们指出了意识形成的相关组织，但是他们所运用的隐喻及神经还原论方法在还原层次、被还原层次，以及两者间的桥接原则中存在论证错误和缺漏，因而他们对意识的解释是不恰当的。事实上，对人类知觉、认知、情感、思维等功能进行可能的神经条件科学研究并不能代替对概念、逻辑的哲学分析。

一、意识“有镜厅”隐喻的含义

克里克在《惊人的假说》一书中认为，“你，你的喜悦、悲伤、记忆和抱负、你的本体感觉和自由意志，实际上都只不过是一大群神经细胞及其相关分子的集体行为”③。一旦我们接受了意识的神经生物学假说，就必须面对大脑活动如何产生意识经验这个问题，与意识密切相关的神经结构在哪里？和许多神经认知科学家一样，阿尼亚蒂他们的初衷也是要寻找与意识相关联的神经细胞，以及

① Monti et al.Willful modulation of brain activity in disorders of consciousness[J].The New England of Medicine, 2010, 362(7): 1-12.

② Agnati L F. et al. Neuronal correlates to consciousness. The “Hall of Mirrors” metaphor describing consciousness as an epiphenomenon of multiple dynamic mosaics of cortical functional modules [J].Brain Research, 2012（1476）: 3-21.

③ 弗朗西斯·克里克. 惊人的假说 [M]. 汪云九，齐祥林，吴新年，曾晓东译. 长沙：湖南科技技术出版社，2002：3.

神经细胞是如何构成内部的心灵剧场的。阿尼亚蒂他们是按照单细胞到单细胞间形成的功能模块的顺序来逐步寻找意识的神经结构的，并最终将意识的神经组织定位于功能模块基础上组成的暂时性结构体。

他们受库克观点的启发，库克推测在动作电位期间，当神经元的细胞膜短暂地对周遭的外部环境“开放”（openness）时，会在细胞层面产生一种感知能力。当然，这与我们人类整体性地感知我们正在发生的内部世界是不同的，这还只是孤立的细胞通过与周围环境的接触感应到了细胞外的液体流。而这种单细胞的感应能力可能就是意识的原型。①阿尼亚蒂他们也认为单细胞中的这种意识的原型现象非常重要，它们能感知外部环境，将信息转换为能够与其他星型胶质细胞、神经元直接交流的钙离子和三磷腺苷，而且这种感应能力会使神经元之间进行比较、筛选，并最终很可能形成一个核心的神经元结构体。同时，阿尼亚蒂他们还认为既然细胞的感应能力产生于与外部环境的连接过程中，那么细胞与外部环境是处于激活状态还是抑制状态就直接关系到认知功能的发挥。阿尼亚蒂提出除了传统的内部环境——细胞间质液之外，还有一种内环境值得重视，即细胞质。活质体会与细胞质内的基质、细胞器和包含物相互作用，从而形成第二个内环境。阿尼亚蒂推测活体质周围的细胞质可能表征神经元感应能力的比较，单个神经元的感应能力很可能是由于内部细胞质对活体质的调节活动而产生的。②

当然，细胞层面的感应能力并不足以产生意识，意识产生的基本是建立在细胞间所形成的超细胞组织体，而正是这个超细胞组织体完成了信息的整合工作。就如何界定超细胞组织体这个问题而言，阿尼亚蒂他们主张从功能上而不是单纯的从解剖学角度来进行界定。因为大脑的生态功能块并不是以解剖学的结构为界限的，而是以功能为界限的，不同的抑制和激活过程会产生不同规模和不同功能的模块。因此他们赞成用“功能模块”(functional module) 术语来替

① Cook N D. The neuron-level phenomena underlying cognition and consciousness：synaptic activity and the action potential[J]. Neuroscience，2008，(153)：556–570.

② Agnati L F，Baluška F，Barlow P W，et al. Mosaic，self-similarity logic，and biological attraction principles：three explanatory instruments in biology[J]. Commun. Integr. Biol，2009，(2)：552-563.

代传统的“皮层柱”（cortical column）术语。事实上，功能模块可以被定义为大脑皮层中的微电路。在微电路中，神经细胞组成了某种特定的模式，执行特定的活动。阿尼亚蒂推测大脑是一个嵌套式网络系统。功能模块中的信息处理过程会出现在细胞网络、细胞间质形成的局部网络及分子网络三个不同的层级中，这很类似于“俄罗斯娃娃”那种模式。功能模块最终的、统一的行为极可能就是源于等级系统中复杂的动力关系。因此，从结构上看，功能模块是由不同的微型组织（这里指称细胞、突触群或分子）组成的镶嵌式的等级排列组合，就好像马赛克图案一样。阿尼亚蒂他们推测不同微型组织层级中反复运行的信号传输线路和传输范围有助于保持信息处于在线状态，并促使这些整合过程在一定的时间期间内达到意识阈值。因此，功能模块可能表征了认知原型和意识原型的第一个整合阶段，它将输入的“感应碎片”（fragments of sensation）转换为一个特定的“知觉片段”(fragment of perception)①。

由于一系列功能模块生成的感知输入信息只是对世界的一种破碎（fractured）的表征，所以需要一种工作机制使不同的感知输入信息被整合起来，形成一个统一的、全局的意向。因为，当我们对我们在某个时刻的意识、瞬间的认知经验进行内省分析时，就会发现它们总是具有整体的、一致的特征。我们并不会同时经验两个矛盾的观点。这也就是说，在功能模块层级，还存在一个整合、连接过程。阿尼亚蒂他们认为不同的功能模块之间会暂时性地组成一个更高层级的马赛克结构体，正是在这个整合阶段，完整的认知和意识产生了。②

基于上述功能模块中及功能模块间的反射行为，阿尼亚蒂他们提出了意识的“有镜厅”隐喻。该隐喻假设功能模块间构成的马赛克结构体可以被视为一个临时组建的“有镜厅”，每一个镜子（功能模块）都会反射其他镜子中的镜像。镜子的反射过程并不是被动的接收，它有两个功能：其一是根据它储存的

① Agnati L F，Baluška F，Barlow P W，et al. Mosaic，self-similarity logic，and biological attraction principles：three explanatory instruments in biology[J]. Commun. Integr. Biol，2009，(2)：554.

② Agnati L F，Baluška F，Barlow P W，et al. Mosaic，self-similarity logic，and biological attraction principles：three explanatory instruments in biology[J]. Commun. Integr. Biol，2009，(2)：554.

记忆，对其他镜子中的镜像进行过滤或添加；其二是在此基础之上，对接收的镜像进行整合。镜子之间大量的、相互的反射过程最终会产生一个虚拟的空间和虚拟的主体，虚拟的空间相当于我们的内心剧场，虚拟的主体相当于生活在剧场中的自我。镜子间持续的动态反射过程会不断地重建内心剧场的舞台，以及自我的态度和感受。最终，“有镜厅”隐喻推断意识只是大脑皮层功能模块组成的马赛克结构体的一种副现象。[①]

二、意识“有镜厅”隐喻还原论方法中的论证问题

神经科学的还原论方案有两种路径：经典还原论和消除还原论。经典还原论的方法就是：“复杂系统可以用其组成部分的活动及它们之间的相互作用来解释。对于一个具有多种层次的活动的系统来说，这一过程也许必须重复多次——也就是说，某一特殊部分的活动也许必须用其组成部分的特征及它们之间的相互作用来解释。例如，为了了解脑，我们也许需要知道神经细胞之间的许多相互作用；另外，每种神经细胞的活动也许需要用组成它的离子、分子来解释”[②]。消除还原论是一种更激进的观点，该理论认为心理解释中所涉及的概念，如相信、意愿、痛苦、快乐、害怕、怀疑等意识状态不可能被还原为神经科学中的结构，因为这些概念所指称的实体完全是虚构的。既然处于行为解释与神经科学解释之间的心理解释层次是虚假的，所以有必要被消除掉。[③]它完全否认意识、心理世界的存在，认为“高兴”“痛苦”“思考”“判断”等意识经验不过是不得已而被错误使用的心理语言，这种错误的理论终将被完整的神经科学所取代。

阿尼亚蒂的“有镜厅”隐喻对意识的还原分析属于经典还原论。他们不否认心理层次的存在，但认为自由意志、意识经验不过是作为神经活动的副现象

① Agnati L F，Baluška F，Barlow P W，et al. Mosaic，self-similarity logic，and biological attraction principles：three explanatory instruments in biology[J]. Commun. Integr. Biol，2009，(2)：555.

② Agnati L F，Baluška F，Barlow P W，et al. Mosaic，self-similarity logic，and biological attraction principles：three explanatory instruments in biolog [J]. Commun. Integr. Biol，2009，(2)：560.

③ Hacher，P M S. Eliminative materialism[A] // Schroeder S. Wittgenstein and Contemporary Philosophy of Mind[C]. London：Routledge，2001：60-84.

而存在的。意识的物质基础在于大脑的微型结构所组成的嵌套式结构体，人的意识、信念、欲望不过是多个功能模块相互连接形成的虚拟物，就类似于多面镜子相互反射而形成的一个虚拟空间。他们仍然相信神经结构组成部分的特征和活动对意识实体的特征和活动能够给予彻底的解释。经典还原论认为组成世界的物质可以分为不同的层次，每一层次的对象都是由更低层次的对象构成。而还原的程序就是从描述更低层次实体的活动的不同规律中得出特定层次的规律。由于组成部分并不等同于该类特定实体，所以这种导出还原需要三个步骤来完成它的推理过程：第一，需要获得还原层次的规律；第二，需要获得被还原层次的规律；第三，还需要桥接原则将各种被还原层次上的对象与还原层次上的对象的特定结构等同起来。[①] 阿尼亚蒂他们对意识的神经生物基础分析也是按照细胞、细胞组成的功能模块、功能模块组成的嵌套式结构体从低到高的相继的层次来分析的，并认为意识产生于功能模块组成的嵌套式结构体这个层次，二者之间的桥接原则在于细胞层面的感应能力及功能模块层面的整合能力。下面我们将依次分析阿尼亚蒂他们在上述三个推理步骤中存在的错误。

第一，从阿尼亚蒂他们对还原层次规律的分析来看，副现象与“有境厅”隐喻这两个术语对于意识的本体预设是不同的，同时用这两个术语来解释意识现象本身就是矛盾的。意识研究中的副现象学说是指有意识的心智是由大脑中的物理事件产生的，但是它只是这些物理事件的“副现象”“伴生品”，它没有任何能力去影响大脑中的物理进程。大脑的运作完全是由之前的物理原因引起的。因此，副现象并没有否认意识的存在或主观体验的存在，它否认的是意识对物理事件的因果影响力，否认的是意识对大脑和躯体系统的影响能力。正如塞尔所描述的“意识的确存在，但是其存在方式就类似于浪花的泡沫，或是水面在反射日光后形成的粼粼波光”。[②] 从阿尼亚蒂他们对还原层次规律的分析来看（即上述对意识的神经生物基础，包括细胞、细胞组成的功能模块、功能模块组成的嵌套式结构体等各个层次的分析来看），他们承认意识是存在的，甚至

① 贝内特·哈克．神经科学的哲学基础 [M]. 张立等译．杭州：浙江大学出版社，2008：377.

② 约翰·塞尔．心灵导论 [M]. 徐英瑾译．上海：上海人民出版社，2008：26.

认为单个细胞对外界的感应力就是意识的最原初状态。

"有镜厅"术语起源于16世纪法国的一种建筑艺术，意指一种建筑结构。它是通过多面镜子的排列组合，使外部物理世界中的景观通过镜子的反射形成一个与原有外部世界不同的虚拟空间。事物在镜子中的单纯反射可以被理解为一种副现象，毕竟它是以原有事物的存在为基础的。但是通过镜子的排列组合，在多面镜子的交叉反射之间形成的空间却是不存在的、虚拟的。阿尼亚蒂他们把这个虚拟空间的形成隐喻为意识的形成，那么在本体论上，意识就被消除了，意识被视为一种虚拟的存在。因此，从本体论上分析，同时使用副现象与"有境厅"来描述意识是矛盾的。

第二，从阿尼亚蒂他们对被还原层次规律的分析来看，他们认为意识是一种可有可无的副现象，既然心理属性就等同于神经属性，那么还原式神经生物分析方法就绝对、完全能够解释认知和意识现象。这种单一的解释原则正确吗？事实上，解释是一种特殊的活动，它在给定场合的成功很大部分取决于该解释阐述被解释现象的方式。[①] 例如，以下两个例子：①一个中子爆炸，是因为有 v 毫伏的电势施加于它的两端，而它在过去 t 毫秒之内是不活跃的；②今天早上没有下雨，但小王出门前还是带了雨伞，是因为他听太太说今天有雨。例①描述的是封闭系统中客体的性质。中子两端的电势在因果上完全决定了中子在状态空间中所具有的性质。因此它是属于决定论系统的，即对除了可明确识别的输入或输出之外的外界影响封闭，该解释性说明本身也是封闭的、完全的。但是在例②中，小王听太太说会下雨、小王带雨伞出门这些虽然指称了与状态描述相关的实体或性质，但它们并不能指称系统本身的性质，不能指称与状态描述或系统行为有因果联系的性质，也就是说，它们并不能解释小王为什么带伞的行为，不能构成一个完整的因果链条。例如，小王听太太说会下雨，但是小王不相信，或者小王虽然相信了，但是他想起办公室有伞，都会导致小王不带雨伞。因此，心理层面是存在的，认知规律的解释不能仅仅诉诸物理规律。小王对是否下雨的内心判断才是小王带伞行为的关键的因果链。由此可以得出，

① 泽农・派利夏恩．计算与认知：认知科学的基础[M]．任晓明，王左立译．北京：中国人民大学出版社，2007：4.

行为的某些规律性，只能参照认知状态所表征的内容，所做出的描述，才有可能被把握。

认知科学的不断发展，已经将解释层次不断地拓展了。从解释性原则来看，物理的神经生物层面之上，还存在两个不同的层面——表征的（或语义的）层面和符号处理的层面。[①] 表征层面和符号处理层面分别代表了认知者内部各自独特的、自主的描述层面。表征是认知者对对象的物理例示的内部表征。符号处理则是表征得以被运作的某种方式，是对语义解释的编码。它们才是决定意识经验的关键因素。例如，两个被试都同时坐在书桌前阅读同一本书，其中一个看完之后浮现连篇，感慨万千；另一个看完之后却不以为然，不为所动。从物理层面看，他们的输入量是相同的，但是输出量却完全不同。神经科学家可能会解释说，虽然输入的刺激是相同的，但是它们在被试大脑中形成的神经回路并不相同，因此输出量不同。但是为什么相同的刺激输入会产生不同的神经回路，神经科学却只能给出观察的结果，并不能给出一个充分的解释。我们认为这是因为在表征层面上，词语的意义是从认知者的心理状态的语义和用该词语表述某些事物的意向中导出的。从符号处理层面上，符号表达式作为对表征内容之间的关系编码，可能存在具有相同语义内容的不同编码集合，这些编码在物理的神经回路上可以区分，从而导致了不同意义的产生。这两个方面结合起来就可以解释为什么相同的输入信息在不同的认知者间产生不同的意识经验。其实，这就是主体性所要探讨的问题。神经生物学无法回避这个问题，也无法消解这个问题，它必须结合其他的分析层次共同地解决这个问题。

第三，从阿尼亚蒂他们对桥接原则的分析来看，他们认为神经生物基础与意识的联结在于知觉的可塑性理论。可塑性（plasticity）是中枢神经系统的重要特性，即在形态结构和功能活动上的可修饰性，可理解为中枢神经系统因适应机体内外环境变化而发生的结构与功能的变化。脑的可塑性是指在人的一生中，脑能够改变其组织与功能的特性，它是脑组织的基本特征。脑的发展是基因，

① 泽农·派利夏恩．计算与认知：认知科学的基础 [M]. 任晓明，王左立译．北京：中国人民大学出版社，2007：25.

以及从环境中输入的刺激等多个方面动态地相互作用的过程。在这个复杂的动态系统中，有机体逐渐适应偶然的输入，满足学习环境的需要，这一适应的过程即可塑性过程。① 阿尼亚蒂他们建构的意识结构是一个马赛克式的等级网络结构。在每一个等级，包括细胞、突触群、分子、功能模块，以及由功能模块构成的捆绑机制中都蕴含着可塑能力。细胞对周遭的感应能力被视为一种原型意识。突触群不仅在功能上还是结构上都具有可塑性。而在分子层级，不但突触的增加会增加神经元细胞周围的振动回路，而且即便相同数量的神经元细胞与突触也会形成不同的振动回路。功能模块，以及在功能模块之上的整合结构体作为一种捆绑机制，会被不断地重新分配、利用，从而产生不同的认知、意识状态。它们的可塑性也是显而易见的。

正是神经生物层面的可塑性，使阿尼亚蒂他们认为生物基础与意识是直接相关的，从单细胞的“原型意识”、单个功能模块的“知觉碎片”到功能模块嵌套式结构体层级产生的真正意义上的“意识”，阿尼亚蒂他们一直想要将主体性的意识植入其中。既然“有镜厅”意识隐喻的前提是意识的原型、组分存在于功能模块嵌套式结构体的下一级，甚至更下一级的子结构中，可是最后推演出的结论却是完整形态的意识反而成为一种外在于结构体的一种副现象，这不是自相矛盾吗？为什么在功能模块组成的结构体中，可塑性却消失了，或者成为一种可有可无的副产品？从脑神经的正常运行是我们认识某物的必要条件这个意义上说，意识的确是大脑的产物，这也是神经认知学科需要解决的科学问题和规律。但是认为意识只不过、或等同于脑神经系统的活动，这就不再是一个科学论题，而是一个形而上学论题，一个关于意识的存在属性的逻辑和对意识进行解释的逻辑结构的形而上学论题，它们不能被科学证实或证伪，只能通过分析论证。

三、意识“有镜厅”还原论中的论证缺陷及修正

我们认为阿尼亚蒂还原论分析除了内部存在的推论错误，更重要的是他们

① 刘海燕，李玲玲 . 脑的可塑性研究探析 [J]. 首都师范大学学报（社会科学版），2006，(1)：115.

遗漏了意识发生机制中的一个重要因素：情境性，即认知主体处在直接影响它们行为的情境中，其行为是靠具有动态结构的目标驱动的。“我”是一个特定的主体，我的历史是我在生活的社会历史情境中的行为，涉及大量的道德、社会和法律方面的习俗、规定。单纯的神经科学的描述并不能深化我们对境况和事件的了解，正如对水的化学分子分析解决不了水往低处流的运动规律。神经科学可以解释拥有和行使人的某种能力的神经条件，以及神经条件的缺陷可能产生的能力缺陷或非理性行为。仅仅是物理层面的神经科学不能解释在特定情形中正常人的行为的缘由。要了解正常人的行为，我们必须对人的行为，以及他们根据理由和动机所做的各种形式的解释和辩护在更高的不可还原的层次上做常规的描述。这就需要论及行为人的意图、目标和目的、理由和动机、习惯、风俗和爱好来解释。①

从认知研究的历史来看，认知主体对情境的认知内化过程是一个非常重要的问题，忽视了这个问题，就会使整个认知研究陷入僵局。胡塞尔的现象学哲学认为，在外部世界和内在经验世界之间，不可能存在有意义的区分法。而且，真实的体验比科学的抽象性更为重要。为了探究这种真实体验，需要把外部世界用加括号的方式悬置起来，即暂时废除或不考虑所有的先入为主的观念和以前的信念，尤其是那些关于外部世界的特性及其与体验的关系。胡塞尔认为只有通过这个方法才能直接研究体验，并使哲学成为严格科学的开始。但是这种与情境脱离的方法是不成功的。胡塞尔本人最终也承认，超验的意识主体无法与他所谓的“外视域”剥离，“然而，在这里，事情涉及一种无限的制约性观念；作为这样一些可能意识的那些可能对象的、在先前的预期中预先假定了的体系，本身也将是一种观念，并且在实践上也许能提供出一条原则，即通过不仅是意识对象内部所固有的那些视域，而且也是对外在地指示各种关联之本质形式的那些视域的不断揭示，把每一种相对封闭的构造理论与其他的任何一种理论结合起来”②。海德格尔针对胡塞尔这种脱离情境的做法，曾尖锐地指出，“由于外

① 贝内特・哈克．神经科学的哲学基础 [M]. 张立等译．杭州：浙江大学出版社，2008：382-386.
② 胡塞尔．笛卡儿式的沉思 [M]. 张延国译．北京：中国城市出版社，2002：73.

视域或文化实践的背景是决定相关事实和特征的可能性的条件，并且是构成内视域的先决条件，所以只要文化的上下文环境没有得到阐明，那么，对意向对象的内视域的分析就不会有进展”①。

明斯基也注意到了文化实践背景在人工智能研究中的重要作用。他以日常的贸易行为为例，认为贸易通常在具有法律、信用和制度的社会环境中进行。除非我们也能表征出这类有关的事实，否则大部分贸易事物就几乎没有意义。因此，明斯基认为建立一个知识库是重大的智能研究问题，即必须要建立一个典型化的情境的数据结构来表征日常知识。“最小的常识系统必须知道因果、时间、目的、地点、过程和知识的类型……在这一领域我们需要做严格的认识论研究。”②

那么，如何在神经科学的研究中体现认知的情境性呢？我们认为情境对于认知过程的影响主要可以分为两种情形：其一为离散的表征过程；其二为实时的参与过程。就第一种离散的表征过程来看，此时的情境不再是作为一个单一的要素，而是认知者基于一定的社会历史背景就已经发生的事件形成的意识经验。这个已形成的意识经验会作为一个沉淀物，构成认知者下一个意识经验发生的情境。因此影响上一个意识经验的情境会延续、影响下一个意识经验，以此类推。这样一来，外视域的文化实践背景就始终被配置在意识的发生机制之中，并确保了意识经验的稳定性和同一性。由于这种离散的情境表征所体现的是一种整体性的意识，所以离散的情境表征对应的神经结构，我们推测是存在于由功能模块所组成的嵌套式结构体。这个结构体不是一个暂时的、虚拟的连接体，它们一旦连同了，就会影响、制约下一个功能相关的嵌套式结构体的形成。功能模块的这种连接形式用以用“可寻址性”术语来描述。我们认为用可寻址性来取代暂时性、虚拟性的最重要的理由是前者可以表征神经功能模块对外视域的社会文化背景的承载。

---

① Dreyfus H.From micro-worlds to knowledge prpresentation：aI at an impasse[A] // Haugeland J . Mind Design Ⅱ [C].Cambridge：MIT Press，1997：162.

② Minsky M. A framework for representation knowledge[A] // Haugeland J. Mind Design Ⅱ [C]. Cambridge：MIT Press，1997：138.

就第二种情形，情境在认知过程中的实时的参与过程，我们认为由于此时认知主体还没有形成一个完整的意识经验，情境还只是认知系统中的一个要素，因此此时的情境可以视为一个功能模块，它会与身体知觉系统的功能模块一起，在离散的情境表征的制约下，形成新的意识经验（图 3-1）。

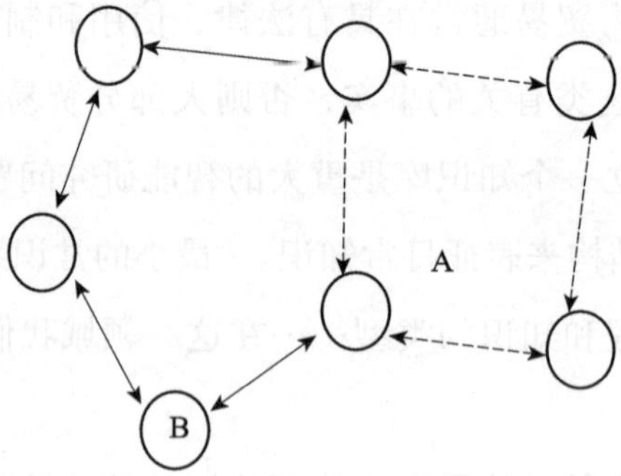

图 3-1　神经元功能模块中的情境（A 为离散的情境表征，B 为实时的情境）

由此可见，意识并不是产生于一个虚拟的空间之中。神经功能模块的连接结构虽然没有生成一个实体的组织，但是它们的连接方式（神经元的激活或抑制方式）是有迹可循的。而且神经模块的可寻址性还会将外视域的关联关系不断地延续到以后的连接方式之中。

四、"有镜厅"还原论的启示

当代的神经生物学飞速发展，已经将生命分解到最小的组成部分，试图要去解释生命异常精妙的复杂性。生物的物理、化学、神经属性是否能够成为确定精神属性和心理属性的归属的逻辑条件？也就是说，意识作为一种独特的精神现象，它是如何被大脑中的神经生物反应引起的？如果找到了与意识相关的神经生物学基础，意识是否就能被直接还原呢？神经生物科学中的还原论方法引发了如此多的概念问题，以致我们不得不从还原论出发去研究这些问题。事实上，越来越多的神经认知科学家、哲学家已经意识到从与意识相关的神经结构到内省意识的生成之间还有一段未完的路程要走。

人在本体论上不可能被还原为其单纯的神经系统。这就好似整体不等于部分之和这一命题一样。人是由各个器官和神经系统组成的，由一定的细胞分子结构和一定量的化学元素构成。但人不等同于那些构成他们的东西或某个特定的器官。我们人所具有的属性，既有物理属性，如相貌、身高、肤色等，也有社会属性，如社会身份、经济地位、社会关系、个人历史等，这些特定属性的整体才构成了我们个体的人。他们并不表现为脑的属性，我们的脑的属性也不是我们个体的人的属性。我们并不是细胞的集合，正如图画并不只是颜料或笔画的集合。神经科学在分析意识的神经条件时，还必须注意情境对于意识发生机制的重要作用，确定与情境对应的神经关联结构应当成为意识的神经科学研究中不可忽视的课题。

事实上，神经生物还原论也反证了心智的哲学分析不可或缺。神经科学的哲学分析的意义在于：首先，哲学关注的不是事实问题，而是意义问题。哲学涉及的不是经验的真假的领域，而是有意义和无意义的领悟。所以哲学首要的建设性任务当属概念分析，即澄清概念的预设、概念的表征形式，避免概念混淆产生的意义越界。其次，我们是通过句子来表达我们对世界的所知所想。而句子是由概念按照一定的规则联结起来的。分析句子结构的蕴涵、相容和不相容也是哲学的任务。神经科学是在探究我们的心理和行为能力，以及行使这些能力的神经基础的意义上研究心灵的性质。而哲学是在澄清心灵的概念，以及与相关概念形成逻辑语法关联网络的意义上研究心灵的本质。而且哲学研究是神经科学研究的基础和前提。① 从哲学上对概念进行解释、界定有助于神经科学对问题和方案的描述和理解，并提供一个恰当的隐喻。

第四节　有意识与无意识的对比分析方法

一、有意识与无意识的区分

有意识与无意识在行为中的区分，是一个经验事实，也是心理学研究领域

① 贝内特·哈克．神经科学的哲学基础 [M]．张立等译．杭州：浙江大学出版社，2008：422-425.

的一个重要问题。智能体可以对一个事物或内容产生意识，也可能从来都没有意识，也可能处在有意识与无意识的转换过程中。因此，按照我们在行为过程中，有意识和无意识的参与程度，可以将我们的行为区分为四种情况：①总是无意识的；②可以从无意识状态转换为有意识状态；③在某些行为中，一开始主体是处在一个有意识的状态，但是随着熟练程度的加深，主体对该事物变得无意识了；④已经变得无意识的事物，当出现新的关注点时，主体会再次对该事物产生意识。

就第一种情况而言，即总是无意识的状态，主要是一些关于生物体的生理反应或生长过程。例如，对于我们肠道的蠕动、头发的生长、血压的增减，对于大脑之外的神经联结的脊椎反射，甚至视觉运动的进行速度，我们都是无法有意识地控制的。

就第二种情况——可以从无意识状态转换为有意识状态而言，主要针对一些我们能够自主控制的生物反应。这些生物反应在一般情况在无意识的，但是可以通过对它们的效应做出反馈，然后通过生物反馈的方式将这些动作置于有意识的控制状态之下。例如，如果一个视觉或听觉呈现信号导致了你的心跳变快了，或者你的手掌流了更多的汗，那么，你就能够学习控制这些变量，有意识地做一些不让该结果发生的行为或意念控制，如坐下来让心跳变缓，或者摊开双手，让汗水挥发得更快一点。最著名的就是膝跳反射，当开始膝盖受到敲打的时候，被试是无意识的，但是当他意识到自己的膝盖反射了起来时，他就开始有意识地控制自己的膝盖的反射。

第三种情况是针对由有意识到无意识的转化而言的。与生物反馈机制将无意识的生物反应带入有意识的控制之下相反，随着技巧性动作的熟练程度加深，冗余性会将行为带入无意识的自动化过程。以学习为例，当我们第一次骑自行车时，我们对骑车的每一个环节、细节都会有意识地去记忆，但是当我们学会之后，随着我们骑车的动作变得越来越简单和流畅，我们就渐渐地不再对骑车各个细节有意识。其实对任何一项新颖的事物而言，都是这样。

第四种情况与第三种情况相反，是由已经因冗余性而变成无意识的自动化状态再次转换到有意识状态。还是以骑自行车为例，当前方突然出现一辆迎面而来的汽车，我们就会再次对刹车或是转动把手的动作变得有意识。事实上，我们可以看出当我们在学习、记忆、决策过程中，需要付出努力时才能习得、解决时，就需要意识的参与。

从上面的区分可以看出，对一个事物的无意识与有意识状态，是可以被转换的。布莱克摩尔也提出，对于相同的动作在某个情境下可以有意识的完成，而在另一个情境就无需意识的参与，即他也承认这种无意识与有意识之间的区别，它们在现象性上的差异，即它们在感觉上是有所不同的。但是他没有进一步指出对于同一个事件的有意识状态与无意识状态之间的转换。而是从有意识执行的动作与无意识执行的动作之间的区别问题直接就跳到意识是否对行为具有因果作用的问题。[①] 本书认为这两个问题之间的确存在一个思考漏洞，即有意识与无意识的动作之间的转换，有意识与无意识之间不是对立的，不是二选一的问题，如果阐明了这一点，或者意识的因果关系问题就不会那么神秘。

二、巴尔斯的有意识与无意识的对比分析在意识研究中的运用

巴尔斯在《意识的认知原理》一书中，首次将有意识与无意识的对比分析运用到意识的认知模型当中。巴尔斯在分析有意识的经验的产生、形成与消失的过程中提出了有意识与无意识经验之间的转换思想。巴尔斯解释说，“对比分析”就是将相同的意识过程和无意识过程进行对比，比如，当我们有意识进行计算时，其效率是比较低的，容易受到其他意识过程的干扰，容易出错。而当我们在无意识的状态下时（例如，擅长心算的人因为长期的训练学会了自动做大量计算步骤），计算效率比较高，不容易受到干扰，准确性也比较高。巴尔斯对于意识的研究，并不仅仅是局限于各种意识现象，而是把相对应的无意识现象联系起来研究。事实上，我们对一个事物的有意识状态和无意识状态总是交织在一起的。例如，当我们进入一个房间时，我们首先会对进入眼帘的沙发产

① Blackmore S. 人的意识 [M]. 耿海燕，李奇等译 . 北京：中国轻工业出版社，2008：38-39.

生意识，随着视线的转移（即选择性注意），我们会对房间另一个角落的电视产生意识，此时对于沙发的意识就从我们的大脑中退却了，但是10毫秒左右我们还可以把对沙发的意识再回忆起来，这种能够准确回忆的能力本身就表明对意识内容的无意识记忆会在我们大脑中维持一段时间，也就是说，在我们的记忆中同时存在着意识部分和无意识部分。

正是通过对日常生活中的有意识现象和无意识现象的对比，巴尔斯找到了意识经验存在的经验型证据，为研究意识经验提供了现实的土壤，开启了研究意识经验的第一扇大门。巴尔斯运用“对比分析”详细研究了有意识和无意识处理能力之间的区别，他归纳的这两者之间的区别主要有以下几点①。第一，在计算方面，意识处理能力是低效率的，无意识处理能力却是高效率的。这具体体现在：①意识事件的速度相对较慢。单个的反应时间，即针对特定的刺激物，我们的大脑做出反应所需的时间，最多约100毫秒。相反，无意识处理过程是以神经放电的速度产生的，每秒40～1000次不等。比意识反应的时间快得多。②意识事件容易受到干扰。不同形式的知觉经验、心灵意向、发生在情感或身体上的任何感受、有意识做出的行为、内部言语等意识事件总是会相互影响、干扰。事实上，这是我们生活中不言而喻的、基础性的事实。我们的听觉会影响我们的视觉，内部言语又会对我们正在进行的行为产生抑制作用。相反，无意识过程之间却很少互相干扰。无意识过程是由具有固定的程序、自动化的功能模型（无意识的处理器）运行的结果，它们之间鲜有干扰。② ③意识事物容易出错，甚至是简单的心算也难以不出任何差错，更不用说有意识的句法结构分析，视觉景象分析了。易出错这一性能在实践中是很重要的，因为许多飞机失事、道理交通事故和工业事故具有很明显的人为错误的特征。相反，无意识过程出错率较低。自动化的功能模型之间有其各自专属的处理事项，在其专属的范围之内，处理器可以很好地完成任务。一个明显的例子就是我们在打字时，当我们有意识地盯着键盘时，我们的打字速度就会慢下来，而且还容易出现错

① Baars B J. A Cognitive Theory of Consciousness[M].Cambridge：Cambridge University Press，1988：84-86.

② Shiffrin R M，Dumais S T，Schneider W. Characteristics of automatism[A] //Long J，Baddeley A. Attention and Performance[C]. Hillsdale：NJ Erlbaum，1981：223-238.

误；当我们不看键盘，不去刻意回想哪一个是什么键时，反而速度快了起来，还极少错误。

第二，意识处理过程包含了大量可能性的内容，但是任何一个无意识处理器的范围却是有限的。我们能够对其产生意识的事物的范围，从根本上说是无限的：我们对周遭世界的感知会导致意象、梦想、内部言语、情绪感觉、快乐和悲伤。如果我把信仰、概念和意图的意识部分包括进来，我们可能对其产生意识的事物的范围还会更广。无意识处理能力的有限性在于无意识处理器的专属性。如果存在一个无意识的句法结构的处理器，那么它不可能很好地分析视觉景象。巴尔斯认为李逊（J.Reason）收集的行为错误恰恰证明了专门的功能模型是存在的。李逊把功能模型称为行为图示，"这些行为图示可以被独立的激活，以一种充满活力的和高度竞争性的方式运行并试图影响整个行为"[①]。例如，办公室有人敲门，与此同时电话响了，张三拿起电话说"请进"。这个例子就是典型的行为中的插入错误。我们可以把张三的整个行为分解为两个功能模型，当有人敲门时，我们对应的行为是说"请进"；当电话铃声响起时，我们对应的行为是拿起电话说"你好"。只有当功能模型具有专属性，也就是有限性时，才会出现上述的行为错误。

第三，意识处理能力具有较强的关联能力和语境敏感性，但无意识处理器是相对独立和自主的。关联能力是指能使两个意识事件相互发生联系的能力。条件反射训练就是一个很好的例子，其中一个有意识的刺激物是作为另一个有意识刺激物的信号。例如，在试验中人们会形成铃声标志着食物来了，红灯亮标志着电击等的条件反射，尽管在铃声和食物之间、电光和电击之间并没有天然的联系。这些联系是任意性的。然而在适当的条件下，任何一个有意识的刺激物都可以作为另一个强化刺激物出现的信号。语境敏感性是指我们的意识经验会受到无意识语境的影响、限制。例如，我们在和别人交谈时，对于对方当前所说的句子，尤其是包含了新的信息而我们在理解上存在一定困难的句子，

① Reason J. Absent—mindedness and cognitvie control[A] // Harris J E，P.E.Morris.Every Memory，Action and Absentmindedness[C]. New York：Academic Press，1984：113-132.

我们就会回忆对方所说的话，根据回忆起来的对方之前所说的话来帮助理解当前的这个句子。这表明我们理解任何新信息的能力关键依靠先前的，主要是无意识的知识。[①]也就是说，无意识的预期引导着我们对世界有意识的理解。无意识处理器是相对独立、自主的这一结论仍然可以从日常的行为错误中推导出来。当我们的行为发生错误时，出错的行为本身是执行得相当好的，只不过其对应的语境发生了错误。例如，在节假日起床、穿上衣服去上班。穿上衣服上班这个行为本身是流畅且有效率的，但是行为却没有根据外部环境的变化而调整，没有进入节假日这个新语境中，所以产生了错误。那么谁来对行为错误中那个本身干得很好但却与环境不相适应的行为负责呢？我们怎么解释这个错误的行为呢？“无意识处理能力是相对独立和自主的”似乎是最好的解释。

第四，意识经验具有内在的连贯性，是顺次运行的，但是无意识处理器可能是相互矛盾的，是平行运行的。关于意识经验内在的连贯性这一点也有大量的经验性证据：我们绝不会把两段内容不同或者发音不同的话混淆在一起。在同一个时刻我们不可能思考两个互相排斥的观点，尽管我们可以一个接一个思考两个互相矛盾的观点。但矛盾本身是可以存在的，只要矛盾本身没有变得有意识，哈金斯（E.Hutchins）的实验就证明了这一点。[②]哈金斯假定一个人一整天都站在山顶上，早上他指向正在从东方升起的太阳，晚上指向将要从西方落下的太阳，那么请问这个人在早上和晚上分别指向太阳的两条线在哪里交叉呢？大多数人的答案是在这个人这里交叉，但答案是错误的，事实上，这个人虽然没有移动，但是他随着整个地球绕太阳在公转，所以这两条线交叉的点是在太阳那里。事实上，我们都知道地球让太阳公转这个真理，但我们在思考这个问题时，很明显我们运用的却是地球中心这个观点。这就表明我们可以同时怀着两个不同的相反的观点，即无意识的矛盾本身是可行的。意识处理能力的顺次性是指意识经验是一个接一个，正如詹姆斯所谓的，是一个“意识流”。即使是两个同时发生的意识事件，人们要么把意识经验集中在一个事件中，要么

---

① Brasnford J D. Human Cognition[M]. Belmont：Wadsworth，1979：21.

② Hutchins E. Culture and Inference：A Trobriand Case Study[M].Cambridge M A：Harvard University Press，1980：5-7.

一个接一个的经验。“还没有两个独立事件同时发生的真正的心理学事件。”① 大量的神经生理学研究表明无意识处理能力是平行的。大脑的许多领域是同时活动的。在过去的几年里，平行处理过程的数学模式可以用来理解神经系统运行的方式，而且有几个系统已经被详细地模式化了。②

巴尔斯认为在意识事物和无意识事物的经验性对比中，最为核心的问题是，意识的有限性和无意识的无限性。意识的有限性主要是指大脑的有限能力机制，它包括瞬时记忆、选择性注意及其有意识事物的竞争性。瞬时记忆研究表明当面对众多的信息时，仅仅一小部分新颖的或零散的信息可以被我们记住。选择性注意表明人只对提供的两个信息流中的一个有意识，并排斥另一个。有意识事物的竞争性研究表明两个有意识的任务会互相削弱或降级，即我们不能同时做两件有意识的行为。从这一点看，大脑似乎是一个相当缓慢的、在一个时间点只能做一件事、且容易出错的器官。无意识的无限性是指单纯从大脑进行观察，它是众多的神经元的巨大的连接体，每一个神经网络、神经皮层或者神经连接体都各自负责处理各自特定的事务。例如，分析视觉图像、维持体温、身体的平衡、肠壁的蠕动等。这些特定的神经网络并不受某个控制中心的指示，分散的同时运行，有序而互不干扰。它们绝大多数都是无意识的，且在例行的事务处理过程中极为高效。

为什么如此巨大的系统在意识性能方面却有着如此奇妙的局限性？我们如何看待意识能力的有限性和无意识能力的无限性这对矛盾呢？它是神经系统功能上的特点，还是在进化过程中出现的一个错误？巴尔斯认为，这个核心的难题为我们提供了一个基本的理论隐喻，意识就如同一扇大门，它开启了通向神经系统各个部分的通道，即意识赋予了神经系统一些无意识处理过程不能给予的选择性的优势。它创造了进入大脑各个部分的路径。意识调动了处理特定事物的各个无意识系统。我们的大脑中有许多无意识的区域，通过意识单个神经

---

① Blumenthal A L. The Process of Cognition[M]. Upper Saddle River，New Jersey：Prentice Hall，1977：87.

② 著名的模型研究文献有：Grossberg S.Studies of Mind and Brain[M]. Boston：Reidel Press，1982; Rumelhart D E, McClelland J L，The PDP Group. Parallel Distributed Processing：Explorations in the Microstructure of Cognition Foundations［M］. vol.I.Cambridge：Bradford，MIT Press，1986.

元和大脑中众多的神经元建立起了生物反馈控制，我们才能够进入到众多的无意识知识源（unconscious sources of knowledge），将语境中的各个分离的部分加以整合，从而产生意识内容。意识就好比大脑的一个公共机构，它使得信息的获取、传播和交换更为便利，并有助于全局性的协调和控制。

因此，巴尔斯在其建构的认知模型中，有意识执行的行为与无意识执行的行为之间的转换过程如下：无意识状态下执行的行为是通过已经形成自动化处理程序的无意识的专门处理器来执行的。当新颖的事物出现时，因为没有处理该新颖事物的专门处理器来处理它，所以与该事物相关的专门处理器争相地企图处理该新信息，形成合作关系的处理器会设法进一步地传播该新信息，以争取更多的处理器的支持，以抵御其他竞争的专门处理器或专门处理器联合体。在传播的过程中，全局可用性形成了我们的意识经验，此时意识的功能就像一个通道，使得新信息能够被更多的无意识专门处理器获取、可用。一旦当该新信息变得越来越为我们熟悉，失去了它的新颖性、复杂性时，它就逐渐地被新形成的无意识专门处理器（或专门处理器的联合体）独自处理时，该信息就不再具有全局可用性，从而变得无意识了。但是，如果出现新的情况，是有别于原来的情形时，生成的专门处理器或专门处理器联合体无法处理时，它就又会开始召集其他的无意识的专门处理器来共同地处理该情况，此时，原有的信息因为重新具有新颖性而再次变得有意识了。

三、巴尔斯对比分析方法对于心身问题研究的启示

心身关系一直是心灵哲学中的焦点问题，它不但直接关涉意识本质的定性问题，还直接与精神与物质之间的关系这个基本的哲学问题相关。心身关系问题的内容主要是意识与身体或者大脑的关系问题，它们之间是同一的或者有差异的，如果是有差异，那么它们之间是具有因果还是附随关系？围绕着对心身关系的解答有衍生出许多理论。例如，心灵的因果关系理论、查尔莫斯提出的意识的“难题”问题，以及各种解构心灵的理论，它包括从最激进的取消主义

到解释主义、功能主义、同一性理论和最为温和的心灵自然化运动。

本书认为目前心身问题研究的难题在于物质世界的闭合原则要求意识现象只能为物质属性，但是脑神经科学在定位于意识相关的神经关联物时，一直没有找到具有说服力的神经关联物与解释的隐喻。而对比性分析可能揭示了与意识相关的神经组织，并提供一个可行的隐喻解释。

物质世界的闭合原则其实是在因果律与守恒律的基础上建立起来的。因果律是关于事物变化发展的普遍法则——世间一切事物的发生、发展、变化和消亡都是有引促因素的，原因在先，结果后随。当然从机制上讲，一切事物都是在普遍联系和相互作用中，完全的或严格意义上的因果关系应当被局限在一个封闭系统的演化过程之中：前一时刻或时段中系统内各元素的相互作用是原因，后一时刻的系统状态是结果。在这个封闭系统中，事物的变化（结果）通过内外因（原因）的相互作用而产生。因果律的发现和确立意味着大千世界的纷繁事物和变化都是有因有则的，而不是杂乱无章的谜团。找到了原因就意味着了解了事理，就意味着有可能对事物适应或掌握。因此，因果律是事物的一个重要的基本特性，它构成了世界统一性和可知性的基础。守恒律包括在科学史上逐渐发现的各种关于事物演变过程中的不变性的定律，包括能量守恒定律、质量守恒定律和质能守恒定律等。总的来说，科学研究发现在低速运动的宏观领域，物质系统的运动变化具有能量守恒定律、质量守恒定律和质能守恒定律；而在高能微观领域，虽然不存在能量与质量的分别守恒定律，但质能的总和依然满足守恒定律。也就是说，在粒子和物体的世界中，普遍存在“质能守恒定律”，这意味着宇宙的总质能恒常不变，物质世界本身具有总体的稳定性与封闭性。这两个原则合起来，就能得出对完全原因和完全结果而言，物质世界的原因事件的质能总量与结果事件的质能总量是相等的的结论。因为原始事件被视为一个总系统内部相互作用的事件的总质能，那么该总系统在经过一段时间后，作为结果事件的总质能就应当与原因事件的总质能守恒。如果原因事件中存在非物质的原因，那么它就多出了一份非物质的能量，从而破坏了质能守恒定律，这就表明物质世界的因果关系是自我完成的，它不接受任何非物质的因果原因，否则就违反了质能守恒定律，这就是著名的物质世界的因果闭合原则。[①]

既然物质世界的因果闭合原则对于物质世界的一切因果关系都有效，那么对于大脑中因果关系也应当有效，因为脑也是一个物质系统，神经元、胶质细胞、神经放电活动都是属于物理粒子或者粒子的运动过程。大脑中的一切活动都应当是物质元素之间的相互作用，没有非物质的东西存在。那么，心灵、意识是在何处呢?

对比性分析方法的意义之一在于提供了关于意识存在的心理学证据，避免了对质能守恒定律的违反。对比性分析方法不是把意识视为外在于物质大脑之外的非物质的东西，而是作为大脑的一种内在的生物机制，即有意识与无意识存在互相通达、转换的机制。全局可用性就是意识的本质，也就是说，相对整体性的神经放电活动就是意识，它为更多的无意识处理模块之间的连接提供了条件。因此在对比性分析方法的解读下，意识不是非物质的原因事件，而是一种物质的原因事件。

对比性分析方法的第二个意义还在于提供了一个解释意识产生的较为合理的隐喻。巴尔斯在对比性分析方法的基础之上提出了意识的工作剧场隐喻。巴尔斯指出，就如同正在上演剧目的剧场，意识就如同舞台中心那道“明亮的光束”，选择性注意就好比舞台上方的“探照灯”，它指引着这道“光束”照向何处。这道“明亮光束”的周围被一些极其重要但是却有些模糊的意识事物包围。由这道光束获取的信息被广泛地传递到剧场中两类复杂的无意识处理器中，一种处理器位于黑暗的舞台下方，它们只是作为“观众”被动地接收光束所传递的信息，另一种是无意识的语境系统，它们位于舞台幕布的后方，正是它们导演了光束所要展示的内容，即意识内容。

巴尔斯的“意识的工作剧场”隐喻的结构和运行过程为：剧场中包括了几大主要的部分——①舞台，相当于大脑中的工作记忆（working memory）；②用于照亮舞台的探照灯，相当于我们的注意力；③舞台上的演员，相当于意

① 维之．心身关系研究的困境与出路 [J]. 南通大学学报（社会科学版），2009，(3)：1-10.

识经验的各种内容，如潜在的想法、意象或感知；④幕布后面的工作人员，他们指导着整个舞台的演出，如导演、编剧等，相当于形成意识经验的各种语境；⑤观众，相当于各个分散的无意识的专门处理器。整个剧场的运行规则是：舞台上站着一些演员，这就好比我们大脑的工作记忆中有各种各样的信息，如感官信息、抽象的概念等；演员们视幕后的工作人员的指令进入舞台上探照灯照射的明亮位置，一旦被灯光照耀，该演员的表演就可以被台下的观众看到。这就好比各类无意识的语境系统接收了上述信息，并通过竞争或协作的方式对该信息进行分析整理，最终形成意识经验，同时该意识内容向整个大脑中分散的无意识处理器全局性地传输。就如同观众对舞台上演员的表演是喜欢还是不喜欢，完全由各个观众自己决定那样，分散的无意识处理器也是按照自己的运行规则来对该意识内容进行处理，它们局部就可以自主决定是响应该意识内容还是跳过该意识内容，而并不存在一个有关意识的中枢的指令系统。[①]

巴尔斯的剧场与笛卡儿剧场是全然不同的。笛卡儿剧场认为意识来自于大脑中某处确定的实在的位置。例如，笛卡儿就认为意识可能是位于大脑中的松果体中，大脑中存在一个无法用单位来测算的点，连接着意识和大脑，这个地方是灵魂与身体交汇的点。通过这个点，灵魂或意识才能指挥我们身体各个部分的运动。巴尔斯的“意识剧场”是神经元、神经生物学上的隐喻，“显然我们并不是期望在大脑中找到任何微型的剧场，在全局工作空间中也不可能存在任何小矮人在观看表演，但是，我们可以找到一些显示和传播意识内容的神经元结构，大脑皮层的感知区域和与此相连接的周围的大脑皮层就可能是意识产生的舞台，大脑的其余部分就可能是舞台下无意识的观众”[②]。相对于笛卡儿剧场中的“实在的点”，它指的是一个巨大的神经元网络空间，神经元包含的内容就是意识，它们对无意识系统的其他部分是全局可用性（global availability）的。

① Baars B. In the theatre of consciousness，Global work space theory，A rigorous scientific theory of consciousness[J]. Journal of Consciousness Studies，1977，(4)：292-309.

② Baars B. In the theatre of consciousness，Global work space theory，A rigorous scientific theory of consciousness[J]. Journal of Consciousness Studies，1977，(4)：301.

第五节 意识的语境分析方法

一、科学哲学中的语境论

语境论是在20世纪40年代，以美国哲学家派普（S.Pepper）为代表提出的一种新的世界预设。1986年，施拉格尔（Schlagel Richard H）发表的《语境实在论》则是将语境论引入科学哲学，用语境的观点和方法审视科学哲学，成为语境论特征的科学哲学的标志性事件。语境论的基本哲学假说是将整个世界和世界上所有事物视为是在多层次环境中不断相互作用、不断变化的复杂系统。这种对层次的复杂系统被界定为不断变化和积极作用它自己及其环境的整体。进一步来说，任何事物的变化发展都与其所处的环境紧密相关。语境论世界观进一步扩展了人们理解事物的视域，试图通过因果关系，即把当前事物看作是过去事物的结果和未来事物的原因，来认识世界、认识事物。

语境论的根隐喻是"历史事件"。这种历史事件不是已经发生的、已经被尘封的死的过去事件，而是一种被不断再现的事件，它虽然是过去的、已经发生的，但是却是在不断影响现实事件的事件。"真实的历史事件是现实中动态的、活跃的事件，是其语境中的行动。"[①] "因此，语境论不是着眼于过去，而是着眼于现在，不是关注语境发生的动作，而是关注正在发展的动作。语境论诉诸'历史事件'的复杂网络，历史事件与现实事件相互渗透，这个网络包括每个观察者的独特历史。"[②] 例如，如果我们把一个词语从它所出现的句子抽离出来，孤立地看，我们就不能很好地理解这个词语的意义；把某个思想的某个组成部分分离开来，使其脱离该部分所处的特定环境，我们就无法理解该思想的这个组成部分。

语境论假定了一个真实的、以复杂和不断变化的方式呈现的世界，新颖性是个体经历世界的主要方式，也是变化的动力。这意味着这个世界对多种解释

---

① Pepper S.Word Hypotheses: A Study in Evidence[M].Berkeley: University of California Press, 1942: 232.

② 魏屹东．语境论与科学哲学的重建[M].北京：北京师范大学出版社，2012：33.

是开放的，而不是决定论的。系统论与语境论一样，都反对将世界看做是独立要素和线性因果性的离散世界，通过使用综合、组织和目的论等概念强调复杂性、整体性和系统性。但是二者的不同之处在于，系统论强调世界是由系统构成的，系统是实在的，它把生成或变化过程视为永久性的原则或结构，用以描述某种形式的实在。语境论却是一种非本体论的世界观，它不假定世界有什么构成，它所指的语境也是以现实世界为认知基础的。语境论不把变化过程视为外在于某些不变的机械论的结构和某些绝对的有机论的整合的表象，而是把能动的、变化的和持续的事件看做实在。就人的认知活动而言，系统论强调人的能动想象力，人在活动中是作为一个有方向性或目的性的开放系统而存在的，有目的的行动是作为一个隐含的有机原则内隐于开放系统中。而语境论则直接把事件和行动置于人际间的方位，并作为关系过程的突现性质，强调智能个体构造的特点、倾向和特性之间的相互关系。

语境论的基本范畴是变化和新颖（change and noverlty）。派普认为："在最根本的意义上接受的变化与新颖将被视为这个理论的基本预设。"[①]机械论将新颖性视为不重要的，或可忽略的东西。但是语境论却认为，变化是事物的根本属性，是事物的演变、显现和重建。变化的过程可以快，也可以慢。通过对变化的把握，我们才可以区别各种事物，可以定性的描述和评价它们及其相互的关系。从认知过程来看，我们对一个事物的界定是基于我们对它的体验，是基于我们对它是什么和如何起作用的直觉感觉，而且我们能够对特定事物的性质和它的结构的性质进行区分。而这个性质和结构的区分则构成了语境分析的基础。派普指出，"一已知事件的性质是其直觉的整体，结构式对性质有贡献的细节和关系"[②]。当然，从语境论上讲，性质与结构之间的区分也是不断变化的，这取决于我们每时每刻所关注的目标取向。因为，事物都是以整体的方式呈现，并以定性的形式加以描述。当我们关注包含在整体中的结构或细节时，每个细节又会以整体的方式呈现出来，这个整体又会以其他的形式被加以描述。这很类似

① Pepper S.Word Hypotheses：A Study in Evidence[M]. Berkeley：University of California Press，1942：235.
② Pepper S.Word Hypotheses：A Study in Evidence[M].Berkeley：University of California Press，1942：238.

于层层叠加的“俄罗斯娃娃”木偶。因此，在任何情形下，某物的整体及其细节会通过它们自己特有的、明显的和整体的性质而呈现于我们面前。

在语境论中，事物的变化是通过扩散（spread）、集聚（convergence）和融合（fusion）体现的。扩散、集聚、融合不是事物变化并列的三种形式，而是事物变化的一个渐进过程。扩散是向外渗透的过程。最简单的扩散过程是线性过程，即对事件在传递过程中从开始到结束伴随一个向前向后的连续中间扩散点的描述。例如，一个事件按照次序从时刻 A 到时刻 B，再到时刻 C。就认知过程而言，扩散表明对事物的直觉感知具有一个从前到后的传递过程。当一个单一线性过程捕获事件的瞬间性质时，就会产生集聚和收敛过程。收敛过程是一个复杂的线性过程，它描述的是几个始点集聚与一个结果，或者几个结果始于一个始点的过程。语境论虽然包含收敛过程，但更看重的是事件的集聚过程，即一个单一事件是一个复杂的结构和组分之网，这些结构和组分与它们各自的语境相互贯通，并从过去传递到未来。而融合是集聚的一种特殊情况。当事件处于融合过程时，不同事件、事件的不同组分在相互作用的同时，更重要的是吸收新颖的或突变的事件，通过混合呈现出一种新的事物。事物的性质在不同层次上表现出的融合程度越紧密，事物就越统一。当新事物被融合后，它的性质就是该事物自身的整体性或总特点。它的结构是细节和构成性质的关系。性质与结构互相制约，没有性质的结构和没有结构的性质都是不存在的。[①]

结构的性质是通过组分、组分的语境和指称来表达的。这三个部分组成一个密切关联的组。结构由组分构成，并存在于语境中。组分是结构中一个起作用的细节，它会延伸到一个语境中，并把这个语境的一些性质带入结构。事实上，组分和语境的区分是相对的，没有明确的界限，因为组分之间的连接决定了语境，而语境反过来又会决定组分的性质。因此，结构、结构的组分和组分的语境是相对的。如果几个组分组成一个结构，这个结构周围的组分就是其语境。指称是结构的第三极范畴，由更直接的组分组成。指称可以被进一步划分为线性指称、收敛指称、中断指称和工具指称。线性指称是最简单和基本的指

① 魏屹东 . 语境论与科学哲学的重建 [M]. 北京：北京师范大学出版社，2012：34-36.

称，它包括一个始点、一个转换方向、一个终点，其本质是一个从前到后、从过去到未来、从始点到终点的活动，是从开始到结束的一次转换，同时还有一些连续干扰的前－后扩散点。收敛指称是一个复杂的线性指称，包括几个始点收敛于一个终点和几个终点来源于一个始点的情形。当线性和收敛指称有时被激活，但不能达到预期结果时，它们的过程就可能中断。中断指称描述的是一个不能还原的事实，即组分不总是平顺地从始点到达终点。因此，中断是一种无序的状态，这个状态中必然包含着不同程度的新颖性。如果说语境的核心概念是变化，那么变化的核心概念就是新颖正是新颖才使变化得以发生。工具指称是当行为和目标出现矛盾时，解决矛盾的方式。即本来一个工具行动本身是一个具有自己终点的结构，但它却由它伺服的、被附加的最终行为引导到一侧，而由它中立的中断行为引导到另一侧。此时，工具行动会将其目标和障碍进行完全整合，以修复它的目标与其障碍之间的矛盾。①

因此，语境论从变化的新颖性中发现了自然中的连续性和非连续性，发现了个体结构层次的性质和事件的复杂模式层次的性质。语境论即认可连续性，也承认非连续性，突变不仅仅是连续性的中断，更是连续性与非连续性之间的桥梁。“任何结构和组分都是其语境中的结构和组分，语境的变化决定了结构和组分的不同。也就是说，一切事件都是其语境中的事件，一切变化也都是语境中的变化，在语境中不存在循环问题。”②

语境论不仅为科学研究中关于世界的基本假设提出了新的隐喻，也为科学研究提供了一种新的方法论指导。郭贵春教授早在 2006 年就提出了语境研究纲领及其对科学哲学发展的意义。魏屹东教授也系统地阐述了语境论的科学研究纲领方法论。他将语境论的方法论总结为四条基本纲领：第一，事件的变化纲领。这是关于人类活动的过程性质的基本纲领，即认为人类行为或事件是一个不断变化着的实在的、积极的、能动的和发展的环节。语境论强调事件的变化，它认为变化既不是外部刺激的偶然和暂时共同方式事件的结果，也不是人类意

① 魏屹东．语境论与科学哲学的重建 [M]. 北京：北京师范大学出版社，2012：36-38.
② 魏屹东．语境论与科学哲学的重建 [M]. 北京：北京师范大学出版社，2012：39.

向活动的结果，它由许多事件聚集而成，其中有些事件趋向无序，有些秩序产生于无序，并再变成无序。第二，事件的意义纲领。这是关于人类交流语境性质的纲领。即认为人类活动或事件不是孤立于社会的，而是植根于意义与关系的社会历史语境之中。已知事件的持续变化特点，以及这些事件在其中嵌入的这个社会矩阵基本上是非决定性的和可修正的。因此，我们不应该谈论什么超历史的或超语境的有效的绝对原则，而是应该研究规则、规范和在假定可指明的语境边界范围内的模式。第三，事件的语境制约纲领。这是关于知识边界的纲领。即认为事件是边界开放和不断变化的，人对宇宙的最终探索是受语境制约的，获得的知识是相对的和暂时的。知识不是通过一个孤立心智的投机尝试获得的，而是在行动过程中，即在实现具体计划、目标和意图的过程中获得的。第四，事件的文化嵌入纲领。这是关于科学活动的文化嵌入纲领。即认为科学认知不是纯粹的、无偏见的理想探索过程，而是负载语境因素的、"被污染"的社会文化过程。科学活动不是单一的、真空中的智力探索过程，而是渗透了自然的、历史的、社会的、利益的和实践的等语境因素。①

二、语境分析在意识研究中的运用

在意识领域中，明确运用语境方法的是美国的认知心理学家、哲学家巴尔斯。巴尔斯认为"语境"是指形成我们的意识经验的内部的世界。毕竟，有形的物质环境只有被内部世界所表征才能影响我们的意识和行为。因此物质世界的语境只有通过大脑中的语境才能形成我们的意识经验。而且，内在的语境会保存过去的重要的信息，而这个信息从我们现在的环境中是无法获得的。进而，巴尔斯还认为语境可以是一个系统，一个关系或者一个事物，它形成了意识经验而与此同时其本身并不成为有意识的。②

既然语境是无意识的，那么如何证明语境是存在的呢？巴尔斯认为虽然我们并不能直接意识到语境，但却有大量的证据证明它是存在的。例如，广泛存

① 魏屹东. 语境论与科学哲学的重建 [M]. 北京：北京师范大学出版社，2012：160-165.
② Baars B J. A Cognitive Theory of Consciousness[M]. Cambridge：Cambridge University Press，1988：138.

在的启动效应。当一个经验可能影响到另一个类似的经验时，我们就可以说前一个经验“启动”或形成了后一个经验的语境，尽管此时前一个经验在后一个经验产生时已经消失了。语言心理学研究大量的证据证明广泛的关联关系是理解对话中某个单词的必要条件，尽管我们对这些关联关系的意识性并不强。①当我们听一个演讲时，我们对当前注意到的某个句子的理解，是根据我们已听过了的但此时并没有注意到的和仅仅只保留了一个大概含义的所有句子来理解演讲者当前所说的句子，但我们在理解这个句子时，却并没有意识到我们动用了这些无意识的语境。同样，在我们听一段交响乐时，该段音乐的整个曲调，相关主题的最初表述，曲调的发展和变化，所有这一切必定构成了我们体验一段交响乐中的一个单独的乐句的基础，但是当我们体验这个单独的乐句时，这些基础性的东西并不是有意识的。再如，去语境化（decontextualization）的情况下，那些原本无意识的语境知识会变成有意识的内容。事实上，我们所听到或读到的每一句话都预先假定了在它能被理解之前，其语境性的信息必须先被理解。如果这些语境性的预先假定被违反了，我们就会意识到这个语境假说。这个过程就称为“去语境化”。例如，在交谈中，西方人会认为，其他文化关于在交谈中两个人面对面的距离可以是6英寸，是不可接受的。因为这样的话，西方人会觉得很不舒服或觉得受到了冒犯，但这样一来，我们就会对曾想当然的事物有了意识，即我们也接受了一种特有的社交距离这个事实。因此无意识的传统和习惯开始受到重视。这就证明了无意识的语境假定是存在的，当它被严重违反时，就会变得有意识。②

巴尔斯根据语境所影响或形成的意识经验的不同，把语境区分为几种不同的类型：知觉语境、意象语境、概念思维语境、目标语境、交谈语境。知觉语境就是形成我们有意识的知觉经验的预先假定。例如，给我们一张月球火山口的照片，但是照片被上下颠倒了，此时我们就会以为照片中是一个小山，火山口的深度被我们理解为小山的高度。这是因为我们对图片的理解是基于光线从

---

① Clark H H，CarlsonT B. Context for comprehension[A] // Long J，Baddeley A.Attention and Performance IX[C]. Hillsdale，Erlbaum，1983：313-330.

② Baars B J. A Cognitive Theory of Consciousness[M]. Cambridge：Cambridge University Press，1988：138-151.

上方照射过来这样的预设，因此凹面就会被视为凸面。[①] 其实，我们通常发生的错误的知觉经验正是由于我们预设的知觉语境造成的。意象语境是指存在着许多无意识的限定条件制约着我们心灵意象的形式和内容。例如，视觉表象赋予我们的是一个平面的椭圆形的范围，同时在空间上是一个潜在的三维立体。概念思维语境是指业已理论化、系统化的且被我们绝对相信的知识体系。它是科学家们进行研究工作的一个基础性的，或者说是背景性的科学范式。通常科学范式都是无意识的，只有当一些科学家开始质疑那些在已有的科学发现中被认为是永恒的预先假定时，科学范式才会发生转变，从而变成有意识的。目标语境能引起和形成有意识的行为。在理解需要解决的问题和进行有意识的控制时，目标语境是很有帮助的。当然，目标语境通常都是一个有序的等级序列，而不是一个孤立的个体。随着时间的流逝、环境的改变，各个目标的等级会发生改变，因此有序的目标系列是意识经验流的语境。最后，交谈语境由两个人在一起交流而形成的。为了交流，我们必须彼此分享关于我们自己、某个事物、我们的概念框架和知觉世界的无意识的预先假定。这就是为什么两个熟悉的人，他们之间通常可以进行简洁明了的交谈：一个单词，一个眼神，意外的沉默——他们都能理解其中的意思。原因就是他们有着许多共同的语境，以至于他们不必使所有的表达都清楚详细。[②]

那么语境是如何解释意识的产生机制的呢？第一，巴尔斯假定语境就是专门处理器组成的一个稳定的结合体。任何相互合作的专门处理器组成的联合体，只要能形成意识经验，且有一个常规性的、稳定的处理信息的方式，就可以被视为一个语境。同时假定在联合体形成和竞争的过程中，语境需要经过一段时间来形成，这就类似于在议会中占多数席位的政党逐渐地在它的成员中形成一个足够多数的稳定的联合体。第二，巴尔斯把当前发生作用的一系列语境称为当前优位语境等级（the current dominant context hierarchy）。巴尔斯认为当前优位语境会把无意识限定条件施加到意识内容上。也就是说，在任何时候，优位

① Rock I. The Logic of Perception[M]. Cambridge：Bradfour，MIT Press，1983：59-60.

② Baars B J. A Cognitive Theory of Consciousness[M]. Cambridge：Cambridge University Press，1988：151-161.

语境都是由知觉－意象、概念和目标语境等组成的一个连贯一致的混合体。在任何时候，我们的经验都是由许多彼此连贯的语境控制的。例如，我们在观看一部电影时，对于某一个情节的理解，可能不仅是由电影开头所展示的整个时代背景控制的，而且也是由以前的生活经历中，当我们遇到主角类似的情况时会有什么态度和处理方式来控制的。当这些语境因素是彼此一致时，它们就会联合起来控制全局工作空间。如果它们是不一致的，如以前我们对类似情况的处理和主角不一致，那么以前无意识的语境因素就会变成有意识，并与当前的意识经验竞争。第三，语境并不会对意识经验做出完整的预测。如果输入的信息百分之百是意料之中的，我们就会对它习以为常，它就只会是无意识的。只有存在某种程度的新颖性，我们才可能对它有意识。这就表明语境是不会对当前我们所感知到的意识经验做出完整全面的预测，它总是会留下了一定程度的意料之外的东西。这个意料之外的东西就是我们新的意识经验。当我们适应了这个新的意识经验，它就会产生一个新的语境，然后再遇到一个意料之外的新的意识经验，这样不断地循环下去。巴尔斯认为这就是我们认识和再认识世界的内在的认知动力。第四，语境作为一个等级体系，它总是趋向于保持一致。例如，当某一个语境层次被违反时，该被违反的语境就会进一步细分，在被违反的层次上进行重建从而复原一个运行良好的目标语境，但是更高层次的、未被违反的语境层次仍然会保持完整。这就可以解释为什么我们在解决某个难题时，当某一个解决方案行不通时，我们会积极寻找另一个方案，直到找出最终的办法，而不是轻易放弃这样一种锲而不舍的意志力。第五，不同的语境之间存在着合作和竞争的关系。我们不可能同时意识到两个意识内容。但是在全局工作空间中，却可以有两个或多个语境性的限定。巴尔斯把相容的一系列语境视为它们彼此在进行合作，不相容的语境视为竞争。当然在全局工作空间中，互相合作的语境处于优势地位。而与其竞争的语境虽然和前者处于相同的语境等级，在全局工作空间中却不占优位。①

事实上，语境的影响无处不在。当我们面对一个新的环境，进入一个新的

① Baars B J.A Cognitive Theory of Consciousness[M]. Cambridge：Cambridge University Press，1988：161-166.

语境，如开始阅读一本新书、认识一个新朋友等简单的日常生活，我们预先假定的语境就会潜移默化地、无意识地影响、形成我们当下的关于这本书、这个新朋友的意识经验。如果我们的预先假定和新的信息一致，无意识的预设就会遁入无形之中，我们就会完全察觉不出它曾经存在过。但是，如果这两者不一致，无意识的预先假定就会进入全局工作空间中，变成有意识的内容，并且和当前这个新的意识内容发生竞争，如果已成为有意识的语境假定获胜，那么新的意识内容就会退出全局工作空间，我们就仍然会保持我们原有的观点，例如，对于该本书所讨论的问题，我们就不会接受作者的观点，而继续相信自己的观点是正确的；如果新的信息在竞争中获胜，那么我们就会修改我们原有的语境，当我们适应、熟悉了这个新信息时，新信息就会变成无意识的语境，对后来的意识经验进行限定。

因此，意识的语境分析认为是无意识语境引起、选择和形成了意识经验。事实上，我们总是置身于许多正在运行着的无意识系统之中，这些无意识的系统形成和界定了我们的经验。没有语境就没有意识内容。新颖性虽然可以对意识经验的一些特征做出解释，但是它无法全面地解释意识经验产生、发展和消失的整个过程，它无法解释为什么一些丧失新颖性的事物又会再度成为意识内容。语境，至少从目前看来，的确可以对意识经验的所有特征及其演变的整个过程提供一个合理的分析。

三、语境分析对于意识研究的意义

语境分析对于意识研究的理论意义在于，为认知领域提出了新的本体论划分标准提供了经验证据，为传统心－身问题的解决提供了新的思路。认知科学的发展对传统的物质 / 心灵的本体论划分提出了挑战，形成了形式 / 结构的本体论划分标准。形式本体论认为世界的本质是数字的，世界的演变是由某种算法所支配的。结构本体论认为世界是一种结构的存在，世界的演变是结构体中各个子集彼此交互、涌现的结果。意识的语境分析无疑为这种新的本体论标准提供了证据。只要摆脱了传统的二元划分，物理过程与意识经验的交互关系就不会是难题。

语境分析对于意识研究的实际价值在于：第一，为意识问题提供新的研究方法，以打破原有研究方法的僵局。自20世纪50年代认知革命的爆发以来，大体形成了两种研究意识问题的方法，一种是以查尔莫斯为代表的研究意识的主观体验的第一人称方法，另一种是以丹尼特为代表的研究大脑功能状态的第三人称方法。前者认为意识的本质是主体的感受质，而后者认为内部系统呈现出的功能状态就是意识，双方的观点势均力敌，都无法驳倒对方。意识的语境分析方法首先从动态揭示了意识产生、发展和消失的整个认知机制，然后再解释意识的功能和本质问题，既避免了第一人称方法的“僵尸知觉”，也避免了第三人称方法必须解释的功能状态与心理状态的对应问题。第二，有助于建立一种新的认知模型和认知构架，为解释意识知觉现象提供一个更好的框架。全局工作空间中的语境等级解释了对于外界刺激，认知个体何时能知觉外界存在，何时又不能知觉。其中全局工作空间中语境等级的形成是意识形成的关键，它能够很好地解释许多意识现象，而且能够基于神经元工作方式对意识的产生给予令人信服的模拟，为理解意识提高极好的框架。第三，还能够为心智哲学中的许多概念提供一种融贯性的解释。例如，关于感受质的概念。许多心灵哲学家都认为感受质是意识的本质，但是丹尼特却通过事物的本质没有发生改变，但是对事物的感受质却会发生改变的对比分析，认为感受是不可信赖的，应当在哲学中抛弃这些概念。但是语境分析却解释了感受质发生改变的原因，那是意识内容随着冗余性转换成了无意识的语境，感受质的确是真是存在的。再如，意识的同一性问题，语境层级的合作与竞争机制能够较好地解释不同的感觉是如何整合为一个统一的经验世界的。

最后，语境分析开启了“自我”理论分析意识问题的“终结模式”。可以说，语境分析的方法是巴尔斯全局工作空间理论中的方法论核心。他将理论建立在人类的“感受”基础之上，在“全局工作空间”中，无数的信息进入这一庞大而分散的复杂系统，各个专家处理器展开竞争，形成不同的情境层级，即语境，进而语境形成了我们最终的意识。据此，语境成了意识问题的起点与归属，成功地避开了问题的无限循环。这一哲学方法对于经验科学的解释，必然为“自我”理论今后在分析意识问题时打开一条新的通道。语境分析的应用的深远意义，还在于对于人类思维领域中，最不可捉摸的无意识的“直觉”、“意象思维”和“情感”问题给予了回答。“深蓝”可以战胜国际象棋大师，只是因为国际象棋的规则是“逻辑”的而非“意象”的。计算机无法做到和围棋大师对弈，不能像资深老中医那样进行“望、闻、问、切”，更不能理解爱人之间难以言说的“爱”的呼应，因为对于逻辑规则的“语境”是程序化的，对于上述问题的“语境”是“意象性”的，但问题最终的解决就如同找到逻辑规则的“语境”那样，找到一切意识问题的语境。也就是说，意识问题的最终解决就是寻求其根源的“语境”，我们对于人类思维语境的理解就能顺利解释所有思维领域的“难题”。

事实上，神经科学家Dehaene根据语境建立的全局工作空间试图对全局工作空间及周围的语境等级进行神经元定位，并取得了有效的研究结果，提出了全局神经元工作空间理论。[①] 该假说是基于大脑神经元工作方式对意识现象进行解释。它认为全局神经元工作空间有决定意识内容的专门处理器和工作空间神经元共同组成，其中工作空间神经元的作用在于通过长程连接联系原本功能独立的无意识模块。意识的形成机制在于通过全局神经元工作空间，多个互相分离的神经元集群协同活动，形成一个动态的全局工作空间，即意识产生的语境。他们的研究结果表明，无论意识的内容是什么，总是会伴随着大脑皮层额叶、顶叶皮层及扣带回等高级皮层的激活，生理学、认知神经科学、病理学、心理学等证据表明，全局神经元工作空间对于这些皮层是适用的。

① Deheane S，Naccache L. Toward a cognitive neuroscience of consciousness：basic evidence and a workspace framework[J]. Cognition，2001，(79)：1-37.

第四章

意识的认知构架

认知构架是对人类智力系统的理论建模，是认知科学的核心问题之一。它是指智力系统的内嵌信息处理能力和机制，包括智力系统现有的能力范围、做事方式及潜在的能力。人的认知构架是一个复杂系统，可以被传统地区分为中枢系统、感觉系统、语言系统和运动系统。感觉系统和运动系统这两个子系统被认为会直接或经过中枢系统相互作用，但是这两个子系统与中枢系统进行交流的通道与子系统本身的界限并不分明，而且子系统之间的分离也难以区分。感觉器官从外界获得信息后，信息被持续地处理、操作、转化、连接，很难识别出感觉或知觉处理在哪里停止，中枢系统处理在哪里开始。同时，语言在信息处理过程中，具有重要的作用，但是它与其他系统的界限也难以区分，因此，对于认知构架的传统区分过于简单，这种整齐划一的做法无法解释人类信息处理过程的复杂性。

自20世纪认知科学形成至今，认知范式经历了认知主义、联结主义及第三代认知科学的发展历程，每一个理论范式的提出都为我们解读人类心智提供了新的构架。认知构架的理论也逐渐成熟，意识的发生机制也被涵盖其中。本章首先分析评价已有的认知构架，即认知主义的认知构架和联结主义的认知构架，然后专门对意识的语境认知构架进行重建，挖掘语境与智力系统的能力机制之间的关联关系。论述的内容包括语境作为认知构架核心要素的理由，以及以语境建构认知构架的可能性；分析语境认知构架作为一种神经系统内嵌的信息处理能力和机制，所遵循的认知规则，以及在意识的认知过程中所具有的作用；厘清语境等级作为一种表征体系，它所蕴含的哲学基本假设与认知主义的“符号”、联结主义的“联结”的不同之处，以及它是否与认知复杂系统的耦合机制存在必然的矛盾。

第一节　认知主义的认知构架

一、认知主义的基本认知构架

认知主义最重要的哲学基础是功能主义和计算机隐喻，这种假设将人的心智比喻为计算机，强调认知的可计算性，把认知过程视为对输入输出符号进行信息处理的功能。这种观点的历史背景源于“图灵测试”和“丘奇－图灵”论题。“图灵测试”被当作是对思维、智能、认知、心理的测试。如果机器通过了测试，就足以认定它能够思维，而且如果计算机经由编程通过测试，那么思维的本质即使计算。“丘奇－图灵”论题进一步指出，这些心理算法都可以由图灵机完成，因此，我们可以推论，思维是计算的一个种类，类似于在普适图灵机上的计算。由此，认知科学就是要找到心智的真正算法。

冯·诺依曼认知构架被认为是认知主义典型的认知构架，它是由一个中央处理单元、一个记忆单元、输入和输出单元构成。这种观念曾极大地推动了认知科学及认知哲学的发展，导致了对认知的物理的、符号的和语义的三个层次的说明，使得心灵的计算理论成为可能。

以计算机为隐喻，冯·诺依曼认知构架衍生出三种认知构架理论。第一种类型被称为生产系统。生产系统借用了计算机的一种程序运行活动，即当计算机能执行的一组程序的基本原理时，一个条件能产生一个活动运行，“条件－行为”（Condition-act）对。这一观点适用于心灵，则是将心灵理解为由一个工作记忆、多套生存规则和一套决定激活生产规则次序的程序规则构成。其中，一套生产规则对应一个“条件-行为”(condition-act)对。如果条件满足，这个“条件/行为”就能够详细说明执行的行为。这个认知构架一直被应用于帮助理解从简单刺激到反应工作再到打字、演绎、推理等人类表现的范围。

冯·诺依曼认知构架的第二种类型是信息处理理论，或被称为物理符合理论。它是由纽维尔和西蒙发展出来的。他们提出的物理符号系统假设认为，所有的认知过程本质上是在离散的时间中对符号表征的计算。人的智能是一种物理符号系统，计算机也是一种物理符号系统，既然它们都是物理符号系统，因此，计算机也能表现出智能，计算机能够模拟人的认知活动。他们的认知构架假定了一个从输入经过编码、记忆储存、恢复到输出的处理阶段序列。该信息处理理论由一个控制信息流动的中央处理器、一个或几个保持信息的记忆器（储存器）、一个输入信息的感受器和一个输出信息的效应器构成。中央处理器包括：一组基本信息过程，如符号制作、符号复制、符合结构的改变、符号结构的储存等；短时记忆，即保持基本信息过程输入和输出的符号结构；解说器，就是将基本信息过程和短时记忆进行整合。

信息处理理论认为，一个物理符号系统由符号集构成；符号是可分辨的物理模式，一个符号结构由一些以某种物理方式相联系的符号标记构成；一个物理符号系统在功能上有记忆、一组操作算子、控制结构、输入和输出构成；物理符号系统能够对表征进行指谓和解释；一个物理符号系统具有产生智能行为的充分必要条件；启发式搜索假说，即将问题的解决表征为符号结构，一个物理符号系统在问题解决中通过搜索能训练其智能。①

冯·诺依曼认知构架的第三种类型强调人类知识结构的真实表征。表征模型使用相当精确的数据结构模拟组织化的知识，该计算机模型按照数据识别程序，因为计算机模拟器可以是大多数结构在计算机中得到表征，或者把结构输入程序操作的数据。该理论假定了两个记忆仓库，一个为工作记忆，一个为结

① 熊哲宏. 认知科学导论 [M]. 武汉：华中师范大学出版社，2002：117.

构化数据设置的记忆。这种知识表征的结构化数据格式包括框架和脚本。这些格式都具有如下特征：它们表征缺省关系，这种关系被正常保持，但不总是如此；它们有变化，以使它们能够表征抽象类和不仅仅是个体之间的关系；它们能够被嵌入复杂等级结构之中；它们能够多层次表征世界。①

冯·诺依曼认知构架将认知理解为是符号的计算过程，属于心智的计算理论版本。而符号计算必然与表征紧密相关，福多还提出了符号表征的形式约束理论："心智计算过程是符号的，因为它们是通过表征来定义的，同时它们又是形式化的，因为它们借助于表征的句法操作表征……这种形式操作不需要通过诸如真值、指称和意指等表征语义特征加以说明……形式操作是指对特定范围内表征对象的形态进行的操作"②。因此，与编写计算机程序一样，心智过程是直接对数据结构的格式或形态进行操作，而不是数据结构所指代的对象。

二、认知主义认知构架对意识的解释

冯·诺依曼认知构架认为认知状态是具有内容的计算心理表征的计算关系，认知过程是具有内容的决算心理表征的计算操作。同时，冯·诺依曼认知构架还有两个前提条件：第一，计算的结构必须是表征的；第二，表征必须是数字的。

那么，这种数字计算理论的冯·诺依曼认知构架对于意识的解释具有什么意义呢？当我们把认知过程理解为一种符合表征的运算过程时，事实上，意识体验已经在这个过程中遗失了。以问题解决为例，当我们面对某个难题时，刚开始我们一筹莫展，突然，不知道在什么时候，灵光一闪，这个问题被我们迎刃而解了，我们得到了这个答案。按照认知主义的认知构架的解释原则，问题的解决过程是符号运算的过程和结果，但是这个过程是如何运算的，怎么运算的，我们毫无意识，即使认知主义者拿出破解的符号运算规则，告诉我们这就是运算过程，我们仍毫无意识，对我们而言，意识内容（问题的答案）是凭空

① 魏屹东．认知科学哲学问题研究 [M]. 北京：科学出版社，2008：147-148.
② Fodor J.Representations[M].Cambridge：Bradford，MIT Press，1981：227.

而来的。认知主义认知构架没有告诉我们意识是如何产生的，意识从何而来。因此，有的认知主义者从功能主义的角度来解释意识，认为意识是符号运算过程中表现出来的一种整体性功能。但是这种功能性解释仍然无法填补符号运算过程与意识的主体性之间的鸿沟。

有的学者从机器具有相称的言语行为并不足以证明它具有思维能力为论据，论证思维并不是一种计算类型。他们认为思维和整体环境的适应相关，即面对各种可能的环境条件，为实现最终目标，能够进行充分合理的计划、推理和决策。思维与产生行为的原因有关，而与行动本身的模式无关。塞尔的中文屋论证就是其中的一个最为著名的例子。他指出，计算状态并不是理解情境，也不是产生认知状态染指具有意向性的充分条件，计算加工并不能解释人类理解情境，以及认知过程和意向性的地方。①

第二节 联结主义的认知构架

一、联结主义的基本认知构架

联系模型的历史可以追溯到亚里士多德，他根据基本感觉影像之间的联系，分析了记忆和一些推理过程。联想认知模型的现代概念体系在认知科学史上有两个来源和两个先驱。第一个历史来源是由麦卡洛克（Mcculloch W）和皮茨（Pitts W）开创的关于联想计算的基础工作。他们揭示了大量神经元巨大的计算能力和这个系统学习使用简单算法的能力。第二个历史来源是赫伯（Donald Hebb）将基于神经生理学的联想模型应用到心理学，试图运用神经连接理论说明心理现象。这样，大脑神经元的结构就成为建构认知构建基础。这些基础性工作促使了联结主义的人造神经网认知构架的产生。

联结主义认为神经网络的微观结构是所有人类认知的基础。因此，它的认知建模是通过使用简单的类神经处理单元的模拟来解释人类的认知机制，包括

① Searle J.Minds，brains and programs[J].Behavioral and Brain Sciences，1980，(3)：417-412.

感知客观世界和事件，并以有组织的行为解决它们，从记忆中的语境恢复适当的信息，感知和理解语言，解决知觉这种内隐推理的认知过程。联结主义的人造神经网认知构架是由相互连接的人造神经元构成一个神经网，即人造神经网是人造神经元的二维互相连接组合。它的连接方式是一个所有神经元或节点与其他所有神经元连接，也就是说，一个神经元的输出是另一个神经元的输入，而一个“连接”则是一个人造神经元或节点与另外一个神经元之间的任何关联，这些众多的连接把这些节点关联称一个网。人造神经网构架的组成结构包括一个处理单元或节点、激活状态、联结模型、节点的激活规则、节点的输出功能和学习规则。它具有内在并行性、分布式信息存储、容错性和自适应性等特点。联结主义的人造神经网认知构架模拟大脑中上亿个神经元所构成的神经网络，且其并行的运算模式与大脑中的运行过程较为吻合，所以该建模被认知心理学、认知神经科学广为适用。①

值得注意的是，联结主义的认知构架仍然是心灵的计算理论中的一种版本，从上述认知构架的建构来看，我们可以将它的主要观点形式化为：①认知状态是具有内容的心理表征的计算关系；②认知过程是心理表征的计算操作；③计算的结构和表征必须是联结的。联结主义认知构架在原有的认知主义的认知构架中进一步添加了具体的联结主义限制，即结构和表征必须是联结的，因此，它的主要特征表现为：①联结主义的认知建模具有符号：节点和节点的矢量；②联结主义的认知建模是程序化的：通过设定激活传递规则，连接权值和阈值而获得；③当下数据：是激活节点的矢量；④已处理数据：存储在连接权值中；⑤计算是矢量间的转换。

但是也有学者质疑，虽然心智的联结主义认知构架非常具有可行性，但是却不具有更多的实践意义，泰森（Tienson）就指出：“联结主义的认知观念，作为一种心智理论时，并没有增加我们如何关于心智的了解，更不用说他的具体现实机器了……它只可能会告诉我们，什么样的网络活动构成了心智活动，以及为什么。但目前为止联结主义还没有告诉我们，如何回答这些问题。”斯莫林

① 魏屹东．认知科学哲学问题研究[M]．北京：科学出版社，2008：148-150.

斯基（Smolensky P）也认为，联结主义作为一种认知模型的框架，它的进步有点像亚里士多德信徒，如果我们以为联结主义认知建模是真正的认知模型，那么我们也许高兴的还太早了。[①]

但是，联结主义认知架构的建模理据是比较充分的，它的网络加工活动与人类行为相似，它的网络加工特征与人脑相似。联结主义认知构架与人类行为相似的特征表现为：①获取特定个体的具体特征；②从各个特定个体的存储知识中，抽取这一组对象的主要倾向；③填充模糊的缺省值。联结主义认知构架与大脑在结构也有许多相似之处。例如，联结主义认知构架中的单元类似于大脑的神经元；联结主义认知构架中的连接和权值类似于神经元的轴突、树突和突触；脑和联结主义认知构架都是以层级的方式进行组织的；脑的学习可能是以调节突触的连接强度进行的；脑的各个部分表现出并行兴奋和抑制的特点。联结主义认知构架与大脑在功能上也有许多相似之处，主要表现为：①巨量并行加工。联结主义认知构架和脑的加工过程可能都是以大量并行的方式进行的。感知加工、大量的记忆提取、大部分语言加工、直觉推理和其他加工，如果是以串行程序进行加工，那么同一时刻只能运行 100 个指令，但是对于这些任务的操作不可能只需要 100 步就可以完成。而以并行程序进行加工，就能够解释这些程序在时间上的限制问题。②内容寻址性。与联结主义认知构架一样，脑使用信息的片段就能获得信息的全貌，即以内容、非定址的方式进行寻址。③分布式存储。与联结主义认知构架一样，脑的每一种记忆似乎都没有某种特定的存储地址，而是将信息分别于脑的众多区域之中，每个区域都可以参与储存信息的若干片段。④渐次衰减。与联结主义认知构架受到损坏一样，如果脑受到了损伤，会递级产生行为缺陷，或许不会出现明显的错误，但是系统的整体功能却不能很好地运行。⑤对于杂乱和缺省输入的不敏感性。与联结主义认知构架一样，脑似乎能够轻松地加工杂乱和缺省输入。[②]

---

① R.M. 哈尼什 . 心智、大脑与计算机：认知科学创历史导论 [M]. 王淼等译 . 杭州：浙江大学出版社，2010：296.

② R.M. 哈尼什 . 心智、大脑与计算机：认知科学创历史导论 [M]. 王淼等译 . 杭州：浙江大学出版社，2010：297-300.

二、联结主义认知构架对意识的分析

事实上，联结主义虽然是以神经元网络为基础的，但是联结主义认知构架为认知过程所勾画的整体图景却是在概念层和次概念层上实现的，即既是一种在联结主义概念层（节点矢量）上实现有意识的规则应用的具体模型，也是一种在联结主义次概念层节点上实现直觉加工的具体模型。具体而言，人类的认知能力可以分为解为三个层次，概念层、次概念层和神经层。概念层，也即符号层，是第一个层次。在这个层次上，认知结构可以被分解为词汇和数据结构。这些符号结构具有语义解释，并能够借助符号的形式或形状通过符号处理技术进行操作。第二个层次是次概念层，或称次符号层，是概念层描述的构成成分。次概念对应于节点，而概念层对应于集合、模式或节点矢量。由于联结主义认为认知是通过模式或矢量的激活实现的，所以联结主义的认知构成关系就表现为模式–模式关系（概念–概念关系）和模式–节点关系（概念–次概念关系）。第三个层次神经层描述的是神经科学所研究的神经系统的结构和操作。同时，从认知功能来看，又可以区分为两种不同的处理方式，有意识的应用规则和直觉加工。有意识的应用规则是在概念层中习得的，而直觉加工是在次概念层习得的。

但是，联结主义认知构架并没有触及到意识状态的一般性解释，尽管有意识的应用规则和直觉加工都是在神经层上实现或具体化的，但是联结主义认知构架这样的一种工作网络并没有对意识给出一个让人信服的解释，斯莫林斯基按照联结主义模型为意识提供的解释是，“意识的内容仅仅反映了活动样式的大尺度结构：活动的次样式可以延伸到工作网络的大范围空间区域，并且能够在相对长的事件内保持稳定”[①]。显然，这种解释相对含糊，很容易让人认为意识就是神经网络系统的一种涌现特征，当然，尽管学界对于涌现还没有达成一致的意见。更为重要的是，联结主义认知构架对于意识的解释完全落入了意识难问题的诘难，即必须回答工作网络的什么特征使得这些大范围的、稳定的样式成

① Smolensky P. On the proper treatment of connectionism[J].Behavioral and Brain Sciences，1988，(11)：17.

为意识的内容，物理的神经生物反应是如何产生精神层面上有意识的经验。

对于意识的难问题，目前学界还没有解决。有些学者对此持一种悲观态度，认为这个问题是无解的。例如，麦克吉恩就认为，以往的物理主义的概念在根本上是有所欠缺的，但是由于生物属性对于人类概念能力的限制，我们可能永远不能获得这些新的概念。[①] 有些学者认为目前我们还没有用于理解意识如何源于物质的概念，所以我们需要创造一些的新的概念。必须重新审视建构自然世界观念的基石，使之能够适用于对意识的理解。内格尔就认为，“关键的问题是下面的做法是否可行，即寻找一种用于理解和描述意识特征的方法，这种方法既符合一般神经生理学概念的理论结构，又能解释意识的本质……发现和创造一种真正通约和完善的视角……对意识的理想解释，必须要使意识现象能够符合生物系统特征的必要条件，该解释时我们知道这样的系统能偶成功地具有意识”[②]。查尔莫斯也认为，现在就取决于未来的理论框架能否填补解释鸿沟，并在一定程度上回答难问题，使其得以解决。如果我们能够建造这样一种机器，他的组织结构能够满足意识的心理－物理法则 (psychophysical laws)，那么意识就会出现在这个机器中。

第三节　语境作为意识的认知构架及其意义

一、意识认知构架中的“语境”

在认知构架中，语境就是影响意识经验的较为稳定的无意识的表征。值得注意的是表征这个概念。笛卡儿的二元论将心灵与物体严格地区分开来，认为它们各自是具有不同本质与属性的实体。他的知觉表征理论则认为，我们所感受到的物质世界，并不是本原上的物质世界，而是物质世界映射到我们心灵的产物，或者说我们心灵对物质世界的感知。当代的认知主义也是在表征理论的

---

① McGinn C.The Problem of Consciousness[M].Cambidge：Blackwell，1991：7-8.

② Nagel T. What is the Mind-Body Problem? In Experimenta and Theoretical Studies in Consciousness[M].New York：Wiley，1993：5-6.

框架下，试图用符号计算解构心智过程。认知构架中的“语境”仍然是表征的产物。外部世界毕竟不具备心灵的认知能力，心灵与外部世界间的相互关系无法回避表征问题。但是我们认为的表征并不是特定符号的功能，而是通过语境而呈现的一种全局状态。这种全局状态是对事物存在的一种阐释。这种阐释性的表征与事物的存在状态吻合，那么该表征就满足了，而无需进一步假设表征是否真的与世界分离，世界是否真的能够被表征再现，表征的运行方式又是什么。简而言之，这里的表征概念是实用意义上的。在认知系统中，语境有以下特征。

第一，语境是已经被神经系统适应的信息总和。以学习为例，就我们将要学习的新知识和我们已有的知识构成而言，后者就是我们所界定的语境。对一个新事物的识别总是在一定的背景、框架下展开的，语境就是新事物被界定的背景，它保留了过去意识经验中的重要信息，而这个重要信息在当前环境中是我们无法获得的，但却是我们理解当前新事物所必需的。

第二，语境是一个无意识的心理表征。语境并不是指所有的心理表征，它更重要的一个特点是无意识性，我们并不能直接意识到它，“它形成、限定了我们有意识的意识经验，但其自身并不成为有意识”①。许多行为主义心理学家和格式塔心理学家的观察结果都表明，语境包括当前形成意识经验的无意识预测和当前形成有意识行为的无意识意图。语境在发生作用时是无意识的，尽管当它们协助形成或激发意识经验产生之前是有意识的。

第三，语境是一个相对稳定的联合体。任何只要能影响意识经验，能够用一致的、稳定的方式来处理输入信息的相互合作的神经元功能块组成的联合体就可以被视为一个语境。在认知构架中，语境不是先在的，而是随着主体的认知活动逐渐形成的。当出现一个新刺激物时，神经元功能块包括知觉、行为图示、意象、计划、信念、自我控制等，只有与新刺激物有关都会被激活，它们通过合作或竞争的方式参与到新信息的处理过程，从而对新刺激物形成一个最

① Barrs B J. In the theatre of consciousness，global workspace theory，a rigorous scientific theory of consciousness[J]. Journal of Consciousness Studies，1997，(4)：301.

终的输出结果。当该刺激物不断重复时，这些功能块就逐渐形成一个稳定的方式来处理刺激物负载的信息，而一旦这些功能块形成了稳定的处理机制，也就形成了一个语境（图 4-1）。

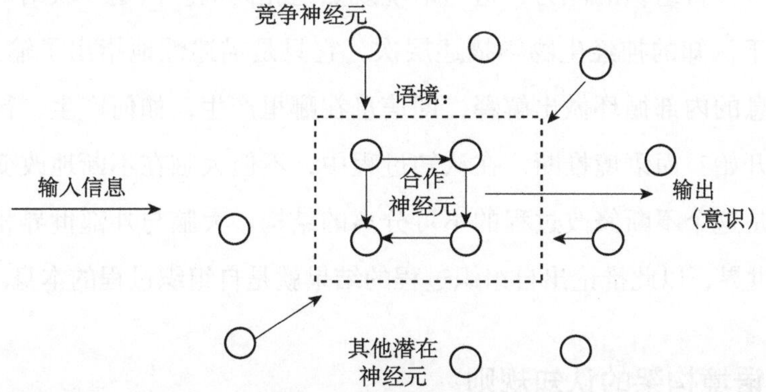

图 4-1　语境的形成

相对于认知主义的“符号”、联结主义的“联结”，“语境”还是有其鲜明的哲学诉求。认知主义的符号模式假设世界是被预先给予的，我们认知这个预先给予的世界的方式就是通过符号表征它的特征，然后在这些表征符号的基础上行事。因此认知主义借用了计算机的输入 - 输出系统这个隐喻来解释我们的认知构架，即信息被假定为预先规定的，它可以独立存在于世界中，代表了认知系统的输入系统，而认知过程就是心智表征过程，通过操作符号，计算出观点、行为，即输出。那么计算层次中物理形式的符号是如何获得意义的？为什么会出现相同的符号产生不同结果的情形？即使有人反驳说，虽然物理形式的符号没有意义，但是符号运算的规则是受语义约束的，因此符号可以获得意义。但是这也无法回答第二个问题，因为“符号”体现的是外部世界和认知主体一分为二的格局和关系，它无法涵盖认知主体之间的关系。但是当世界被认为是独立的和外在的时，采用“符号”路径就必然面对它无法回答的“他心”问题。语境把世界视为人的自我认知过程中不可分离的观念，认知过程不是对符号性表征的操作，而是以“拥有一个世界”的方式存在，认知者与世界彼此相互规定、相依共生。“认知是一个事件，在其中一个人有了一个世界，或更恰当地说，认知是一系列正在发生的具有相关意义的事件，在其中形成了一个人的世界。”①

因此，语境蕴含的前提就是人类的认知能力不但来自自身的结构，而且来自更广泛的历史文化领域，因此意义本身就在其中。联结主义的“联结”观点体现的是一种自组织的能力，这与语境观点是相同的。但是“联结”概念似乎完全偏向于认知的神经生物学描述层次，它只是描述性地指出了输入和输出，没有对信息的内部循环做出解释，即信息在哪里产生，如何产生，行为和感知又在哪里开始？而语境推断，在认知过程中，不但大脑在不断地改变自身，外部世界也是这个不断修改过程的不可分离的结构。大脑与外部世界相互作用生成了一个世界，以此推论出自组织过程的结果就是自组织过程的本身。

二、语境构架的认知规则

语境认知构架作为一种神经系统内嵌的信息处理能力和机制，规定了如何识别新消息与旧信息，意识经验如何产生、消失（当然意识经验并不是消失了，而是因为变得冗余而语境化了）。那么，语境作为一种无意识系统又是如何作用于我们的心智？它是通过什么途径使认知发生的呢？

巴尔斯认为，根据语境所影响或形成的意识经验的不同，可以将语境区分为知觉－意象语境、概念思维语境、目标语境、社会文化语境等。②同一时刻影响意识经验的语境并非只有一个，而是受由许多语境组成的语境层级制约。也就是说，限定意识经验的语境间会构成一个等级结构，低层级语境嵌套在上一位阶语境中，而上一位阶语境又嵌套在更上级位阶语境中，以此类推，直到最高位阶的类似自我的语境。显然巴尔斯的这种观点受到心灵的计算理论的影响，运用了其中递归分解的观点。所谓递归分解，就是在运行过程中直接或间接调用自身而引入的重入现象。就某个语境而言，它既是由下一位阶的语境或神经元功能块组成，同时又是上一位阶语境的一个组成部分。我们认为在质性意识经验（如各种知觉、意象）与非质性意识经验（如概念、预期、信念、计划等）

① Jason M.The Body in the Mind[M].Chicago：University in the Chicago Press，1990：152.

② Baars B J. A Cognitive Theory of Consciousness[M]. Cambridge：Cambridge University Press，1988：151.

之间的关系尚未明晰之前，谈论它们之间的层级次序还为时过早，因此，我们采用"语境联合体"这个术语，强调当前的知觉－意象语境、概念思维语境、目标语境、社会文化语境等工作语境间类似组成一个圆桌会议。当然，语境联合体形成之后，并不是固定不变的。当工作的语境联合体无法解释当前新的刺激物时，联合体中的组成部分就会被与其竞争的语境所代替，从而形成新的语境联合体（图 4-2）。

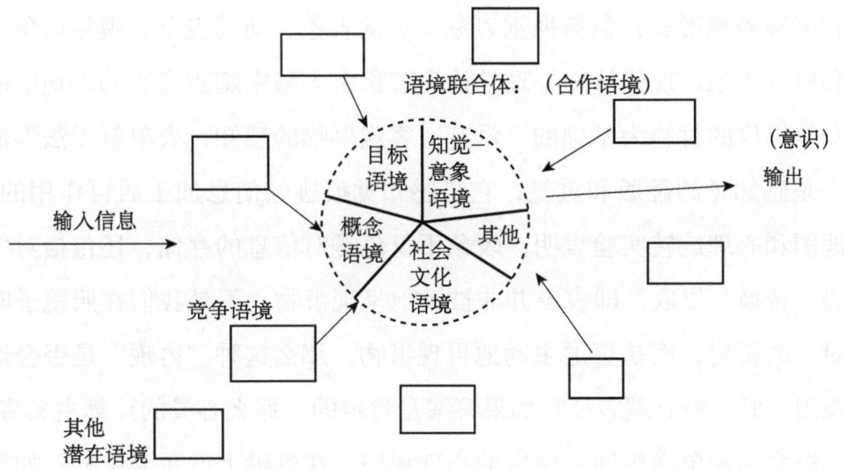

图 4-2 语境联合体的形成

建构任何认知构架的目的就是要揭示认知的运行机制。心灵的计算表征理解（CRUM）假设对思维最恰当的理解是将其视为心智中的表征结构，以及在这些结构上进行操作的计算程序，因此它认为认知是通过在心理表征之上运行心理程序而产生出思维和行为的过程。这些心理表征包括逻辑、规则、概念、类比、表象、连接，它们分别支持不同类型的心理程序。[①]语境联合体也不例外，它也建立在一定的操作程序之上。我们将其归纳为三个规则：表象规则、合作/竞争规则及句法规则。这三个规则不是孤立的，任何认知过程都是它们相互作用的结果。

第一，表象规则。为了与认知主义中蕴含了强烈的本体论和认识论思想的表征理论区分，我们这里借用了认知心理学中的"表象"术语。在心理学中，

① 魏屹东．计算－表征认知理论的认知语境分析 [J]. 自然辨证法通讯，2003(1)：37-43.

“表象是一种具体而微的主观经验”“是当外在环境中并没有实际的物理刺激存在时，通过‘心灵之眼’而产生的类知觉经验”①。在认知语境中，表象表达的是关于某物存在的意义。例如，在你脑海里浮现的小学老师的印象，脑海里时常呈现的电影里某个感人至深的镜头。早在古希腊时期，哲学家就以敏锐的直觉思考了表象与认知活动密切的关联，柏拉图就以在蜡块上烙下知觉与思考经验的印记来比喻记忆的加工方式，亚里士多德也认为，没有表象，心灵就无法思考。表象有多种表现形式，包括视觉表象、听觉表象、动觉表象、嗅觉表象、味觉表象和触觉表象。现代认知心理学认为表象由人脑中刺激痕迹的再现引起，是以感知觉提供的材料为基础的，没有对客观事物的感知，表象就无法形成。但表象不是感知觉的翻版和重复，它是感知觉痕迹经信息加工后再作用的产物。心理地图和心理旋转实验表明，表象不仅仅是对信息的存储，还包括对信息进行编码、转换、提取，即表象并非被动地呈现事物，不是我们在照镜子时产生的一对一的折射，而是更加主动地再现事物，那么这种“再现”是否会运用逻辑、规则、概念等心理表征？如果答案是肯定的，那么心灵的计算主义将逻辑、规则、概念与表象视为同一层次的心理程序，在逻辑上就是混乱的；如果答案是否定的，那么表象的“再现”过程又是如何实现的？而且这一答案也与现代心理学的研究发现相违背。因此，把表象视为涵盖了逻辑、规则、概念，甚至类比等心理程序是可行的。

第二，合作/竞争规则。如前所述，任何时刻，影响意识经验的工作语境都是由知觉-意象语境、概念语境、目标语境与社会文化语境组成的一致的联合体，我们将语境间的相容性、协作性视为合作。同时将其他潜在的与工作语境竞争的语境视为竞争语境。例如，心理学中许多对知觉错觉的研究其实就是因为语境间的合作和竞争而导致的语境联合体的建立和改变。以庞佐错觉为例，摆放在道路和围栏中间空地的两根木头，由于左边的道路从图片下方向图片上方延伸且稍微往右边倾斜，而右边的围栏从图片下方向图片上方延伸且稍微往左边倾斜，因此摆放木头的空地呈下宽上窄的梯形。尽管两根木头一样长，但

① 陈烜之. 认知心理学 [M]. 广州：广东高等教育出版社，2006：274.

是我们很难不去注意临近刺激的内在变化，会把整个图案视为一个连续体，尽管我们的目标（目标语境）只是两根木头，但是道路、围栏的由近及远，以及向图案中间倾斜的视觉感受（知觉－意象语境）、摆放木头的空地从下到上逐渐由长变短（概念语境），这些语境合作产生的联合体已经形成，因此我们一开始会认为上面的木头比下面的木头长。但是随着竞争目标语境（要求我们仅仅比较两根木头的长短）的介入，它要求我们去除原有的视觉感知和概念预设，按照我们的术语，已建立起的语境联合体被改变了，因此我们对木头长短的意识经验也改变了。

现代神经生物学研究发现，人脑中有大约一千亿个神经元，神经元之间通过突触连接，大脑中有总共近十亿兆的突触，每一个突触都有目的地通过释放神经递质连接不同的神经元，因此任何神经元通过突触都可以和任何神经元相互连接。大脑中还包括胶质细胞，它的数量是神经元数量的五十倍。它能够为神经元提供营养，可以加速神经元的传导速度，促进神经元生长，对神经元进行管理和修复。另外，大脑中还有神经纤维束，它们集中在大脑中被称为白质的地方，神经纤维束可以隔绝脂肪，携带大脑的各种信号。如果将神经纤维束连接成一条线，其长度足可绕地球两周。可以想象当神经元、突触、胶质细胞和神经纤维束被接通，它们之间的激活（即合作）和抑制（即竞争），会导致语境联合体的生成和改变，从而产生各种想法、印象、冲动、抵触、忧虑、好奇、意念等信息。

第三，句法规则。如果说表象规则和合作/竞争规则可以被归入生物学规则，因为就表象规则而言，动物也可以识别食物、感知危险，就合作/竞争规则而言，甚至不具备神经系统的单细胞生物体也会通过激活或抑制发出生物体是应当靠近还是远离某环境的强烈信号，那么句法规则更类似于一种文化习俗，当然在本书中，它并非某种具体语言的思维语法（不同的语言有不同的语法结构，例如，中文常用主动句，而英文常用被动句，日文常用的是主－宾－谓的句法结构），而是指主体从其周围多种可能的语法规则中去发现特定的语法规则的天性。首先，“句法（强调的）是在你对事物的思维模式中一种关于相互关系的树型结构”[①]，句法不仅仅包括将无意义的音素进行有序组合形成有意义的单词，还包括将不同含义的多个词素组成拥有一个明确含义的短语结构，以及将不同的词语、短语组成一个语义结构，甚至包括将语言与身体动作结合起来表达某种意图，就这个意义而言，句法通过结构使主体能够识别事物。其次，有了句法，说者能够把关于谁对谁做了什么的一种思维模式迅速地传递给听者。尽管我们可能对传递信息的理解有所不同，但是句法保证我们同时定位于同一个事物，这也是事物同一性讨论的问题，即我所说的事物与你听到的事物是指向同一个事物吗？就这个意义而言，句法是交流的必要条件。最后，人脑的智力活动并不局限于语言结构，句法的思维结构会被扩张到其他的思维关系中。例如，超前计划的能力是借用了句法的思维结构对各种其他组合的可能行动进行判断。

三、语境构架的认知作用

第一，支撑作用。认知过程总是发生在特定的语境联合体框架之中，尤其是有意识的意识经验。没有语境就没有意识，当前工作的语境联合体会把无意识的限定条件施加到意识内容上，从而形成意识经验。从这个意义上看，语境对于意识经验具有支撑作用。例如，读者对本段落的理解，是建立在读者对本书前部分已建立的局部框架，以及读者对本书论题早已形成的内心判断之上的。事实上，语境的影响无处不在。无论是知觉语境、概念语境，还是目标语境、社会文化语境，它们都是支撑新信息处理过程的背景结构。当我们面对一个新的环境，接触一个新事物，如开始阅读一本新书、认识一个新朋友等简单的日常生活，我们预先假定的语境就会潜移默化地、无意识地影响、形成我们当下关于这本书、这个新朋友的意识经验。

第二，过滤作用。过滤和支撑是一个事物的两面，如果把语境形成有意识的意识经验理解为语境的支撑作用，我们就可以把语境处理可预测的、重复性

① 威廉·卡尔文. 大脑如何思维 - 大脑演化的今昔 [M]. 杨雄里等译. 上海：上海科学技术出版社，2012：78.

信息的功能理解为过滤。语境联合体并不会限制输入的信息量，相反它是处理新信息的一个构架。当语境预设与输入信息不一致时，输入信息就会与现有的语境联合体产生竞争，要求联合体做出改变，由支持输入信息的语境替代联合体中排斥它的语境。当新的语境联合体建立后，我们就拥有了对输入信息的有意识理解，即语境形成了意识经验。相反，如果语境预设和输入信息一致，该输入信息就不会变得有意识，该输入信息会因为其可预测性，变得冗余而被自动化，即被语境过滤了。也就是说，我们对某个信息无意识是因为语境过滤了该信息，从而把信息处理的构架容量留给了新颖的信息。当然，被过滤的信息并不是消失了，而是变成语境的组成部分。因此，在语境支撑和过滤作用的不断循环运行中，新信息变成意识经验，然后随着新信息逐渐变得冗余，它又成为界定、形成下一个新信息的语境，由此人类的认知能力不断地向前发展。

第三，整合作用。实践证明，歧义在知觉模型、语言和抽象思维中是极为普遍的。事物的表征是众多的、分散的，甚至是互相矛盾的，语境会对这些纷繁复杂的输入信息进行加工、整合，从而形成一种具有内在连贯性的解释。如果对某个事物有两种不同的解释，在同一时间内也只有一个解释会变得有意识，我们不会同时思考两个互相排斥的观点，虽然另一个矛盾的解释并没有消失，而是仍然被无意识地表征着，甚至会续前一个观点之后，变得有意识。语境的整合作用与合作 / 竞争规则紧密相关。当语境联合体处于合作状态时，它会产生一个且只可能产生一个关于某事物的有意识的解释，当语境联合体处于竞争状态时，如果竞争语境失败，那么原有的意识经验就会继续存在，如果竞争语境成功，原有的意识经验就会被新的意识经验替代，无论如何，我们始终都拥有一个一致的意识经验。

第四，修改作用。这里的修改是指整体性的、协同性的修改，而不存在一个核心的修改参照系，即认知并不是仅仅参照外部世界而修改，反之，外部世界也不是随着心灵而改变。事实上，在认知语境中，外部的输入信息、语境、意识经验，都在进行选择、合作、竞争，既在修改他方，同时也被他方修改，它们之间是在特定的时空下，共同生成一个意义共享的世界。外部的输入信息因为语境获得了某种意义，生成了新的意识经验；意识经验反过来又会促使原有的语境发生改变，从而为新的外部信息预留认知空间。因此，因为语境，外部输入和意识经验之间的关系有了新的解释，它们之间不再是传统认知科学中所理解的“表征”与“被表征”的关系，而是自我修改过程中不可缺少的一部分，它们相互规定，相依同生。

语境还有助于我们理解一些认知现象。例如，惊奇现象。[①]当竞争语境获胜，原有语境再次变得有意识时，就会产生惊奇。这是因为原有语境作为工作语境时，其预设内容已经为我们默认，我们不会对我们已认可的事物感到惊奇。但是当竞争语境排斥了该语境时，默认值就不再是该语境的预设，竞争语境的预设就变成默认值，因此在此预设前提下，原语境的设定内容就会显得矛盾，从而让人产生惊奇。又如，长时记忆能力，语境和语境联合体被改变后，原有的连接方式并没有完全消失，而是被存储起来，长时记忆就是寻找原有连接方式的一种寻址能力。

四、语境认知构架的意义

首先，在本体论上，语境分析为传统哲学的僵局开启了新的出路。无论是认知实在论还是唯心论，都是对立地看待观念与事物。第一，它们都认为观念与事物是各自独立存在的世界，它们之间不可通约，具有本质的差异。第二，观念与事物之间是一种表征关系。认知实在论与唯心论的对立是因为它们的表征方向相反而产生的。认知实在论认为观念是对事物的表征，断定表征有效性的终极法庭是独立存在的外部世界。而唯心论认为，我们只有通过表征才能接触到外部独立的世界，因此无法通过外部世界的标准衡量表征与世界的匹配程度，所以除了把外部世界假定为我们表征的对象，什么都不存在。这种基于表征的模型必然会导致世界是被预先规定的推论，要么是被客观的物质规定，要么是被主观的先验规定。在认知语境框架下，观念与事物不是独自存在的，语

① Baars B J. A Cognitive Theory of Consciousness[M]. Cambridge：Cambridge University Press，1988：189.

境为观念与世界搭建了一座桥梁，它们构成了语境结构不可分离的部分。观念与事物也不是一种表征关系，它们与语境共同形成了一种类似于自组织的系统，这种系统不受外在机制的控制，而是由内在机制来规定的。在系统中，它们相互规定、相互修改，任何方都没有被预先规定的属性，而是共同参与了“生成另一个有区别的世界”的过程 。[1]因此，世界不是预先规定的，而是生成的。

其次，在认识论上，对认知的理解也发生了重大的转变。认知主义以数字计算机为主导隐喻，认为智力能力就是以特定方式发生表征世界的能力。而且这种表征行为，无论是表征世界的特征还是表征世界运行的方式，都能够在大脑或机器中用符号编码这种物理形式实现。但是物理形式的符号是如何获得语义的，认知过程的意象状态如何与大脑中的物理变化联系起来的？认知主义始终没有给出满意的答案。联结主义是以大脑中的神经元网络为直接隐喻的。它认为认知是在分布式的大规模神经元互相联结之上而产生的。当大量单一、非智能的神经元被恰当联结时，就会产生智能。而且不同的神经元联结会导致不同的经验。事实上，认知架构中的“语境”概念正是从联结主义中发展而来。但是相对于联结，语境概念更明确地指出了信息的整个循环过程，即信息的产生、发展及结束。同时，语境可以避免像联结主义那样被斯莫林斯基（Smolensky P）纳入“亚符号范式”[2]的境地，以及被福多从功能主义出发将其批评为“是在切实履行传统的认知构架提供一种生物神经结构”[3]。因为意义是存在于语境之上的，当语境被细分为其构成的细小单元，意义就不存在了。同时语境作为一种自组织，通过不断地返回自身、修改自身已然形成了一个意义共享的世界。再用功能主义来解释语境，就会显得过于狭隘了，它不仅仅体现的是一种功能，更重要的是一种生存方式，更接近于认知的本质了。

最后，为整体论提供了更为有力的方法论说明。简化论与整体论的争论由来已久。早在17世纪，洛克就认为，人的头脑就像是一种感觉和记忆片段的积

① Varela F J，Thompson E，Rosch E. The Embodied Mind：Cognitive Science andHhuman Experience[M].Cambridge：MIT Press，1991：140.

② Smolensky P，On the proper treatment of connectionism[J].：Behavioral and Brain Sciences，1988，(11)：1-23.

③ Fodor J A，Pylyshyn Z W. Connectionism and cognitive architecture：a critical analysis [J].Cognition，1988，28：3-71.

聚物，而康德则反驳说头脑运用整体化秩序，将想法和感觉模式化以求达到和预想一致的结果。整体论将大脑视作一个连贯的整体，将认知视为脑内因神经纤维相互交错而形成的精神模式。简化论则将大脑视为一台由零件装配合成的机器，认为应当根据大脑的许多零件来解释这台装置的运行原理。在符号模型中，大脑被拆分为程序、编码、输入与输出装置，体现的就是简化论的思想。联结主义从系统的全局属性阐释认知，当然是一种整体论的方法。但是如果仅仅局限于生物神经学层面，很容易遗漏经验的第一人称属性。语境却能够弥补这个缺陷，将认知在个体层面和社会文化层面中的时间历史性纳入其中，从这个意义上说，方法论是从整体论走向了语境论。

结　语

意识问题一直都是哲学领域中的一个难题。意识的本质如何界定、意识具有什么特征、用什么方法来研究意识等问题始终与形而上的本体论追问交织在一起。在20世纪上半期，意识问题曾因主观感受的不可观察性，被列为科学研究的禁区。但是随着20世纪50年代认知革命的兴起、新的研究方法的注入，传统的研究格局被改变了，新的意识领域的问题域正在生成，意识问题已经成为当前认知科学、认知哲学中的重要问题。

早在20世纪，社会历史文化发展理论就开始注意到社会历史文化背景对于意识的重要作用。其代表人物维果斯基就认为，意识并不是人自身所固有的，而是在与周围人的交往过程中产生与发展起来的，是受人类的文化历史所制约的。意识是以活动作为其客观表现的，所以可以通过活动对意识进行客观研究，把意识的事实加以物化，转换为客观的语言或者客观存在的东西。行为主义科学更是强调实时的环境输入对于行为的决定性的影响作用。行为科学认为人类的行为都是后天习得的，环境决定了一个人的行为模式，无论是正常的行为还是病态的行为都是经过学习而获得的，或通过学习而更改、增加或消除行为。因此查明了环境刺激与行为反应之间的规律性关系，就能根据刺激预知反应，或根据反应推断刺激，达到预测并控制动物和人的行为的目的。行为科学将语境方法运用到行为的研究之中，扩展了心理学的研究领域，并促进了实证主义的发展。当然，它们在研究背景、环境在认知机制中的功能时，都有失偏颇。维果斯基的理论揭示了社会文化历史语境对于意识产生的重要意义，但是它将意识视为行为的结构问题却是不正确的。意识有与行为不同的认知模型及认知构架，意识问题不等于行为结构问题。行为科学完全排斥主观的意识环节。事实上否认意识、或者回避意识的做法都是不可取的，意识不仅是真实存在的，而且同样可以通过语境方法进行分析研究。

意识问题的语境分析方法是美国心理学家、哲学家巴尔斯在研究意识产生、发展、消失的整个认知机制时所运用的一种方法。巴尔斯的 GW 理论认为意识是语境的产物，没有语境就没有意识，语境形成、影响、制约着意识的产生。语境是一种无意识的表征，它是随着意识内容中的不确定性的减少而形成的固定的信息处理模块。语境一旦形成，它就会影响、制约着下一个相关意识内容的产生。巴尔斯运用语境形成的等级结构的确能够为适应性、问题解决、意志力、注意、自我控制等许多意识现象提供很好的解释。但是巴尔斯的理论仅仅局限于心理学的具体现象解释，并没有从哲学层面来考虑语境方法对于意识的建构意义，它无法解释意识的主体体验和自我的同一性问题。

从哲学的层面上看，语境论作为一种新的认识论和方法论，因为其具有的理论上的新颖性和创造性，方法上的横断性和普适性，已经在经济学、社会学、心理学、语言学等众多的领域中被广泛地运用。

派普指出，作为语境的根隐喻是“历史事件”。语境论就是通过历史事件的复杂网络来解释现实事件的相互关联和相互作用。语境论假定的是一个真实的、复杂的和不断变化的世界。在变化过程中，结构与组分之间的关系最值得探讨。语境论认为结构的性质是通过组分、组分的语境和指称表达。组分是结构中的一个起作用的细节，他延伸到一个语境中，并把这个语境的一些性质带入结构。结构由组分组成，并存在于语境中。[①]

正是巴尔斯为语境存在所提供的心理学证据，使得笔者有了将语境论引入

① 魏屹东 . 语境论与科学哲学的重建 [M]. 北京：北京师范大学出版社，2012：20-21.

意识研究中的想法。事实上，巴尔斯对意识发生机制的分析几乎和派普对于语境的论述如出一辙。

本书正是在语境分析方法基础上，进一步挖掘语境的内涵，认为语境并不仅仅具有心理学上的意义，它还有更深层次的哲学蕴含。在这种思路下，通过运用语境构建的意识的认知模型，深入地分析意识本质问题、意识的特征和功能，并最终运用语境构建意识的认知构架。本书认为：第一，意识是结构体的组分之一，意识不是外在于物质的东西，也不是复杂系统最终涌现的产物，意识本身就在系统之中。语境不仅揭示了人的认知能力不但来源于自身的结构，也源于更广泛的历史文化领域，体验的意义本身就在其中。第二，感受质是存在的，感受质的易变性与事物本质的稳定性并不能否定感受质的存在。两者间的变与不变事实上是由于意识经验与语境不断的转换、交替所致。第三，语境是认知构架的核心要素之一。语境不但最终表现为符号式的表征，而且语境的形成过程也体现了具身的动力耦合模式，因此语境作为认知构架揭示了认知主义和动力主义是相容的这一事实。

事实上，认知科学自20世纪50年代以来，短短半个世纪的时间，已经发生了三次研究范式的转变，从认知主义到联结主义，再到动力主义，每一次范式的转换都是在对原有认知理论的反思和批判基础之上，对人类心智的运转过程，提出了新的构思和设想，或者说是，在人类认知的不同侧面进行了说明。但是这也从反面证明了，认知科学还是一个不够成熟的科学，无论是心理学、人工智能，还是神经科学、复杂性科学等的成果都还无法为认知科学中具有决定意义的一些基础性假设提供有足够证明力的经验证据。更为重要的是，即使有了科学的经验证据，它还必须接受哲学的论证分析。本书从语境论视角下的意识的本体论、认识论和方法论做了系统性的梳理和归纳，那么这种新的研究与传统的研究范式到底有什么区别、它们的研究主题存在什么变化、它们的哲学基础是什么、方案之间如何协调、语境会导致规范性的减少吗……这些众多的问题都还有待进一步的研究和总结，但可以断言的是，意识与语境论相结合的研究将备受瞩目。那么，以本书为起点，在此基础上运用语境论对意识问题进行系统的语境重建，将成为笔者下一阶段的研究任务。

参考文献

阿伦森.2007.社会性动物［M］. 邢占军译.上海：华东师范大学出版社.

埃德蒙德・胡塞尔.2009.内时间意识现象学［M］. 倪梁康译.北京：商务印书馆.

埃尔温・薛定谔.2007.生命是什么［M］. 罗来鸥，罗辽复译.长沙：湖南科学技术出版社.

安东尼奥・R.达马西奥. 2007.感受发生的一切——意识产生中的身体和情绪［M］. 杨韶刚译.北京：教育科学出版社.

安东尼奥・R.达马西奥. 2009.寻找斯宾诺莎——快乐、悲伤和感受着的脑［M］. 孙延军译.北京：教育科学出版社.

安东尼奥・R.达马西奥. 2010.笛卡儿的错误——情绪、推理和人脑［M］. 毛彩凤译.北京：教育科学出版社.

安格斯・格拉特利.2009.视读心智与大脑［M］. 奥斯卡·扎拉特，陈莹译.合肥：安徽文艺出版社.

安特斯・E. 2012.60秒脑科学赏识——《科学美国人》专栏文集［M］. 蒋平，王兴译.北京：人民邮电出版社.

贝内特，哈克.2008.神经科学的哲学基础［M］. 张立等译.杭州：浙江大学出版社.

比尔・M. F，科隆斯・B. W，帕拉迪索・M. A.2004.神经科学——探索脑［M］. 王建军译.北京：高等教育出版社.

布莱克莫尔・S.2007.意识新探［M］. 薛贵译.外语教学与研究出版社.

布莱克莫尔・S.2008.人的意识［M］. 耿海燕，李奇译.北京：中国轻工业出版社.

陈嘉明. 2006.现代性与后现代性十五讲［M］.北京：北京大学出版社.

程邦胜，唐孝威.2004.意识问题的研究与展望［J］.自然科学进展，（03）：241-248.

程伟礼. 1987. 灰箱：意识的结构与功能［M］.北京：人民出版社.

大卫・查尔莫斯.2007.科学究竟是什么［M］. 鲁旭东译.北京：商务印书馆.

大卫·珀皮诺.2009.视读意识学［M］. 塞利娜，王黎译.合肥：安徽文艺出版社.
丹尼尔·丹尼特.2008.意识的解释［M］. 苏德超，李涤非，陈虎平译.北京：北京理工大学出版社.
丹尼尔·丹尼特.2010.心灵种种——对意识的探索［M］. 罗军译.上海：上海世纪出版集团.
丹·扎哈维.2008.主体性和自身性——对第一人视角的探究［M］. 蔡文菁译.上海：上海译文出版社.
杜威·德拉埃斯马.2006.为什么随着年龄的增长时间过得越来越快——记忆 如何塑造我们的过去［M］. 张朝霞译.济南：山东教育出版社.
杜威·德拉埃斯马.2009.记忆的隐喻——心灵的观念史［M］. 乔修峰译.广州：花城出版社.
费多益.2005.人工意识是否可能［J］.自然辩证法研究，（07）：5-9.
费多益.2008.认知研究的解释学之维［J］.哲学研究，（05）：92-99.
费多益.2009."感受质"及其研究进展［J］.哲学动态，（01）：77-81.
费多益.2012.认知视野中的情感依赖与理性、推理，中国社会科学，（08）：31-47.
弗朗西斯·克里克.2002.惊人的假说——灵魂的科学探索［M］. 汪云九，齐翔林，吴新年，曾晓东译.长沙：湖南科学技术出版社.
弗里德里希·克拉默.2010.混沌与秩序——生物系统的复杂结构［M］. 柯志阳，吴彤译.上海：上海世纪出版集团.
弗瑞斯·C.2012.心智的构建——脑如何创造我们的精神世界［M］. 杨南昌等译.上海：华东师范大学出版社.
高清海.2010.哲学与主体自我意识［M］.北京：中国人民大学出版社.
高申春，杨硕.2011.论达尔文进化论的运用误区［J］.自然辩证法研究，（04）：106-111.
高新民，储昭华.2002.心灵哲学［M］.北京：商务印书馆.
高源厚，张立.2005.科学理论表述的概念分析——哲学介入当代意识问题研究的一种有效进路［J］.哲学动态，（08）：27-31.
葛詹尼加·M.S，伊夫里·R·B，曼根·G·R.2011.认知神经科学——关于心智的生物学［M］. 周晓林，高定国等译.北京：中国轻工业出版社.
郭贵春.1995.后现代科学实在论［M］.北京：知识出版社.
郭贵春.1998.后现代科学哲学［M］.长沙：湖南教育出版社.
郭贵春.2004.科学隐喻的方法论意义［J］.中国社会科学，（02）：92-101.
郭贵春.2006."语境"研究纲领与科学哲学的发展［J］.中国社会科学，（05）：28-35.
郭湛.2011.主体性哲学——人的存在及其意义［M］.北京：中国人民大学出版社.
国家自然科学基金委员会中国科学院.2012.未来10年中国学科发展战略［M］.北京：科学出版社.
哈尼什.2010.心智、大脑与计算机：认知科学创历史导论［M］. 王淼，李鹏鑫译.杭州：浙江大学出版社.
哈钦斯.2010.荒野中的认知［M］. 于小涵，严密译.杭州：浙江大学出版社.
何明.2008.问题意识与意识问题——人文社会科学问题的特征、来源与应答［M］.学术月刊，（10）：20-27.
胡塞尔.1992.纯粹现象学通论——纯粹现象学和现象学哲学的观念（Ⅰ）［M］. 李幼蒸译.北京：中国人民大学出版社.
《环球科学》杂志社.2011.第一科学视野——大脑与认知［M］.北京：电子工业出版社.
霍涌泉，张洪英.2008.当前意识问题研究的主要论争及其意义［J］.社会科学评论，（03）：44-49.
杰拉尔德·埃德尔曼.2010.第二自然——意识之谜［M］. 唐璐译.上海：上海科学技术出版社.
杰拉尔德·埃德尔曼.2012.比天空更宽广［M］. 唐璐译.长沙：湖南科学技术出版社.
金向阳.2013.你是你自己吗？——意识模式转型与人的成长研究［M］.杭州：浙江大学出版社.
康德.1988.自然科学的形而上学基础［M］. 邓小芒译.北京：生活．读者．新知三联书店.
克劳斯·黑尔德.2003.世界现象学［M］. 倪梁康译.北京：生活．读者．新知三联书店.
肯．威尔伯.2011.意识光谱［M］. 杜伟华，苏健译.北京：北方联合出版传媒股份有限公司万卷出版公司.
李恒威，黄华新.2006.表征与认知发展［J］.中国社会科学，（02）：34-44.
理查德·道金斯.2012.自私的基因［M］.卢允中，张岱云，陈复加，罗小舟译.北京：中信出版社.
理查德·利基.2007.人类的起源［M］. 吴汝康，林圣龙译.世纪出版集团，上海：上海科学技术出版社.
理查德·舒斯特曼.2011.身体意识与身体美学［M］. 程相占译.北京：商务印书馆.
刘晓力.2005.交互隐喻与涉身哲学——认知科学新进路的哲学基础［J］.哲学研究，（10）：73-80.
刘晓青.2012.意识的本质及其还原解释策略研究［J］.武汉科技大学学报（社会科学版），（06）.
罗伯特·所罗门.2012.哲学导论——综合原典阅读教程［M］. 陈高华译.北京：世界图书出版公司北京公司.
罗四维等.2010.视觉信息认知计算理论［M］.北京：科学出版社.
孟伟.2009.交互心灵的建构——现象学与认知科学研究［M］.北京：中国社会科学出版社.
缪小勇，李玲.2007.新神经科学视角下的意识观——埃德尔曼等人关于意识问题的基本思想及其意义［J］.社科纵横，（03）：146-148.
莫里斯·梅洛-庞蒂.2010.行为的结构［M］. 杨大春，张尧均译.北京：商务印书馆.
尼古拉斯·布尔，余纪元.2001.西方哲学英汉对照辞典［M］.北京：人民出版社.

尼古拉斯·雷舍尔.2007.复杂性——一种哲学概观［M］. 吴彤译.上海：世纪出版集团，上海科学教育出版社.

倪梁康.2002.自识与反思——近现代西方哲学的基本问题［M］.北京：商务印书馆.

倪梁康.2003.胡塞尔时间分析中的“原意识”与“无意识”——兼论J.德里达对胡塞尔时间意识分析的批评［M］.哲学研究，（06）.

倪梁康.2007.胡塞尔时间意识分析中的“滞留”概念——兼论心智与语言的关系［J］.现代哲学，（06）：72-79.

倪梁康.2008.胡塞尔早期内时间意识分析的基本进路［M］.中山大学学报（社会科学版），（01）：102-112.

诺瓦克·M·A.2012. 进化动力学——探索生命的方程［M］.李镇清，王世畅译.北京：高等教育出版社.

彭孟尧.2006.人心难测——心与认知的哲学问题［M］.北京：生活·读书·新知三联书店.

萨伽德.1999.朱菁译.认知科学导论［M］.北京：中国科学技术大学出版社.

萨特，陈宣良等.2007.存在与虚无［M］.北京：生活·读书·新知三联书店.

史密斯.2007.胡塞尔与《笛卡尔式的沉思》［M］. 赵玉兰译.桂林：广西师范大学出版社.

斯坦布德·T，韦布·M. 2007.心理和脑——脑与心智历程100项［M］. O’Reilly Taiwan公司译.北京：科学出版社.

斯坦哈特.2009.隐喻的逻辑——可能世界中的类比［M］. 黄华新，徐慈华等译.杭州：浙江大学出版社.

宋晓兰，唐孝威.2012.心智游移［M］.杭州：浙江大学出版社.

唐孝威.2004.意识论——意识问题的自然科学研究［M］.北京：高等教育出版社，2004.

唐孝威.2007.统一框架下的心理学与认知理论［M］.上海：世纪出版集团，上海人民出版社.

唐孝威.2008.脑与心智［M］.杭州：浙江大学出版社.

唐孝威.2008.心智的无意识活动［M］.杭州：浙江大学出版社.

唐孝威.2010.智能论：心智能力和行为能力的集成［M］.杭州：浙江大学出版社.

唐孝威.2011.一般集成论——向脑学习［M］杭州：浙江大学出版社.

唐孝威，杜继曾，陈学群等. 2006.脑科学导论［M］.杭州：浙江大学出版社.

唐孝威，孙达，水仁德等.2012.认知科学导论［M］.杭州：浙江大学出版社.

梯利.2004.西方哲学史［M］. 葛利译.北京：商务印书馆.

瓦雷拉，汤普森，罗施.2010.具身心智——认知科学和人类经验［M］. 李恒威，李恒熙，王球，于霞译.杭州：浙江大学出版社.

汪云九.2004.意识的一种神经理论［J］.科学，（05）：56-58.

汪云九.2012.研究意识问题的一个实验科学纲领［J］.科学，（05）：52-54.

汪云九，周昌乐.2007.研究意识问题的物理学途径［J］.物理（07）：501-506.

威廉·卡尔文.2008.大脑如何思维——智力演化的今昔［M］. 杨雄里，梁培基译.上海世纪出版集团.
魏屹东.2004.认知转向：科学哲学发展史上一次新的战略性转移［J］.科学·认知·意识——哲学与认知科学国际研讨会文集.
魏屹东.2005.认知科学对科学哲学的影响及意义［J］.科学技术与辩证法，（06）：2.
魏屹东.2005.认知科学与哲学关系的历史审视［J］.文史哲，（02）：134-140.
魏屹东.2006."语法隐喻"及其对认知科学的意义［J］.科学技术与辩证法，（2）：57-62.
魏屹东. 2008.从哲学预设到科学前提——试论科学预设的合法化［J］.文史哲，（05）：135.
魏屹东.2012.语境论与科学哲学的重建［M］.北京：北京师范大学出版社.
魏屹东，常照强.2007.语用模型表征：一种机遇语境的认知推理［J］.科学技术与辩证法，（04）：44-48.
魏屹东等.2008.认知科学哲学问题研究［M］.北京：科学出版社.
魏屹东.广义语境中的科学［M］.北京：科学出版社，2004.
魏屹东，杨小爱.2009.语境框架：计算机能否造就心灵的核心问题［J］.洛阳师范学院学报/（02）.
徐友渔.1994."哥白尼式"的革命——哲学中的语言转向［M］.北京：生活·读书·新知三联书店.
雅克·德里达.2005.声音与现象［M］. 杜小真译.北京：商务印书馆.
杨大春.2003.意识哲学解体的身体间性之维——梅洛-庞蒂对胡塞尔他人意识问题的创造性读解与展开［J］.哲学研究，（11）：69-75
杨硕.2010.认知神经心理学于意识问题的研究及哲学思考［J］.求索，（07）：111-113.
姚满团，霍涌泉.2011.社会建构主义能否为意识心理学提供新的精神资源［J］.医学与哲学（人文社会医学版），（08）：25-26.
伊利亚·普里戈金.2009.确定性的终结——时间、混沌与心自然法则［M］. 湛敏译.上海：世纪出版集团，上海科技教育出版社.
伊万斯·D.2007.解读情感［M］. 石林译.北京：外语教学与研究出版社.
殷杰.2005.语境分析方法的起源［J］.科学技术与辩证法，（04）：13-15.
殷杰.2006.语境主义世界观的特征［J］.哲学研究，（05）：94-99.
约翰·C·埃克尔斯. 2007.脑的进化——自我意识的创生［M］. 潘泓译.上海：上海世纪出版集团.
约翰·麦克克罗恩.2003.人脑中的风暴［M］. 周继岚译.北京：生活. 读者. 新知三联书店.
约翰·塞尔.2009.意识的奥秘［M］. 刘叶涛译.南京：南京大学出版社.
泽农·W.派利夏恩.2007.计算与认知——认知科学的基础［M］. 任晓明，王左立译.北京：中国人民大学出版社.

扎奥丁・艾沃纳・艾布拉姆斯.2009.视读——混沌学［M］.合肥：安徽文艺出版社.

扎克・林奇.2012.第四次革命——看神经科技如何改变我们的未来［M］. 暴永宁，王惠译.北京：科学出版社.

朱康有.2006.意识问题：唯物主义一元论的解决前景［J］.河北师范大学学报（哲学社会科学版），（06）：69-72.

Akins K.1996.Lost the plot? reconstructing Dennett's multiple drafts theory of consciousness［J］. Mind and Language，11(1):1-43.

Antony M V.2011. Toward an Ontological Interpretatin of Dennett's Thoery of Consciousness［J］. Philosophia，200，29（1）：343-369.

Atkinson P.2000.Consciousness:mapping the theoretical landscape［J］.Trends in Cognitive Sciences，(10):372-382.

Baars B. 1998.Metaphor of consciousness and attention in the brain［J］.Trends in Neuroscience，(21): 58-62.

Baars B.2002.The conscious access hypothesis: origins and recent evidence［J］.Trend in Cognitive Sciences，(1):47-52.

Baars B.2003. How conscious experience and working memory interact［J］.Trends in Cognitive Science，(4):166-172.

Barrs B.1986. The Cognitive Revolution in Psychology［M］. New York：Guilford Press.

Barrs B.1988.A Cognitive Theory of Consciousness［M］. Cambridge：Cambridge University Press.

Barrs B.1996. A Thoroughly Empirical Approach to Consciousness［M］.Cambridge:The MTT Press.

Block N.1994.Qualia［A］// Guttenplan S.Blackwell Companion to the Philosophy of Mind［C］. Oxford：Blackwell:514.

Block N.1996.How can we find the neural correlate of consciousness?［J］.Trends in Neurosciences，(2):456-59.

Bogen J.1995.On the neurophysiology of consciousness: an overview［J］.Consciousness &Cognition，(4): 15-24.

Brooks R.1999.Cambrian Intelligence: The Early History of New AI［M］.Cambridge: The MIT Press.

Bunge M，Ardila.R.1996. Philosophy of Psychology［M］.Cambridge：The MIT Press.

Carter R.2002. Consciousness［J］. Nature，(1):390-391.

Chalmers D.1996.The Conscious Mind:In Search of a Fundamental Theory［M］. New York：Oxford University Press.

Chalmers D. 2000.What is a Neural Correlate of Consciousness? Neural Correlates of Consciousness:Empirical and Conceptual Questions [M].Cambridge: The MIT Press.

Chalmers D. 2004.How we Construct a Science of Consciousness? The Cognitive Neurosciences [M].Cambridge: The MIT Press.

Chalmers D J.1995.Facing Up to the Problem of Consciousness [J].Journal of Consciousness Studies, 2(3):200.

Chamberlain J.2001. A biologist looks at the study of consciousness [J].BioEssays, (23):297-298.

Changeux J.2004. Clarifying consciousness [J].Nature, (8) :603-604.

Churchland P. 1997.The Hornswoggle Problem. Explaining Consciousness: The Hard Problem [M].Cambridge: The MIT Press.

Clark A.1998. Being There: Putting Brain, Body, and World Together Again [M].Cambridge:The MIT Press.

Davies M, Humphreys G W.1993.Consciousness:psychological and Philosophical Essays [M]. Blackwell Publishers.

Dawkins R.1989. The Selfish Gene [M]. Oxford University Press.

Dehaene S, Lionel N. 2001.Towards a cognitive neuroscience of consciousness: basic evidence and a workspace framework [J].Cognition, 2001, (1):1-37.

Delacour J.1997.Neurobiology of consciousness:an overview [J].Behavioral Brain Research, (1):127-141.

Denett D.1991. Consciousness Explained [M].Boston, New York, London: Little Brown and Company.

Dennet D.1998.No bridge over the stream of consciousness [J].Behavioral and Brain Science (3):753-754.

Dennet D.2001. Are we explaining consciousness yet? [J].Cognition, (1): 221-237.

Dennett D. 1993.Back from the drawing board [A] // Dahbom B. Dennett and His Critics [C]. Cambridge:Blackwell:212.

Dennett D. 1993.The message is: there is no Medium [J].Philosophy and Phenimenological Research , 54(4):919.

Dennett D.1994.Instead of qualia [A].// Revonsuo A, Kamppinen M. Consciousness oin Philsophy and Cognitive Neuroscience [C].Hillsdale: Lawrence Erlbaum:531.

Dennett D, Kinsbourne M.1994. Time and the Observer: The Where and When of Consciousness in the Brain [J].Behavioral and Brain Sciences, 15(2):183-201.

Doourish P.2001.Where the Action Is: The Foundations of Embodied Interaction [M]. Combridge:The MIT Press.

Eccles J C. 1996.Brain and conscious experience［M］.New York：Springer-Verlag.

Edelman G M.1989.The Remembered Present: A Biological Theory of Consciousness［M］.New York：Basic Book.

Edelman G M.2004.Wider Than the Sky: The Phenomenal Gift of Consciousness［M］.New York：Yale University Press.

Fetzer J H. 1997.Philosophy and cognitive science［DB/OL］. Springer-Verlag.

Fivaz R.2000. Why consciousness is a causal account［J］.Systems research and behavioral Science，(17):561-577.

Flanagan O.1992. Consciousness Reconsidered［M］.Combridge:The MTT Press.

Flohr H.1991.Brain processes and phenomenal consciousness［J］.Theory & Psychology，(2): 1-12.

Floridi L.2009.Against digital ontology［J］.Synthese，(168):151.

Frank J.1982.piphenomenal Qualia［J］.ThePhilosophicalQuarterly，32，(27):127-136.

Fredkin E. 2003.An Introduction to Digital Philosophy［J］.International Journal of Theoretical Physics，42(2):188.

Freeman W J. 1997. Three centuries of category errors in studies of the neural basis of consciousness and intentionality［J］.Neural Network，10（7）：1175-1183.

Gazzaniga M S.1988. Brain modularity: towards a philosophy of conscious experience［A］// Anthony J M & E. Bisach.Consciousness in Contemporary Science［C］.Oxford:Oxford University Press.

Goldman A I.1993.Consciousness，folk psychology，and cognitive science consciousness［J］.

Grant R. Gillett & John Mcmillan.2001.Consciousness and Intentionality［M］.Amsterdam：John Benjamins Publishers.

Green H S.2000. Information Theory and Quantum Physical: Physical Foundations for Understanding the Conscious Process［DB］.New York:Springer.

Greenwald A.1992.Reclaiming unconscious cognition［J］.American Psychologist，(3):766-779.

Haggard P.2004.Seeing through the steam of consciousness［J］. Science，(2):52-53.

Harman W.1993. Toward an adequate epistemology for the scientific exploration of consciousness［J］.Journal of scientific exploration，7(2):133-143.

Harman W W.1993.Towards an adequate epistemology for the scientific exploration of consciousness［J］. Journal of Scientific Exploration，(2):133-143.

Harnad S.1998. Explaining consciousness: the hard problem［J］. Cognitive Science，2(6):234-235.

Henry J.1999.Changing conscious experience-comparing clinical approaches practice and outcomes［J］. British Journal of Psychology，(4):587-610.

Henry J. 1999.The study of conscious experience in psychological science:introduction to the special topic［J］.British Journal of Psychology，(4):533-535.

Hi11 L H.2001.The brain and consciousness［J］.New Directions for Adult and Continuing Education，(1):73-81.

Hilgard E R.1980. Consciousness in contemporary psychology［J］.Annual Review of Psychology，31：1-26.

Hobson J A.1997. Consciousness［A］.//J. C. Cohen，J.W. Schooler. Scientific Approach to Consciousness［C］.Hillsdate，NJ：Erlbaum.379-396.

Horgan J.1994. Can science explain consciousness?［J］.Science，(7):72-78.

Horgan J. 1997.The End of science［M］. Harper Collins Publisher.

Huffman W C. 1999.Dialectic a universal for consciousness［J］.New Ideas in Psychology，(2)：251-269.

Humphrey N.1999.A history of the Mind: Evolution and the Birth of Consciousness［M］.New York: Copernicus.

Jackendoff R.1987.Consciousness and the Computational Mind［M］.Cambridge:The MIT Press，A Bradford Book:23.

Jacoby L L. 1991.A process dissociation framework: separating automatic from intentional uses of memory［J］.Journal of Memory and Language，(2):513-514.

Jacoby L L.1993. Separating conscious and unconscious influences of memory: measuring Recollection［J］.Journal，of Experimental Psychology：General，(1):139-154.

Kelley T D. 2003.Symbolic and sub-symbolic representations in computational models of human cognition［J］.Theory&Psychology，(6):45-56.

Kihlstrom J F.1999.Conscious versus unconscious cognition ［A］//Sternberg R J. The nature of cognition Cambridge:The MIT Press：173-204.

Koch C. 2004.The Quest for Consciousness: A Neurobiological Approach［M］.Englewood，Co：Roberts & Company Publishers.

Kurriien M. 1998.Will there be a neuroscientific theory of consciousness?［J］.Trends Cognition Sciences，(2):229-234.

Leon C. de Bruin，Lena Kästner.2011.Dynamic embodied cognition.［J］. Phenomendogy & the Cognitive Sciences，2011(4):541-563.

Mandler C. 1992.Consciousness Redux［M］. Hillsdale，N J：Lawrence Erlabum.

Mandler C.1992.Toward a Theory of Consciousness［M］. Hillsdale，N J：Lawrence Erlabum.

Mandler C. 2002.Consciousness Recovered: Psychological Functions and Origins of Consciousness Thought［M］.Amsterdam：John Benjamins Publishing.

Manson N C.2002. Epistemic consciousness［J］.Studies in History and Philosophy of Science，

(2):425-441.

Marcel.1992. Consciousness in Contemporary Science［C］.Oxford：Clarendon Press：218-238.

Marcel J.1992.Consciousness in Contemporary Science［C］.Oxford：Oxford University Press.

Markman A B， Dietrich E.2000.In defense of representation［J］.Cognitive Psychology，(40):138-171.

Markowitsch H J.1995.Cerebral bases of consciousness: a historical view［J］.Neuropsychologia，33(9): 1181-1192.

Marks F.1999.Consciousness，mental imagery and action［J］.British Journal of Psychology，(4):567-586.

Matin D，Humphreys G W.1993.Consciousness：Pcychological and Philosophical Essays［C］. London：Blackwell Publishing.

Martin K.2004. Mind time: the temporal factor in consciousness［J］.Nature， (20):243-244.

Martin K， Grunwald T， et al.1998. Will there be a neuroscientific theory of consciousness?［J］. Trends in Cognitive Science，2(6):229-234.

McNamara P 1999.Single-Code Versus Multiple-Code Theories in Cognition. The Nature of Cognition［M］.The MTT Press.

Metzinger T.2000.Neural Correlates of Consciousness: Empirical and Conceptual Question［C］. Cambrideg：The MIT Press.

Michael T.2002. Consciousness and cognition［M］.Oxford：Oxford University Press.

Nagel T.1986. The View from Nowhere［M］. Oxford: Oxford University Press.

Nage T.1974. What it is like to be a bat［J］. The Philosophical Review， 183(4):345-450.

Natsoulas T.1992.Intentionality， consciousness and subjectivity［J］.The Journal of Mind and Behavior，(3):281-308.

Natsoulas T. 1997 Consciousness and self-awareness［J］.The Journal of Mind and Behavior，(1):53-74.

Nelson T O. 1996.Consciousness and metacognition［J］.American Psychologist，(2): 102-115.

Newell A.， Simon H.1976.Computer science as empirical enquiry:symbols and search［J］. Communications of the Association for Computing Machinery，(19):113-126.

Niedermeyer E. 1999.A concept of consciousness［J］.The Italian Journal of Neurological Science， (1): 7-15.

Nualain S O，Kevitt P M，Aogain E M.1995.Two sciences of mind :reading in cognitive science and consciousness ［C］.Amsterdam:John Benjamins Pub Co.

Pemer J. Dienes Z. 2003.Developmental aspects of consciousness: how much theory of mind do you need to be consciously aware?［J］.Consciousness and Cognition，(1):63-82.

Penrose R.1994. Shadows of the mind：A Search for the Missing Science of Consciousness［M］. Oxford，U K：Oxford University Press.

Pickering J.1999.Consciousness and psychological science［J］.British Journal of Psychology，(4):611-624.

Prilleltensky I.1990. On the social and political implication of cognitive psychology［J］. The Journal of Mind and Behavior，11(2):129-131.

Prinz W 2003.Emerging selves: representational foundations of subjectivity［J］. Consciousness and cognition，(4):515-528.

Ramberg B.1999.Dennett's Pragmatism ［J］.Review of International Philosophy，53(207):61-86.

Revonsuo A，Kamppinen M. 1994.Consciousness in Philosophy and Cognitive Neuroscience［C］. London：Psychlogy Press.

Richards A C. 1997.Metapsychology: revisiting the past，confronting the present，serving the future［J］.New Ideas in Psychology，(1):17-33.

Rohn R E.2002. The neurophysics of consciousness［J］.Brain Research Reviews，(1): 1-28.

Rosenthal D M. 2002.How many kinds of consciousness?［J］ Consciousness and Cognition，(4):653-665.

Rossano M J. 2003.Expertise and the evolution of consciousness［J］. Cognition，(1):207-236.

Rowlands M. 2001.The Nature of Consciousness［M］. Cambridge，UK：Cambridge University Press.

Rugg M D. 1995.Memory and consciousness: a selective review of issues and data［J］. Neuropsychologia，(9):1131-1141.

Sallice T.1992.Information processing models of consciousness［A］// Marcel J. Consciousness in Contemporary Science［C］. Oxford University Press.

Schacter D L. 1990.Toward a cognitive neuropsychology of awareness: Implicit knowledge and anosognosia［J］. Journal of Clinical and Experimental Neuroscience，12:155-178.

Searle J R.2000.Consciousness［J］.Annual Review，(23):560.

Shallice T.1988. From Neuropsychology of Mental Structure［M］. Cambridge，UK：Cambridge University Press.

Shanon B. 1990.Consciousness［J］. The Journal of Mind and Behavior，(2):137-151.

Shapiro Y.1997.The consciousness hype :what do we want explained［J］.Theory & Psychology，(6):837-846.

Shrar J.1997. Explaining consciousness:the Hard Problem［C］. Cambridge，Massachussetts：The MTT Press.

Shotter J.1997.The social construction of our inner selves ［J］.Journal of Contructivist Psychology，(10):7-24.

Speery R W.1992.Turnabout on consciousness: a mentalist view［J］. The Journal of Mind and Behavior，13（3）:259-280.

Speny R W. 1987.Structure and significance of the consciousness revolution［J］. The Journal of Mind and Behavior，(1):37-66.

Sternberg R J. 1999.The Nature of Cognition［M］. Cambridge，Massachussetts：The MIT Press.

Sternberg R J. 2001.Unified psychology［J］. American Psychologist，(12):1069-1079.

Sun R. 1997.learning， action， and consciousness: a hybrid approach towards modeling consciousness［J］. Neural Networks，(7):1317-1331.

Sun R. 1999.Accounting for the computational basis of consciousness: a connectionist approach［J］. Consciousness and Cognition，(2): 529-565.

Tassi P， Alain M.2001.Defining the states of consciousness［J］. Neuroscience and Biobehavioral Review， 25(1): 175-191.

Tononi G，Edelman G M.1998. Consciousness and complexity［J］. Science，(282):1846-1851.

Triffet T，Green H S.1999.Modelling the brain process of conscious states［J］. Mathematical and Computer Modelling ，(1):17-36.

Vait1 D.2005.Psychobiology of altered states of consciousness［J］.Psychological Bulletin，(1):98-127.

Valentine R. 1999.The possibility of a science of experience:an examination of some conceptual problems facing the study of consciousness［J］. British Journal of Psychology， (4):536-542.

Vandervert L R.1998. Consciousness: a preliminary multidisciplinary mapping of concepts［J］. New Ideas in Psychology，(1):159-164.

Varela F J，Thompson E，Rosch E.1991.The Embodied Mind: Cognitive Science and Human Experince［M］. Cambridge：The MIT Press.

Velmans M. 1999.When perception becomes conscious［J］.British Journal of Psychology，(4):543-566.

Weiskrantz L.1995.The problem of animal consciousness in relation to neuropsychology［J］. Behavioral Brain Research，71:171-175.

Wilber K.1999.An integral theory of consciousness［J］. Journal of Consciousness Studies，(1):71-92.

Wilson M.2002. Six views of embodied cognition［J］.Psychonomic Bulletin & Review， 9(4):626.

Zeki S.2003.The disunity of consciousness［J］. Trends in Cognitive Science，(5): 214-218.

Zelazo P D.1996.Towards a characterization of minimal consciousness［J］. New Ideas in Psychology，(1):63-80.